Kleines Lexikon des christlichen Brauchtums

Alfred Läpple

Kleines Lexikon des christlichen Brauchtums

Pattloch

Die Deutsche Bibliothek – CIP-Einheitsaufnahme

Läpple, Alfred:
Kleines Lexikon des christlichen Brauchtums / Alfred Läpple. –
Augsburg: Pattloch, 1996
ISBN 3-629-00679-5
NE: HST

Es ist nicht gestattet, Abbildungen dieses Buches zu scannen, in PCs
oder auf CDs zu speichern oder in PCs/Computern zu verändern
oder einzeln oder zusammen mit anderen Bildvorlagen zu manipulie-
ren, es sei denn mit schriftlicher Genehmigung des Verlages.

Pattloch Verlag, Augsburg
© Weltbild Verlag GmbH, 1996
Titelgestaltung: Peter Engel, Grünwald
Titelbilder: Wolf-Christian von der Mülbe, Dachau
Bildtafeln: Wolf-Christian von der Mülbe
Satz: Uhl + Massopust, Aalen
Druck und Bindung: Bercker Graphische Betriebe, Kevelaer
Printed in Germany

ISBN 3-629-00679-5

Vorwort

Das vorliegende Buch „Kleines Lexikon des christlichen Brauchtums" ist ein einbändiges, kleines, handliches, überschaubares und reich bebildertes Lexikon, das auch auf Wanderungen und Autofahrten bequem mitgenommen werden kann und gediegen über den Ursprung und die heutige Bedeutung des Brauchtums informieren will. Gerade als „kleines" Lexikon will es nur einen kleinen, aber doch repräsentativen Ausschnitt aus der überquellenden Fülle des christlichen Brauchtums darstellen. Eine vollständige Darlegung des Brauchtums, wie es in deutschen Landen gelebt wurde und noch lebt, würde nur in einem vielbändigen Werk mit immer neuen Fortsetzungen möglich sein. Das „Kleine Lexikon" lebt deshalb vom „Mut zur Lücke" mit dem Schwerpunkt auf den guten, alten Brauch.

Es liegt ein „Lexikon" vor, um bereits an Hand des „Alphabetischen Stichwortverzeichnisses" am Anfang des Buches das gesuchte Thema schnell zu finden (Seite 19 ff).

Neben Eltern und Lehrern werden sich auch Volkskundler, Journalisten und Medienverantwortliche gerade wegen der Lexikonform sehr schnell orientieren und informieren können. Das „Kleine Lexikon des christlichen Brauchtums" will für sie ein zuverlässiges, gut und anregend lesbares Nachschlagewerk mit einer Fülle von Informationen sein.

An Stelle lexikalischer Trockenheit will es ganz bewußt zu den „Wurzeln" vorstoßen und das geistig-religiöse Umfeld, die Ansprechbarkeit und die künstlerische Gestaltungs- und Ausdrucksfähigkeit früherer Menschen ins Blickfeld rücken. Der Historiker Michael Stürmer hat kurz vor dem Ausbruch des sogenannten „Historikerstreits" in der „Frankfurter Allgemeinen Zeitung" vom 25. April 1986 geschrieben, daß angesichts der geistigen Abbrüche und der wachsenden Orientierungslosigkeit nur derjenige „die Zukunft gewinnt, der die Erinnerung füllt, die Begriffe prägt und die Vergangenheit deutet".

Will man christliches Brauchtum nicht nur beschreiben, sondern auch verstehen und für andere verständlich, liebenswert und erhaltenswert machen, muß man sich mit seinen Voraussetzungen befassen, die vielfach nicht mehr unsere Denk-, Lebens- und Frömmigkeitsformen sind. Auch die bäuerliche Szenerie hat sich radikal verändert. Vom Zivilisationsbruch ist das christliche Brauchtum wesentlich stärker betroffen als viele andere Lebensäußerungen in Gesellschaft und Wirtschaft.

Es ist durchaus richtig: Die Psychologie des Brauchtums ist nicht immer leicht zu verstehen. Je schneller sich die moderne Technik im Computer-Zeitalter entwickelt, um so höher werden die Barrieren der Verstehensschwierigkeiten. Dem christlichen Brauchtum ist nicht gedient mit fachkundigem Registrieren und Informieren (obwohl auch dies notwendig ist). Jede Begegnung, vor allem jede Förderung und Weitergabe des christlichen Brauchtums muß sich demütig und bescheiden in eine oft ganz andere Welt des Glaubens, des Umgangs mit Gott und seinen Heiligen, des Umgangs der Menschen früherer Zeiten mit Krankheit, Schmerz und Tod, ebenso wie mit Freude, Hochzeit und Geburt, des Umgangs der Menschen miteinander und füreinander, einfühlen.

Die schwedische Schriftstellerin Selma Lagerlöf (1858–1940) hat in ihrem Elternhaus das Brauchtum in seinen vielfältigen Formen und Riten, wie auch im Erzählen der Märchen und im Singen der alten Lieder durch ihre vielgeliebte Großmutter erleben dürfen. Mit spürbarer und inniger Dankbarkeit hat sie in ihren „Christuslegenden" die kostbare Erinnerung festgehalten, als die tote Großmutter vom Sterbehaus zum Friedhof gefahren wurde. „... Ich erinnere mich, wie Märchen und Lieder vom Hause wegfuhren, in einen langen, schwarzen Sarg gepackt, und niemals wiederkamen." Und doch, die Freude am Erzählen und Fabulieren und am heimischen Brauchtum der Großmutter ist lebendig geblieben im berühmt gewordenen Enkelkind, der späteren Nobelpreisträgerin für Literatur (1909).

Dieses „Kleine Lexikon des christlichen Brauchtums" bemüht sich sodann, zu jenen Lebens- und Glaubensformen hinzuführen, von denen auch für Menschen unserer Zeit Hilfe, Orientierung, seelische Gesundheit und sozial-familiäre Heilung kommen kann. Über die bloße Information will dieses Buch zur Auseinandersetzung mit christlichem Brauchtum einladen und motivieren, um eine persönliche und familiäre Urteilsbildung anzuregen und um dem christlichen Brauchtum eine gute Zukunft zu öffnen.

„Was du ererbt von deinen Vätern hast,
Erwirb es, um es zu besitzen."
Johann Wolfgang von Goethe.

Was guter Brauch war, sollte gerade in sich wandelnder Zeit guter Brauch bleiben!

Christliches Brauchtum
in einer Welt der Unübersichtlichkeit

Unter den vielen Deutungen der gegenwärtigen Welt mit fast unvorstellbarer, weltweiter Computervernetzung und angesichts verwirrender Überangebote und rasant wachsenden Pluralismus in jeder menschlichen und gesellschaftlichen, politischen, wissenschaftlichen, künstlerischen und religiösen Beziehung und Dimension dürfte „Unübersichtlichkeit" ein gutes, übergreifendes und vielfältig auslotbares Charakteristikum für den Versuch einer heutigen Standortbestimmung sein. Folianten und Lexika werden gewälzt um die „Unübersichtlichkeit" zu lichten und zur präzisieren. Man glaubt der „Unübersichtlichkeit" auf der Spur zu sein, indem man von der „Gleichzeitigkeit des Ungleichzeitigen" spricht und (meist ohne es wissen) sich auf jener Spur befindet, die Nikolaus von Kues (1401–1464) an der Schwelle vom Mittelalter zur Neuzeit als „Übereinstimmung des Widersprüchlichen" (coincidentia oppositorum) zu markieren versuchte. Man sucht wie die berühmte Nadel im Heuhaufen auch in der unübersichtlichen, sich rapid verändernden Welt nach orientierenden und stabilisierenden Grundlinien.

Christlicher Glaube erlebt sich heute in der schwierigen Situation der „Unübersichtlichkeit", die größer und verhängnisvoller ist als die Probleme der Ringparabel in dem Schauspiel von Gotthold Ephraim Lessing (1729–1781) „Nathan der Weise". In einer solchen Zeit sollte man nicht in den Wind schlagen, was Johann Wolfgang von Goethe (1749–1832) uns zuruft:

„Willst du immer weiter schweifen?
Sieh, das Gute liegt so nah."

Nicht das Laute und Gängige, das in aller Mund ist, sondern das Kleine, das Übersehene ist es, das unerwartet Wege der Heilung und eine guten Zukunft öffnet. Man sollte bescheiden und mutig verwirklichen, was Antoine de Saint-Exupéry (1900–1944) in seinem überaus dichten und hintergründigen Werk „Der kleine Prinz" als Vermächtnis für die Überlebenschance des Menschseins, erst recht des Christseins, gerade in einer Epoche der „Unübersichtlichkeit" hinterlassen hat:

> „Hier ist mein Geheimnis.
> Es ist ganz einfach:
> man sieht nur mit dem Herzen gut.
> Das Wesentliche
> ist für die Augen unsichtbar."

Allzu bekannt sind die Thesen und Aufforderungen: Der Glaube kommt vom Hören. Der Glaube kommt vom Sehen. Man kann durchaus anfügen: Der Glaube kommt vom Lesen. Ist es allzu kühn, weiterzubuchstabieren: Der Glaube kommt vom künstlerischen Schaffen. Vielleicht sollte man es wagen, zu formulieren und zu praktizieren: Der Glaube kommt auch vom Basteln der Strohsterne, vom Bauen der Weihnachtskrippe und vom Binden des Adventskranzes:

> „Die Zweiglein der Gottseligkeit
> steckt auf mit Andacht, Lust und Freud;
> so kommt der König auch zu euch,
> ja Heil und Leben mit zugleich."

Auch im religiösen Brauchtum lebt der Mensch und vertieft im Zusammenklang von Hirn, Herz und Hand seinen Glauben. In einzigartiger Weise wird im Brauchtum der konkrete Mensch als Geist-Leib-Einheit ganzheitlich sichtbar.

Die beglückenden wie auch die schmerzlichen Erlebnisse seiner Innenwelt, seines existentiellen „Impressionismus", werden in den Zeichen und Gesten, in seinem vielfältigen künstlerischen Gestalten und Basteln sichtbar, mit- und nachvollziehbar und damit zum geistig-geistlichen „Expressionismus" und zur sozialen Kommunikation. Die innere Freude eines Menschen wird sichtbar in seinem hellen Lachen. Er springt auf vor Freude. Er klatscht in seine Hände. Er umarmt in seinem Glück Menschen, die ihm nahestehen und die an seinem Glück teilnehmen sollen. Er schämt sich in seiner Trauer und seiner Hilflosigkeit nicht der Tränen; er bricht körperlich zusammen, wird sprach- und fassungslos. Die menschlichen Äußerungen des „Himmelhoch-Jauchzens" und des „Bis-zum-Tod-Betrübtseins" sind alles andere als Unbeherrschtheiten. Gerade sie machen den Menschen zum Menschen – liebenswürdig und faszinierend in der Kühnheit seiner Lebenspläne, in seiner Sehnsucht nach Freundschaft und Liebe, in seiner tiefen, oft ausweglosen Verletzlichkeit im Leid und in Enttäuschungen.

Es gibt wenige Menschheitszeichen als Wahrzeichen, Enthüllungszeichen und Interpretationszeichen, in denen unverstellt und klar das ganze Repertoire menschlichen Denkens, Fühlens und Empfindens, der bunte und verwirrende Horizont einer Epoche, der vielstufige Ablauf einer Biographie, die Abwechslung des Jahrskreises, wie gewiß auch des Kirchenjahres, sichtbar und liebenswert werden wie im religiösen Brauchtum. Heute geben sehr häufig hochbegabte Autodidakten dem Brauchtum Form und Farbe mit der Kühnheit und grellen Farbigkeit ihrer Darstellung und einer erstaunlichen Wandlungsfähigkeit und Vergegenwärtigung der Thematik in unsere Zeit: wenn etwa das biblische Geschehen der Geburt Jesu in Betlehem in eine Bauernstube und Landschaft der bayerischen oder Tiroler Berge hineingestellt wird und wenn – unter Mißachtung der biblischen Kostümkunde – Josef in eine lederne Bundhose gesteckt wird und Maria in bayerischer Tracht mit Schnürmieder an der Krippe kniet.

Gefahr der Nivellierung

Das sich einigende Europa steht unter der Gefahr, sich auf gleiche Normen zu verständigen. Es wäre verhängnisvoll und käme einer Verarmung Europas gleich, die kulturelle, in Jahrtausenden gewachsene Vielfalt, die unterschiedlichen, nationalen Identitäten, den Pluralismus der Literatur, Kunst, Musik, Philosophie und der religiösen Fülle in überschaubare, leicht kontrollierbare Normen einzupassen und gleichzumachen, um europäische Uniformität zu erreichen.

Weil mit Recht von der „Würde des Menschen" und mit Nachdruck von den „Grundfreiheiten und Menschenrechten" gesprochen wird, sind gerade heute Vielfältigkeit, Weiträumigkeit und Fülle ein unantastbares Schöpfungsgut. Monokulturen sind nicht Werk des Schöpfer-Gottes, sondern der alles planenden und verplanenden, die Schöpfungsintentionen korrigierenden und nachbessernden Profitgier der Menschen entsprungen. Sie haben sich als überaus anfällig für Katastrophen erwiesen, an denen die Natur ebenso zu leiden hat wie die Menschen.

Der bisherige Weg der geistigen und religiösen Entwicklung der europäischen Völker, ihrer Philosophie, ihrer Kunst und ihres erstaunlich bunten Brauchtums ist voll kreativer Überraschungen – von Jahrhundert zu Jahrhundert, von Volk zu Volk, selbst unter den verschiedenen Stämmen und Schichten des gleichen Volkes. Die Größe wie auch die schöpferische Spannung Europas ist die Überfülle seiner Kulturen, mit denen die europäischen Völker sich immer wieder gegenseitig beschenkt, beglückt und inspiriert haben. Selbst dort, wo diese Völker auf Schlachtfeldern sich befehdet, verkohlte Städte und zerstörte Äcker zurückgelassen haben, haben sich die gleichen Völker gegenseitig und generationsübergreifend beschenkt.

Die Sieger haben von den Besiegten, die Ohnmächtigen von den Mächtigen nicht weniges übernommen und anregend in ihre kulturelle Identität integriert.

Die heute erhobene Herausforderung „Bewahrung der Schöpfung" umfaßt nicht nur die organischen und anorganischen Dimensionen der Natur. Sie umfaßt gleichzeitig und sogar noch intensiver die „Bewahrung der kulturellen Vielfalt und Identität", die vom einzelnen wie von der Gruppe im geschichtlichen Raum dreier Generationen ernst zu nehmen und zu realisieren ist: die Sorge für das Erbe der vorausgehenden Generation, das wir in unserem Leben übernommen haben – die Herausforderung der Gegenwart, wie die heute lebende Generation mit diesem Erbe umgeht, es weitergestaltet oder sich von ihm distanziert – die Verantwortung für das kulturelle Testament, das der nachfolgenden Generation übergeben wird. Die Bewahrung der kulturellen Pluralität ist – wie kaum in früheren Jahrhunderten – Aufgabe und Sorge der gegenwärtigen Generation, die sich gewiß müht um die europäische Einheit, diese aber nicht um den Preis der individuellen, nationalen Identität erkaufen oder sich aufdrängen lassen darf.

Schöpfung – Entwurf auf Expressionismus

Die polare Leib-Seele-Spannungseinheit des Menschen ist häufig sowohl im Denken wie im Selbstverständnis und in der Lebenspraxis durch einseitige Akzentuierungen gefährdet. Zu Beginn der Neuzeit hat der Philosoph René Descartes (1596–1650) Existenz und Größe des Menschen mit dem Satz zu begreifen versucht „Ich denke, also bin ich" (Cogito, ergo sum). In unserer Zeit, die an die Maxime von Ulrich von Hutten (1488–1523) „Es ist eine Lust zu leben!" erinnert, wird der Gegenpol dazu herausgestellt und gelebt: „Ich bin Körper, ich habe und erlebe Sexualität, also bin ich."

Deutung, Verständnis und Verwirklichung des gegenwärtigen Menschenbildes zielen – trotz vieler und unübersichtlicher, irritierender wie polarisierender Suchbewegungen und Irrwege – auf den kühnen Versuch einer ganzheitlichen Schau, in der Leib und Seele, Einzelpersönlichkeit und Gemeinschaft, Mensch und Schöpfung, Ökonomie und Ökologie, Vergangenheitserbe und Gegenwartsherausforderung, Gegenwart und Zukunftsperspektive koordiniert und synchronisiert werden. Das Ziel dieser Inkulturation wird sichtbar und erlebbar in der Begegnungsrichtung und Realisationsform von außen nach innen. Die kulturelle und geistig-geistliche Auseinandersetzung findet in der Geschichte eines Menschen und eines Volkes in einer bestimmten Epoche statt.

Durch diese Auseinandersetzung mit der Kultur entsteht eine ganz neue Bewegungs- und Verwirklichungsrichtung von innen nach außen – exemplarisch realisiert z. B. im Ballett. Was im Innern, im Geist, im Herzen und Erlebnis eines Menschen vor sich geht, drängt zur Sichtbarwerdung, zur Entäußerung, zur Verleiblichung. Die Innenwelt, der Impressionismus des Geistes und des Herzens, will vom ganzen Menschen als Leib-Seele-Wesen aufgenommen und realisiert werden, wie es Teilhard de Chardin (1881–1955) plastisch und einprägsam angesprochen hat: „Materie und Geist: (sind) gar nicht zwei Dinge, sondern zwei Zustände, zwei Gesichter ein und desselben kosmischen Stoffes."

Dies ist der notwendige Prozeß der ganzheitlichen „An"-Eignung wie der „Ent"-Eignung des Menschen – im Ballett ebenso wie im Schauspiel, in der Literatur wie in der Musik. Aber auch „auf den Landstraßen und vor der Stadt" (Lk 14,23) ist Volkskunst lebendig, vor allem im vielschichtigen Brauchtum mit vertrauten Worten, vertrauter Musik und vertrauten Naturelementen wie Holz, Stein, Ton. Die sogenannte „große" Kunst beherrscht die Öffentlichkeit. Sie wird vorgestellt in Museen und Galerien, auf öffentlichen Plätzen, in Parkanlagen und kommunalen Gebäuden. Weniger in der Öffentlichkeit, wohl aber in unzähligen Familien und in immer neuen Entstehungs- und Interpretationsprozessen ist die sogenannte „kleine" Kunst des christlichen Brauchtums gegenwärtig.

Gerade diese „Kleinkunst", die gelegentlich in Vernissagen an die Öffentlichkeit tritt, bietet jene köstlichen, aus dem Volk kommenden und das Volk ansprechenden Schöpfungen, in denen die „Vibration der Seele", von der Wassily Kandinsky (1866–1944) geschrieben hat, hör- und sehbar wird. Was manchem Intellektuellen und Kunsthändler verborgen bleibt, vermögen die „Unmündigen" und „Amateure" der Kunstszene, nämlich die „Künstler aus dem Volk", die keine Kunstakademie besucht haben, zu empfangen und zu gestalten. Der innere Klang der Wirklichkeit wird hörbar und trifft den Betrachter existentiell beglückend oder auch bestürzend.

Die geistige Dimension des christlichen Glaubens, die kühne Welt seiner Geheimnisse will in der sichtbaren Welt adäquaten Ausdruck erhalten. So erfährt der in seiner Lebens- und Schaffensfreude geradezu spielerisch schaffende Mensch – homo ludens – existentiell-dialogische Begegnung von Glaube und Realität, von Innenwelt und Außenwelt, von Ewigem und Zeitlichem, von Göttlichem und Menschlichem, von Sichtbarem und Unsichtbarem. Christlicher Glaube ist bedrängender und stimulierender Entwurf auf ständige Verleiblichung, Vergeschichtlichung, Menschwerdung, Materialisierung. Die Kritiker und Puristen aller Jahrhunderte haben gerade darin Geistvergessenheit, Verrat des Geistes und des Göttlichen erblickt, aber nicht gemerkt, daß die Menschwerdung des Gottessohnes das stärkste und vernichtende Gegenargument ihrer Thesen ist!

Christliches Brauchtum – Praxis des Glaubens

Es gibt die Menschwerdung Gottes in Jesus, dem Christus: „Und das Wort ist Fleisch geworden und hat unter uns gewohnt" (Joh 1,14). Es gibt auch eine Menschwerdung, eine Vergeschichtlichung und Materialisierung des Glaubens in vielen sichtbaren Zeichen und Formen, auch und gerade in der bunten Welt des christlichen Brauchtums. Es wäre zu hoch gegriffen und vermessen, zu behaupten: Brauchtum hilft glauben. Dieser Satz ist ebenso falsch wie richtig. Glaube ist nicht Selbstverwirklichung. Glaube ist und bleibt in allen Stufen – Gnade. Im Rosenkranzgebet sprechen wir sehr deutlich die Bitte aus: „... der in uns den Glauben vermehre." Glaube ist der Versuch des Menschen Gott, der zuerst gesprochen hat, auf den verschiedenen Ebenen und Möglichkeiten seines Lebens eine Antwort zu geben. Das Wagnis Gottes mit dem Menschen wird zum Wagnis des Menschen mit Gott.

Eine der vielen Facetten dieser Glaubensantwort, die aus der Freude des Beschenktwordenseins kommt, ist christliches Brauchtum. In ihm kommt das Ursprüngliche, das Unverstellte, das Bodenständige, das Naive, das Archaische zur sichtbaren Gestaltung. „Beim christlichen Brauchtum geht es nicht um Äußerlichkeiten, sondern um Verleiblichung und damit um Vermenschlichung unseres Glaubens. Der Glaube bedarf dieser Verleiblichung, um lebendig zu bleiben und stark zu werden" (Kardinal Friedrich Wetter).

Noch ist christliches Brauchtum unter uns gegenwärtig. Wie lange noch?

Wo immer christlicher Glaube sich bewähren muß, ist in gleicher Weise auch christliches Brauchtum auf die Bewährungsprobe gestellt worden. Aber der Baum des Brauchtums scheint noch gesund zu sein und frische Blätter und Blüten zu tragen, wenn die Wurzeln des Glaubens bereits verdorrt sind. „Wer sein geistiges und geistliches Erbe vernachlässigt und lässig verspielt, schafft sich selbst die eigene Leere und hat keine Wurzeln. Wie ein wurzelloser Baum fällt auch jeder wurzellose Mensch – eine wurzellose Gesellschaft. Es bedarf dazu keine Sturmes, ein Windhauch genügt" (Michael Wolffsohn in der Feierstunde zum Volkstrauertag in Berlin am 19. November 1995).

Christliches Brauchtum ist „noch" da. Es wird „vermarktet" selbst von jenen, die sich nicht mehr damit identifizieren; weil man die Seligkeit des Nikolaus oder des Christkinds in der Krippe seinen Kindern und Enkelkindern noch schenken möchte; weil es „noch" Brauch ist, einen mächtigen, mit elektrischen Kerzen geschmückten Weihnachtsbaum auf dem Marktplatz oder vor dem Rathaus alljährlich aufzustellen; weil sich christliches Brauchtum als vorweihnachtliche oder österliche Schaufenstergestaltung und zur Reklame durchaus gewinnbringend einsetzen läßt.

Wird aber diese Traditionspflege, deren Kosten eingeplant sind im steuerlich absetzbaren Werbeetat, morgen und übermorgen noch lebendig sein? Institutionell und offiziell bekennt man sich in Kirche und Kommunen zum christlichen Brauch. Es drängt sich aber die Frage auf: Steht christliches Brauchtum auf der Kippe vom christlichen zum postchristlichen Zeitalter? Wird es in Zukunft nur noch antiquarischen Wert in Museen haben?

Christliches Brauchtum – Weitergabe des Glaubens in den Familien

Wie leben in einer Epoche, die Reinhard Raffalt „Fastenzeit der christlichen Kultur" genannt hat. Selbst in der Kirche wurde und wird da und dort die eigene Tradition für das Verständnis und für den Lebensstil des modernen Menschen als hinderlich empfunden. Im öffentlichen Leben wie in manchen Fernsehdarbietungen ist christliches Brauchtum bereits zur Konserve verkommen und wird zur Unterhaltung der Kurgäste eingesetzt, gebraucht und mißbraucht. Was heute als Brauchtum durch Salonjodler oder in aufgemotzter Tracht in Fernsehsendungen ausgegeben und abverlangt wird, hat einen spürbar unangenehmen Hauch von Mode und Effekthascherei. Es wird nicht selten als Show um des Tourismus willen oder um einer seit Jahren mit Stakkato-Klatschen begleiteten Unterhaltungsserie willen abgezogen.

Einer der wenigen, hoffnungsvollen und überlebensfähigen Orte des christlichen Brauchtums ist die Familie. Stirbt auch dort das christliche Brauchtum, dann degeneriert es zur Folklore, zur Verkaufsmesse in Weihnachtsbasaren oder bei Ostereier-Ausstellungen.

Christliches Brauchtum benötigt eine tiefe und überzeugte Verwurzelung in einem tragfähigen Fundament, in dem mit dem großen Ja und Amen Gottes zu seiner Schöpfung sich die Menschwerdung des Gottessohnes und nicht zuletzt die Auferstehung Jesu Christi mit ihren kosmischen Konsequenzen vertieft und vollendet hat. Gott hat sich nach der Erschaffung des Kosmos nicht in das himmlische Austragsstübchen (wie es der Deismus meinte) zurückgezogen. Gott ist in seiner materiellen Schöpfung präsent, gegenwärtig, wirksam und erfahrbar, wie es ein Jesus-Wort des apokryphen Thomasevangeliums in Logion 77 festgehalten hat:

„Spaltet ein Stück Holz:
Ich bin da!
Hebt einen Stein auf:
Ihr werdet mich dort finden!"

Dem rechten Tun im christlichen Brauchtum geht voraus der rechte Glaube an den Schöpfergott und seine Schöpfung, verbunden mit dem großen Auftrag der „Bewahrung der Schöpfung".

Der große Dominikanertheologe und Naturforscher Albert der Große (1193–1280) hat in einem schlichten Gebet um die alles entscheidende Verwurzelung des christlichen Leben, um die spirituelle Inkulturation in Christus, sich an Gott gewandt:

„Herr, lehre mich, die Wurzeln meines Lebensbaumes
nicht in das Erdreich, sondern in dich zu treiben,
damit ich beständig bin und gute Früchte trage."

Nur wer zu Gott recht steht, steht auch zur Schöpfung Gottes richtig. Er vermag mit guten und einfühlsamen Händen mit der Schöpfung Gottes umzugehen bis hin zur consecratio mundi in den Weihungen und Segnungen der Naturelemente durch die Kirche, in der gott- und schöpfungsverbundenen

Volksfrömmigkeit und im Laienapostolat des christlichen Brauchtums in der „Hauskirche" der gläubigen Familien.

Wer in seinem Leben durch das Geschenk des christlichen Glaubens Freude, Trost und Innerlichkeit erlebt hat, wird diese Lebensorientierung auch seinen Kindern und Enkelkindern vermitteln wollen. Zu den wichtigsten und prägenden Eingangserfahrungen des jungen Christen gehört das Beispiel betender Eltern, von denen wir das Kreuzzeichen gelernt und die ersten Gebete gehört und mitgebetet haben. Es gehören zu dieser stillen Katechese viele, unvergeßliche Erzählungen aus dem Alten und Neuen Testament, aus dem Leben und Wirken der Heiligen, vor allem der Namenpatrone und sicherlich auch die Gebete zum heiligen Schutzengel.

Religiöse Erfahrungen der Kindheit können später überdeckt werden. Sie können aber in Erlebnissen des Glückes und der Liebe wie auch in Erfahrungen der Trauer und der Einsamkeit im Erwachsenen plötzlich wieder da sein, sich erneuern und glaubenstherapeutisch in vertiefte Dimensionen hineinreifen. Eine stille, überaus eindringliche Begegnung mit der Wirklichkeit des Glaubens gibt das religiöse Brauchtum, das im wiederholenden Lauf der Kirchenjahre immer neue Stationen und Möglichkeiten anbietet. Auch das Kind kann daran aktiv teilnehmen. Die Katechese des familiären Brauchtums ist existentiell und emotional tiefer und weitreichender als so mancher Religionsunterricht in den Klassenzimmern.

Prädestiniert ist vor allem die Mutter als erste Zeugin bei der Weitergabe des Glaubens an ihre Kinder. Der Vater ist in der Familie eine wichtige und prägende Bestätigungs- und Motivationsinstanz für das, was die Mutter den Kindern an Glaubensorientierung mitgibt. Bezeichnend ist das Wort eines fünfzehnjährigen Sohnes zu seiner Mutter: „Du sagst uns, wie es geht, und wir schauen, ob der Vater es auch so macht."

Christliches Brauchtum ist Glaubensverkündigung in kleinen Schritten, wenn etwa Kinder unter Anleitung und Begleitung von Vater und Mutter (sicherlich sind auch nicht wenige rüstige Großeltern gerne dazu bereit) Moos und skurrile Wurzelgeflechte sammeln für den Bau einer neuen Krippe, wenn die Geschwister gemeinsam eine neue Osterkerze erstellen oder wenn für den Kräuterbuschen zum Fest Maria Himmelfahrt (15. August) die verschiedenen Kräuter gesammelt und kunstvoll gebunden werden.

Viele kleine Tätigkeiten fallen im christlichen Brauchtum z. B. in der Adventszeit an: das Sägen und Schneiden von kleinen Brettern für den Stall von Betlehem, das Bemalen einer aus Leinen gefertigten Hintergrundkulisse, das Ausschneiden und Nähen der kostbaren Kleider der drei Könige, das Aufsetzen der Gold- und Silberborten an die bauschigen Gewändern. Wie viele Möglichkeiten des religiösen Gesprächs und der Erklärungen gibt es, wenn Eltern auf die immer neuen und unerwarteten Fragen ihrer mitbastelnden Kinder antworten. Religiöses Brauchtum will mit den fünf Sinnen glauben und alle Dimensionen der Schöpfung einbeziehen.

Wahrhaftig, narrative Theologie in unverkrampfter, stiller Form und mit erstaunlicher Einprägsamkeit! Spirituelle bleibende Eindrücke in die Glaubensbiographie der Christen! Brauchtum ist Glaubensverkündung, für die Eltern wieder Zeit haben, sich wieder um des Glaubens ihrer Kinder willen mehr Zeit nehmen sollten!

Die Weitergabe des Glaubens kann im vielschichtigen Bereich des christlichen Brauchtums nach „Gottes unerforschlichem Ratschluß" (Röm 11,33) sich auf seltsamen und unerwarteten Wegen auch in umgekehrter Richtung vollziehen, nicht vom Erwachsenen zum Kind, sondern vom Kind zum Erwachsenen. Das Kind, das im Kindergarten seine Martinslaterne gebastelt hat, kann zum Boten des Glaubens und zum Lehrer seiner religiös und kirchlich desinteressierten Eltern werden, wenn es mit staunenden Augen von seinem geheim gehaltenen „Kunstwerk" erzählt und mit großer Freude vom Leben des heiligen Bischofs Martin berichtet. Gleichzeitig lädt es seine Eltern zum abendlichen Martinszug vom Kindergarten zur Pfarrkirche ein und nennt ganz genau den Platz, den es in diesem Lichterzug einnehmen wird.

Welcher Vater, welche Mutter wird eine solche Einladung seines Kindes ausschlagen oder die Martinslaterne des Kindes als „bigottes Zeug" abtun? Das Kind ist es, das eine ganz ungewohnte Begegnung seiner Eltern und gewiß auch seiner Großeltern mit der Wirklichkeit des Glaubens auslöst, die im Zeichen der selbstgebastelten, das abendliche Dunkel erhellenden Martinslaterne ihres freudestrahlenden Kindes aufleuchtet.

Angesichts dieser stillen, charmanten und völlig unverkrampften Glaubensverkündung des eigenen Kindes fühlt man sich an das Jesus-Wort erinnert: „Wer das Reich Gottes nicht so annimmt, wie ein Kind, der wird nicht hineinkommen" (Mk 10,15). Christliches Brauchtum kann in einer Welt der ideologischen Überangebote und der religiösen Unsicherheit zu einem nachdenkenswerten Orientierungs- und Erinnerungszeichen des Glaubens werden.

Pflege und Weitergabe des christlichen Brauchtums benötigen ebenso sachkundige Restauration wie hochsensible Innovation, damit die Ursymbole und heiligen Zeichen der Spiritualität dem Glauben und dem Glaubensweg des Einzelchristen wie des ganzen, pilgernden Gottesvolkes Orientierung in eine gute Zukunft geben. Christliches Brauchtum braucht heute einen festen Standort und einen klaren Standpunkt, wie es Johann Wolfgang von Goethe (1749–1831) in seinem Epos „Hermann und Dorothea" (1797) überdeutlich ausgesprochen hat:

> „Denn der Mensch, der zur schwankenden Zeit
> auch schwankend gesinnt ist,
> der vermehrt das Übel und breitet es weiter und weiter;
> aber wer fest auf dem Sinne beharrt, der bildet die Welt sich."

Christliches Brauchtum steht unter der generationsverbindenden Herausforderung: für die vorausgehende und für die nachfolgende Generation Verantwortung zu übernehmen. Nichts braucht es mehr als Treue und Phantasie, Mut und Geduld.

LITERATUR: A. Bichler, Wie's in Bayern der Brauch ist. Feste und Bräuche durchs Jahr und durchs Leben in Altbayern, Franken und Schwaben. München 1994; A. Demandt (Hg.), Mit Fremden leben. Eine Kulturgeschichte von der Antike bis zur Gegenwart. München 1995; W. Kandinsky, Über das Geistige in der Kunst. Bern 1952; A. Läpple, Krippenarbeit als Meditation. In: Der Bayerische Krippenfreund Nr. 266 (Dezember 1988) S. 3–11; ders., Weitergabe des Glaubens durch religiöses Brauchtum. In: Der Bayerische Krippenfreund Nr. 277 (September 1991) S. 3–11; E. Noelle-Neumann – R. Köcher, Die verletzte Nation. Über den Versuch der Deutschen, ihren Charakter zu ändern. Stuttgart 1987; R. D. Parke, Erziehung durch den Vater. Stuttgart 1982; M. Plieth, Die Seele wahrnehmen. Zur Geistesgeschichte des Verhältnisses von Seelsorge und Psychologie. Göttingen 1994; R. Raffalt, Abendländische Kultur und Christentum. München – Zürich 1981; R. Riess – K. Fiedler (Hg.), Die verletzlichen Jahre. Handbuch zur Beratung und Seelsorge an Kindern und Jugendlichen. Gütersloh 1993; M. Schäfer, Märchen lösen Lebenskrisen. Tiefenpsychologischer Zugang zur Märchenwelt. Freiburg – Basel – Wien 1993; C. Sölling, Die Wirklichkeit Gottes in der Welt des Expressionismus. In: Geist und Leben 67 (1994) 225–236; P. Teilhard de Chardin, Das Herz der Materie. Olten 1990; H. J. Thilo, Frömmigkeit. Aus dem lebendigen Reichtum der Traditionen schöpfen. München 1991; H. Windisch, Sprechen heißt lieben. Eine praktisch-theologische Theorie des seelsorglichen Gesprächs. Würzburg 1989.

Alphabetisches Stichwortverzeichnis

Abendgebet 23
Advent 25
Adventskalender 27
Adventskranz 28
Allerseelen-Gedenken 30, 228
Amen 30
Aschermittwoch 31

Barbarazweig 34
Bartholomäustag 36
Bestattung 38, 225
Bildstöcke 38, 254
Blasius-Segen 39
Bonifatius 41, 58

Christbaum 42
Christkind 43
Christmette 45

Devotionalien 47
Dreikönigsfest 51
Dreikönigswasser 54

Eisheilige 57
Elternsegen 59, 103
Erntedankfest 59
Ewige Anbetung 63

Fasching 68, 71
Fastenzeit 68
Fastnacht 71
Fatschenkind 74
Florian 75, 150

Frauendreißiger	75, 135
Friedhof	75, 226
Fronleichnam	76
Gebet	79
Georgi-Ritt	82
Glocken	85
Gottessegen	89, 103
Gründonnerstag	89, 111
Gut-Tod-Bruderschaften	89, 221
Hausaltar	90, 161
Heiligenverehrung	90
Herbergssuche	94
Herrgottswinkel	95
Herz-Jesu-Verehrung	97
Hochzeit	98
Hochzeitsjubiläum	105
Junggesellenabschied	106, 101
Karfreitag	107, 112
Karneval	107, 71
Karwoche	107
Kirchenmusik	116
Kirchweihfest	120
Krankenpflege	122
Krankensalbung	131, 222
Kräutersegnung	132
Kreuz	135
Kreuzwegandacht	138
Kreuzzeichen	142
Krippe	144
Krippenlegung	148
Leichenmahl	150, 226
Leonhardi-Fahrt	150
Lichtmeß	153

Luzia 155

Maiandacht 158
Maibaum 162
Marienplatz 160
Mariensäule 160
Marterl 163, 254
Martinstag 163
Morgengebet 165
Muttertag 167

Namenstag 170
Nikolaus 171
Novene 174

Ölbergandacht 177
Ölbergspiel 177
Osterei 180
Osterfeuer 183
Osterhase 184
Osterkerze 187
Osterlamm 189
Ostern 179
Osterwasser 191

Palmesel 193, 109
Palmsonntag 193, 109
Pankratius 193, 57
Paradiesbaum (Paradeisl) 193
Passionsgeschichte 195, 108
Passionsspiel 195
Pfingsten 197
Polterabend 202, 102

Reliquienverehrung 203
Ringsegen 206, 104
Rosenkranz 206
Rosenmontag 209, 73

Rosensonntag 209

Schutzengel 212
Servatius 215, 57
Silvester 215
Sonnwendfeuer 217
Sophie 219, 59
Speisenweihe 219
Sterbebilder 221, 223
Sterbe- und Bestattungskultur 221
Sternsingen 231
Stille Nacht, heilige Nacht 233

Taufwasser 237, 191
Teufelsspuk 237
Tischgebet 241
Totengottesdienst 243, 225
Traueranzeigen 243, 223

Valentinstag 244
Volksmusik 245
Volkstrauertag 248, 229
Votivbilder 248
Votivgaben 250

Wallfahrt 252
Weihnachten 256
Weihrauch 258
Weihwasserbehälter 261
Wettersegen 262

A

Abendgebet

Der große Klassiker unter den Abendgebeten ist die Komplet (completorium) des kirchlichen Stundengebets. Sie ist das letzte Gebet im Brevier, mit dem alltäglich die Lebens- und Glaubensgeschichte des Gottesvolkes wie des einzelnen Christen an ein gutes, wenn auch vorläufiges Ende kommt (das lateinische Wort „complere" bedeutet „auffüllen, zu Ende führen, abschließen"). Betend soll der Tag seinen krönenden Abschluß vor Gott und den Menschen finden. Die Komplet soll gleichzeitig daran erinnern, daß irdisches Beten zutiefst Vorbereitung und Einübung in die Liturgie des himmlischen Lobens und Preisens sein soll.

Das kirchliche Abendgebet will Impulsgeber für die vielen Abendgebete sein, die je nach Alter und Beruf in immer neuen Variationen gesprochen und verfaßt werden. Wer denkt nicht an das ruhig dahinfließende Gebet von Matthias Claudius (1740-1815)?

„Der Mond ist aufgegangen,
die goldnen Sternlein prangen
am Himmel hell und klar;
der Wald steht schwarz und schweiget,
und aus den Wiesen steiget
der weiße Nebel wunderbar.

So legt euch denn, ihr Brüder,
in Gottes Namen nieder!
Kalt ist der Abendhauch.
Verschon uns, Gott, mit Strafen
und laß uns ruhig schlafen,
und unsern kranken Nachbarn auch!"

Für eine romantisch angehauchte Epoche, in der neugotische Kirchen erbaut und Nazarenerbilder gemalt wurden, hat Luise Hensel (1798-1876) ein Abendgebet gedichtet.

„Müde bin ich, geh zur Ruh,
schließe beide Augen zu.
Vater, laß die Augen dein
über meinem Bette sein!

Hab ich Unrecht heut getan,
sieh es lieber Gott nicht an!
Deine Gnad und Jesu Blut
macht ja allen Schaden gut.

Abendgebet

Alle, die mir sind verwandt,
Gott, laß ruhn in deiner Hand.
Alle Menschen, groß und klein,
sollen dir befohlen sein.

Kranken Herzen sende Ruh,
nasse Augen schließe zu.
Laß den Mond am Himmel stehn
und die stille Welt bestehn."

Aus der (meistens in der Weihnachtszeit gespielten) Oper „Hänsel und Gretel" des Komponisten Engelbert Humperdinck (1854–1921) ist vielen Menschen der schlichte Text mit der eingängigen Melodie eines gesungenen Abendgebetes bekannt.

„Abends, wenn ich schlafen geh,
vierzehn Engel um mich stehn,
zwei zu meinen Häupten,
zwei zu meinen Füßen,
zwei zu meiner Rechten,
zwei zu meiner Linken,
zwei, die mich decken,
zwei, die mich wecken und
zwei, die mich weisen
in das himmlische Paradeisen."

Man spürt im Opernhaus oder auch im Konzertsaal, wenn dieses Abendlied meist von glockenklaren Jungenstimmen gesungen wird, eine weihevolle Spannung. Nicht wenige werden an die eigene Kindheit erinnert, in der man sich problemlos und tiefgläubig dem Schutz der Engel Gottes anvertraute.

Die Frage, wann heute angesichts der unterschiedlichen Abendgestaltung der einzelnen Familienangehörigen das Abendgebet – einzeln oder gemeinsam – verrichtet werden soll, bedarf einer Klärung. Für Familien und religiöse Gruppen, die auf das gemeinsame Gebet Wert legen, könnte am Wochenende, am Samstag oder Sonntag, die deutsche Fassung der kirchlichen Komplet gebetet werden. Das persönlich und privat gesprochene Abendgebet dürfte heute die häufigste Gebetsform sein. Wann aber ist die beste und am wenigsten gestörte Zeit für mein Abendgebet? Es könnte durchaus sein, daß unmittelbar nach dem Abräumen des Abendtisches und noch vor dem Beginn der Rundfunk- und Fernsehsendungen der einzelne für sein Abendgebet sich für einige Minuten zurückzieht. Das Abendgebet braucht keineswegs eine tiefgreifende umfassende Gewissenserforschung zu sein. Es kann das Tagesgeschehen unter der Lupe eines einzigen Satzes betrachtet werden: Kann ich heute mit mir, mit meinen Entscheidungen, mit meinem Leben und Wirken in Familie und Beruf zufrieden sein? Was hätte ich anders, besser machen sollen und können? Man kann die kritische Revue eines Tages auch unter den Fragen betrachten: Was erwartete Christus von mir am heutigen Tag? Was hätte Christus an meiner Stelle sicherlich ganz anders getan? Man könnte auch unter dem Text des Sonntagsevangeliums, dem Merksatz eines Tagesheiligen oder Namenspatrons oder des Kirchenjahres seinen Tag überprüfen und für den kommenden Tag einen hilfreichen Leitspruch sich zurechtlegen.

Wenigstens kurz sei noch das „Politische Nachtgebet" erwähnt. Es handelt sich dabei um eine religiöse Aktion, die meist in einer Kirche mit Gebeten und Liedern, vermischt mit Informationen, beginnt, durch die an gemeinschaftliche Nöte, Mißstände und Probleme in Kirche und Gesellschaft aufmerksam gemacht wird. Das „Politische Nachtgebet" will dunkle Stellen im politischen, sozialen und religiös-kirchlichen Leben wie mit grellem Scheinwerferlicht ausleuchten und ins breite Bewußtsein heben. Was zunächst im Innenraum einer Kirche gesagt und gebetet wurde, wird oft durch eine anschließende Demonstration auf Straßen und Plätzen, häufig mit Lichterketten, zum öffentlichen Anliegen gemacht.

Advent

Das aus dem Lateinischen kommende Wort Advent (adventus) bedeutet „Ankunft": Erwartung der Ankunft des Herrn (adventus Domini). Die Fülle des Advents erschließt sich als Rückblick in die Vergangenheit, als das Volk Israel, inspiriert durch eine Vielzahl messianischer Weissagungen im Alten Testament, auf den Messias und Erlöser ausschaute – als gegenwärtige Begegnung mit Jesus Christus, der bereits gekommen ist, in seinem Wort, in seinem Sakrament, in seiner Güte und Menschenfreundlichkeit (die Mystiker sprechen von der „Gottesgeburt" im Menschen) – als Vorbereitung auf das zukünftige Kommen Jesu am Ende der Geschichte als Weltenrichter.

Mit dem Weihnachtsfestkreis, der am ersten Sonntag im Advent seinen Anfang nimmt und mit dem Sonntag nach dem Fest der Erscheinung des Herrn (Dreikönigsfest) im Gedenken an die Taufe Jesu durch den Täufer Johannes endet, wird das Kirchenjahr eröffnet. Das Wort *„Kirchenjahr"* ist erstmals in der 1589 in Wittenberg erschienenen „Postille" des evangelischen Pfarrers Johannes Pomarius niedergeschrieben worden. Die neugestaltete Liturgie (beschlossen durch das Zweite Vatikanische Konzil in seiner Konstitution über die Liturgie vom 4. Dezember 1963, Art. 51) hat in den drei Lesejahren A, B und C gerade für die Advents- und Weihnachtszeit eine breite Auswahl der Heiligen Schrift für die Verkündigung, Meditation und Volksfrömmigkeit vorgelegt (vgl. dazu die von Papst Paul VI. veröffentlichte Apostolische Konstitution „Missale Romanum" vom 3. April 1969).

Jeder Advent besitzt – auch für Menschen, die religiös kaum noch aktiv sind – eine ganz eigenartige Stimmung. Sehr häufig wird in ihm ein wesentliches und unverlierbares Stück Autobiographie lebendig: die Erinnerung an die vorweihnachtliche Zeit aus der eigenen Kindheit und Jugend. Das Besondere der Adventszeit leuchtet auf in dem sonst kaum gebrauchten Adjektiv „traut", wenn vom „trauten" Advent gesprochen wird oder wenn es in einem Lied heißt: „Wir sagen euch an den lieben Advent". Es ist überraschend: Adventslieder klingen immer wieder frisch und unverbraucht, weil sie nur vier Wochen im Kirchenjahr gesungen werden.

Wie kaum eine andere Zeit ist der Advent angereichert mit vielen und unterschiedlichen Impulsen des kirchlichen Lebens, die vom religiösen Brauchtum aufgegriffen wurden: Adventskranz, Barbarazweig (4. Dezember), Nikolaus (6. Dezember), Fest Maria ohne Erbsünde (8. Dezember), Luziatag (13. Dezember), Zwölftenzeit (vom 21. Dezember bis zum 6. Januar) und Herbergssuche (auch „Frauentragen" genannt). Eine besondere Bedeutung haben in Bayern die liturgischen Feiern der *Rorate-Ämter*. Der Name kommt von dem lateinischen Wort aus dem Buch des Propheten Jesaja (Jes 45,8): „Tauet Himmel" (Rorate coeli). Die Rorate-Ämter sind Votivmessen zu Ehren der Gottesmutter Maria. Wegen des dabei verlesenen Evangeliums von der Verkündigung des Herrn durch den Engel Gabriel (Lk 1,26–38) werden sie auch „*Engelämter*" bezeichnet.

Die religiös-kirchliche Erwartung der Adventszeit erfährt eine letzte Steigerung in den sogenannten O-Antiphonen, die bereits im 9. Jahrhundert nachweisbar sind und vom 17. bis zum 23. Dezember zur nachmittäglichen Vesper gesungen werden:

O Weisheit	17. Dezember
O Herr	18. Dezember
O Wurzel Jesse	19. Dezember
O Schlüssel Davids	20. Dezember
O Aufgang	21. Dezember
O König der Völker	22. Dezember
O Gott mit uns	23. Dezember

Die Länge der Adventszeit hat sich im Laufe der Liturgiegeschichte gewandelt. In Jerusalem kannte man im 5. Jahrhundert nur einen einzigen Adventssonntag. In der Erzdiözese Mailand werden heute noch sechs Adventssonntage gefeiert. Papst Gregor der Große († 604) hat die Zahl der Adventssonntage auf vier festgelegt. Die über vier Sonntage sich erstreckende Adventszeit wurde erst durch Papst Pius V. im Jahr 1570 allgemein verbindlich.

Die Vierzahl der Adventssonntage läßt sich folgendermaßen erklären:

Nach altjüdischem Verständnis der Weltgeschichte setzte man für die Zeitspanne zwischen Adam und Christus etwa 4000 Jahre an. Die Adventszeit könnte als überschaubare Kurzfassung der Heils- und Unheilsgeschichte verstanden werden. Jeder der vier Adventssonntage könnte eine Tausendjahrmarkierung sein. Es mag interessant und sicherlich auch seltsam zu hören sein, daß der irisch-anglikanische Erzbischof von Armagh (1580–1656), James Ussher, in seinem klassischen Werk über die biblische Chronologie „Annales Veteris et Novi Testamenti" (2 Bde., London 1650/54) eine erstaunlich präzise Zeitangabe der Schöpfung der Welt vorlegte und von diesem Fixdatum ein geschichtliches System des Alten Testaments errechnete. Die Welt, so schrieb er, sei ganz am 26. Oktober 4004 v. Chr. um 9 Uhr morgens erschaffen worden. In eine ähnliche Richtung weisen die (keineswegs historisch, sondern symbolisch zu verstehenden) Zahlenangaben des römischen Martyrologiums: „Im Jahr 5199 seit Erschaffung der Welt" und nach einer Zeitspanne von etwa 4000 Jahren nach Adam „wollte Jesus Christus, ewiger Gott und Sohn des ewigen Vaters, die Welt durch seine gnadenvolle Ankunft heiligen". Zählt man die chronologischen Angaben im hebräischen Masoratext des Alten Testamentes zusammen, so ergibt sich zwischen Adam und Christus eine Zeitspanne von 4114 Jahren.

Die Adventszeit soll eine „staade Zeit" sein – eine Zeit der Besinnung wie auch der Überlegungen, warum sich die Menschen ausgerechnet zu Weihnachten beschenken. Beschenken sich Menschen, weil zuerst Gott uns beschenkt? Der Charakter der Buße und Umkehr drückt sich in den violetten Meßgewändern ebenso aus wie in der Unterlassung des Gloria in den adventlichen Meßfeiern. Der Advent, in dem das Halleluja nicht verstummt, hat eine ganz andere religiöse Stimmung als die Fastenzeit. Auf dem Weg zur Krippe, der aus der Finsternis ins Licht führt, erklingen hoffnungsvollere Lieder als auf dem Weg zur Kreuzigung Jesu auf Golgota.

Adventskalender

Der heutige Adventskalender hat mancherlei Vorformen gehabt. Als Erfinder des „ersten" Adventskalenders wird ein gewisser Gerhard Lang (1881–1974) genannt. Sinn eines Adventskalenders – wenn er zu Recht diesen Namen trägt! – ist es, eine religiöse Hinführung zum Weihnachtsfest zu sein, und zwar für die Kinder wie auch für die Familien. Hinter jedem dem geöffneten Tagesfenster soll ein Bibelwort, die Strophe eines Adventsliedes, eine Anregung zum Gebet und zum besseren Umgang miteinander und gewiß auch der Hinweis auf Heiligenfeste im Advent zu entdecken sein. Ein religionspädagogisches Konzept ist unverkennbar. Das religiöse Konzept des Adventskalenders ist mehr und mehr in den Hintergrund getreten, seit geschäftstüchtige Firmen daraus einen Dezemberkalender gemacht haben, der jeden Tag des Monats Dezember mit Schokolade oder Marzipan versüßt, am 24. Dezember mit einer eigens aufgedruckten „Überraschung" aufwartet und dann plötzlich zu Ende ist.

Will der Adventskalender mehr sein als ein mit Süßigkeiten garnierter Dezemberkalender und wirklich eine religiöse Botschaft haben, dann müßte ein Adventskalender mit dem ersten Adventssonntag beginnen und neben vereinzelten Süßigkeiten eine kindgemäße Thematik aufweisen. Er sollte über Weihnachten und Neujahr hinaus bis zum Fest der Epiphanie (Erscheinung) des Herrn (6. Januar) ein anregender Wegbegleiter sein!

LITERATUR: *E. Gajek, Adventskalender von den Anfängen bis zur Gegenwart. München 1988.*

Adventskranz

Was heute viele Christen als alten Brauch ansehen, erweist die geschichtliche Forschung als kaum älter als hundert Jahre. Zwar gehen die Anfänge des Adventskranzes etwa in die Mitte des 19. Jahrhunderts zurück. In die katholische Frömmigkeit hat er – wohl auch aufgrund von intensiven Überlegungen, es handelt sich um einen evangelischen Brauch! – erst um 1935 Eingang gefunden, wobei für den ersten Gebrauch in der katholischen Kirche unterschiedliche Daten genannt werden: 1925 Köln, 1935 Berchtesgaden (Stiftskirche), 1937 München (St. Sylvester). Es wird auch überliefert, daß manche Pfarrer in der Landshuter Gegend noch unmittelbar vor dem Zweiten Weltkrieg sich geweigert haben, einen Adventskranz als „heidnisches Zeug" (oder gar als Produkt aus dem „Mythos von Blut und Boden") in ihren Kirchen aufzuhängen.

Ursprung und Vorläufer hat der heutige Adventskranz in einem Brauch, der zurückgeht auf den evangelischen Pfarrer Johann Heinrich Wichern (1808–1881), den Gründer des „Rauhen Hauses" vor den Toren der Hansestadt Hamburg. Im Betsaal seiner Sozialeinrichtung wurde um 1840 der Kronleuchter mit Tannengrün und Kerzen geschmückt. Für jeden Tag im Advent sollte in der täglichen Andacht ein Licht entzündet werden nach dem Motto von Wichern: „Mit jedem Tag ein Licht mehr!" Später setzte sich im Hinblick auf die vier Adventssonntage der aus Tannenzweigen geflochtene Kranz mit vier Kerzen (siehe Stichwort „Advent" mit dem Hinweis auf die altjüdische Zeitrechnung der 4000 Jahre) durch.

Das Tannengrün soll Symbol für Leben sein. Die violetten Bänder wie auch die (ursprünglich) violetten Kerzenfarben sollen auf den Buß- und Einstimmungscharakter der vorweihnachtlichen Zeit aufmerksam machen. Die Kreisform des Adventskranzes wiederum kann als Symbol des Erdkreises, der Ewigkeit, ja auch als Symbol Gottes verstanden werden.

Die Segnung des Adventskranzes für die Kirche wie für die Familien könnte sinnvoll bei der Eucharistiefeier (Wortgottesdienst) der Vorabendmesse oder des ersten Adventssonntages, und zwar entweder nach der Verlesung des Evangeliums in Verbindung mit einer ausdeutenden Predigt oder auch unmittelbar vor dem Schlußsegen eingefügt werden. Texte für die „Segnung der Adventskränze" sind im Benediktionale für die katholischen Bistümer des deutschen Sprachgebietes (1978, Seite 25–33) zu finden. Dort ist auch eine gute und hilfreiche Deutung dieses vorweihnachtlichen Brauchtums zu lesen: „Das Licht der vier Kerzen zeigt den stufenweisen Aufstieg zum vollen Licht der Weihnacht. Der grüne Kranz bedeutet Leben und Gemeinschaft. Der Adventskranz ist ein Zeichen der Hoffnung, daß nicht Dunkel und Tod, sondern Licht und Leben siegen werden".

Bei der Entzündung der Kerzen an den vier Adventssonntagen kann im kirchlichen Raum wie im häuslich-familiären Bereich das Lied aus dem „Gotteslob" (Nr. 115) gesungen werden:

1. Wir sagen euch an den lieben Advent. Sehet, die erste Kerze brennt. Wir sagen euch an eine heilige Zeit. Machet dem Herrn die Wege bereit. Freut euch, ihr Christen, freuet euch sehr! Schon ist nahe der Herr.

2. Wir sagen euch an den lieben Advent. Sehet, die zweite Kerze brennt. So nehmet euch eins um das andere an, wie auch der Herr an uns getan.

3. Wir sagen euch an den lieben Advent. Sehet, die dritte Kerze brennt. Nun tragt eurer Güte hellen Schein weit in die dunkle Welt hinein.

4. Wir sagen euch an den lieben Advent. Sehet, die vierte Kerze brennt. Gott selber wird kommen, er zögert nicht. Auf, auf, ihr Herzen, und werdet licht.

Allerseelen-Gedenken

→ Sterbe- und Bestattungskultur

Amen

Zu den häufigsten Worten, die ein Christ hört oder spricht, zählt das aus dem Hebräischen kommende Wort „Amen" (aman = vertrauen, glauben). Die weltliche Redensart: „Das ist so gewiß wie das Amen in der Kirche" verbindet mit dem Wort Amen Zuverlässigkeit, Gewißheit, Wahrheit, Wahrhaftigkeit.

Bischof Ambrosius von Mailand (339–397) hat über die religiöse Bedeutung dieses Wortes gesagt: „Du sagst Amen, das heißt: Das ist wahr". Das im Alten Testament häufig gebrauchte Wort „Amen" (vgl. Dtn 27,16.26; Neh 8,6; Ps 41,14) ist von Jesus Christus immer wieder aufgegriffen worden, und zwar dann, wenn er eine ganz besonders wichtige Botschaft zu verkünden hatte. Allein beim Evangelisten Matthäus finden sich 30 Amen-Stellen. Jesus liebte die Doppelung „Amen. Amen, ich sage euch…". Gerade dann hat er diese Doppelung verwendet, wenn er auf die Wichtigkeit und Wahrheit seiner Botschaft hinweisen wollte, um daraus die erforderlichen Konsequenzen für Denken und Leben zu ziehen.

Die mit dieser Verdoppelung verbundene Aufforderung Jesu hatte einen so starken Nachhall im Herzen, im Leben und vor allem in der Verkündigung der urchristlichen Epoche, daß die hebräische Formulierung auch im griechischen Wortlaut des Neuen Testaments festgehalten wurde. Auch der westgotisch-arianische Bischof Ulfila (311–383) hat in seiner gotischen Bibelübersetzung das hebräische Amen beibehalten: „Amen qitha izwis" (Mt 6,2). Der Apostel Paulus hat in Jesus Christus das große, personifizierte Amen gesehen, in dem jeder Lobpreis des Einzelchristen wie der christlichen Heilsgemeinde kulminiert und verstärkt durch die Kraft des Heiligen Geistes zum Vater-Gott emporklingt (2 Kor 1,20).

Das Amen ist mehr als eine Abschlußfloskel. Aurelius Augustinus (354–430) hat prägnant und und unvergeßlich die Tiefe und Bedeutung dieses kleinen Wortes aufgezeigt: „Wer Amen sagt, gibt seine Unterschrift". Was ich sage, was ich glaube, wird mit dem Amen wie mit einem ganz persönlichen Siegel versehen: Das ist meine feste Überzeugung. Dafür stehe ich ein! Damit rechne ich in jedem Augenblick! Das kleine Wort Amen ist eine kühne Aussage. Es ist die freiwillig und überzeugt gegebene Unterschrift, hinter der mein

Leben steht – das umfassende Ja zu allen Fügungen und auch zu allen Überraschungen Gottes.

Aschermittwoch

Im wohl bekanntesten Kehraus-Lied der Karnevalszeit, das in den Karnevalshochburgen Köln, Düsseldorf und Mainz mit Inbrunst gesungen wird, heißt es: „Am Aschermittwoch ist alles vorbei". Kirchliches Leben und christliches Brauchtum haben mit der scharfen Zäsur des Aschermittwochs die Faschingszeit von der Fastenzeit deutlich abgegrenzt. Das traditionelle Fischessen markiert bereits den Abschied vom üppigen Essen und Trinken des Karnevals.
Seit dem Jahre 1200 wird das Wort „Fastnacht" gebraucht (in ähnlicher Weise wie das Wort „Weihnacht"!), das aufmerksam machen will, daß bereits der Vorabend des Aschermittwochs als „Nacht" des Fastens und als Einstimmung in die vierzigtägige Fastenzeit verstanden wurde. Ein säkularisierter Nachklang ist noch zu erkennen in dem „Begräbnis" des Prinzenpaares in den letzten Stunden des Faschingsdienstages.
Der ganze Ernst des kirchlichen Brauchtums am Aschermittwoch wird erkennbar, wenn der Priester den Gläubigen Asche auf das Haupt streut und dabei die Worte spricht:

„Bedenke, Mensch, daß du Staub bist und wieder zum Staub zurückkehren wirst."
(Memento, homo, quia pulvis es et in pulverem reverteris).

Dieser Text der Aschenauflegung ist den biblischen Worten (Gen 3,13) nachgestaltet.
Nach den turbulenten Wochen der Maskerade, des Narrentreibens, der Narrenkappen und des Versteckspiels soll der Mensch wieder zur harten Wirklichkeit seiner Existenz, seines Berufes, seiner Familie, gewiß auch seines Glaubens zurückkehren. Der Aschermittwoch will Standortbestimmung, Gewissenserforschung, Ziel- und Lebensorientierung sein.
Am Aschermittwoch wurden früher durch den Bischof, die Sünder, welche die drei sogenannten Kapitalsünden (= peccata capitalia: Mord, Ehebruch, Glaubensabfall) begangen hatten, im Gottesdienst mit Namen genannt, mit Asche bestreut und mußten während der ganzen Fastenzeit öffentliche Buße tun. Die Formulierung „in Sack und Asche Buße tun" erinnert noch an diese frühchristliche, harte Bußzeit.
Mit der frühchristlichen, öffentlichen Buße waren bis zum 6. Jahrhundert überaus unangenehme „Nebenauflagen" verbunden. Die Büßenden durften nur mit geschorenem Haupt gehen, mußten sich mit ärmlichen Bußgewändern kleiden, durften als

Aschermittwoch

Unverheiratete nicht heiraten oder als Verheiratete den ehelichen Verkehr auch nicht mit der eigenen Frau aufnehmen. Es waren psychologische und soziologische Gründe wie auch das stark ausgeprägte Ehrbewußtsein der germanischen Stämme, die zum Verfall und schließlich zur Abschaffung dieser „Nebenauflagen" führten.

Seit dem 10. Jahrhundert wird die Asche, mit der das Sakramentale der Aschenauflegung gespendet wird, gewonnen aus den verbrannten Palmzweigen, die bei der Palmprozession des vergangenen Palmsonntages getragen wurden. Asche ist in der Heiligen Schrift (Gen 18,27; Sir 40,3; Ijob 2,8; 13,12; Jos 3,6; Ps 102,10) wie auch in vielen Volksmythen Sinnbild der Vergänglichkeit.

In der Eucharistiefeier des Aschermittwochs wird nach dem Evangelium und der Homilie, der Predigt, die Aschenweihe mit folgenden Worten vorgenommen:

„Liebe Schwestern und Brüder,
wir wollen Gott, unseren Vater, bitten, daß er diese Asche segne, die wir als Zeichen der Buße empfangen.
Barmherziger Gott, du bist den Demütigen nahe und läßt dich durch Buße versöhnen. Neige dein Ohr unseren Bitten und segne alle, die gekommen sind, um das Aschenkreuz zu empfangen. Hilf uns, die vierzig Tage der Buße in rechter Gesinnung zu begehen, damit wir das heilige Osterfest mit geläutertem Herzen feiern. Darum bitten wir durch Christus, unseren Herrn".

Jeder Aschermittwoch markiert durch die Weihe und Austeilung der Asche eine Etappe unseres Lebens, die unerbittlich auf unser Lebensende zeigt. Wann und wo und in welcher Verfassung werde ich meinen letzten Aschermittwoch erleben, an dem wirklich „alles vorbei ist"? Der Aschermittwoch ist nicht das letzte Wort. „Wenn ich einmal soll scheiden…" Letztes und bleibendes Wort ist in der Liturgie der Kirche, im christlichen Brauchtum und im Leben des Menschen die Auferstehung, mit der eine Zukunft ohne Ende beginnt. Diese Hoffnung steht über dem Aschermittwoch.

In vielen deutschen Bischofsstädten wird der Aschermittwoch der Künstler gefeiert. In München z. B. wird er, eingeführt durch Kardinal und Erzbischof Joseph Wendel (1952–1960), seit 1955 begangen. Was Künstler dabei empfinden, hat Generalintendant August Everding bei einer künstlerischen Akademie im Münchener Cuvilliéstheater am Aschermittwoch, 12. Februar 1986, mit den Worten ausgedrückt: „… Aschermittwoch ist Nachdenkzeit, wem wir dienen und ob wir überhaupt noch dienen wollen…

An Pilger- und Wallfahrtswegen, aber auch weit verstreut in der Landschaft finden sich oft Bildsäulen, die im süddeutschen Raum **Marterl** *genannt werden.*

Barbarazweige – *ein Brauchtum, das schon im 15. Jahrhundert bekannt ist und sich auf eine Legende beruft.*

Das **Erntedankfest** wird am ersten Sonntag im Oktober begangen – mit dem Blick der Dankbarkeit zurück und dem Blick auf die Zukunftsverantwortung für die Schöpfung nach vorne.

Aschermittwoch – das ist Faschings Todestag und Beginn der Auferstehung. Mit Tod und Endzeit hat unsere Arbeit viel zu tun, aber auch mit der Überwindung des Tödlichen und Tötenden. Wir sollten danach trachten, nicht nur uns selbst zu erreichen, sondern den anderen."

LITERATUR: *R. B. Dilts, Identität, Glaubenssystem und Gesundheit. Paderborn 1993² F. Franz, Die kirchlichen Benediktionen im Mittelalter. 2 Bde. Freiburg i. Br. 1909; L. Geisler, Arzt und Patient – Begegnung im Gespräch. Frankfurt a. M. 1987; H. Kirchhoff, Christliches Brauchtum im Jahreskreis. München 1990; E. Kübler-Ross, Interviews mit Sterbenden. Gütersloh 1977; Diess., Leben bis wir Abschied nehmen. Gütersloh 1986; A. Mitscherlich (Hg.), Der Kranke in der modernen Gesellschaft. Köln–Bern 1967; O. Mittag, Sterbende begleiten. Stuttgart 1994; S. B. Nuland, Wie wir sterben. München 1995; K. Osis-Haraldson, Der Tod – ein neuer Anfang. Visionen und Erfahrungen an der Schwelle des Seins. Freiburg 1978; D. Sölle, Leiden. Stuttgart 1973; J. C. Student (Hg.), Das Hospiz-Buch. Freiburg i. Br. 1989; F. Ulrich, Leben in der Einheit von Leben und Tod. Frankfurt 1973.*

Wenn du wissen willst, welchen Geistes ein Dorf, eine Familie, eine Pfarrgemeinde ist, besuche den Friedhof und schau dir die Familiengräber und die **Grabkreuze** *an.*

B

Barbarazweig

Der Barbarazweig ist nach der heiligen Märtyrerin Barbara benannt, deren Fest am 4. Dezember, drei Wochen vor dem Fest der Geburt Jesu, gefeiert wird. Vielleicht wundert sich die heilige Barabara selbst, wie sie zum Barbarazweig gekommen ist, während der Turm, den ihr die christliche Kunst in die Hand gegeben hat, gewisse Beziehungen zu ihrer Lebensgeschichte aufweist.

Barbara dürfte in Nikomedien (heute Izmit in der Türkei) gegen Ende des dritten christlichen Jahrhunderts geboren worden sein. Ihr Name „Barbara" (Barbarin) könnte hinweisen auf ihre Geburt. Sie war zwar Tochter eines heidnisch-römischen Vaters, Dioskurus, aber ihre Mutter könnte eine Sklavin mit geringem Bildungsstand gewesen sein. Der Vater scheint wegen dieses Bildungsmangels besorgt gewesen zu sein. Durch nachgeholte Bildung glaubte er, seine Tochter gut verheiraten zu können. Was er aber nicht merkte, war die Tatsache, daß sich seine Tochter Barbara mehr und mehr für die christliche Religion interessierte. Während der letzten großen Christenverfolgung ließ sich Barbara taufen. Nach ihrer Verhaftung wurde sie in einem mächtigen Turm arrestiert; um 306 wurde sie von ihrem eigenen Vater hingerichtet.

Die heilige Barbara, deren Festtag auch die Trägerinnen der Namen Babette, Betty und Bärbel mitfeiern, wird zusammen mit der heiligen Katharina von Alexandrien (25. November) und der heiligen Margareta (20. Juli) zu den „drei heiligen Madl" gezählt:

„Margareta mit dem Wurm,
Barbara mit dem Turm,
Katharina mit dem Radl,
das sind die drei heiligen Madl".

Diese drei Heiligen sind auch im Chor der vierzehn Nothelfer (Vierzehnheiligen) zu entdecken. Die Verehrung der heiligen Barbara blühte Ende des Mittelalters mächtig auf. Die Kunst der Barockzeit und der

Hinterglasbilder hat sie dargestellt mit Kelch und Hostie (eine Legende erzählt, es habe ein Engel ihr die Eucharistie in das Gefängnis gebracht) oder auch mit einem dreifenstrigen Turm (Glaube an den dreifaltigen Gott). Wie aber kommt die in der Türkei geborene Barbara zum Barbarazweig?

Der Brauch der Barbarazweige geht ins 15. Jahrhundert zurück und beruft sich auf eine Legende: Auf dem Weg zum Gefängnis habe sich im Gewand Barbaras ein Kirschzweig verfangen, den sie in einen Krug mit Wasser steckte. Am Tag ihres Martyriums habe dieser Zweig geblüht (vgl. dazu die Legende von der „Weißen Rose", die mit den Zisterziensern des Klosters Altenberg bei Düsseldorf verbunden ist). Das Zeichen der Blüte war nach der Legende für Barbara Zeichen des Rufes Gottes in die himmlische Herrlichkeit.

Die christliche Überlieferung hat den am Barbarafest (4. Dezember) vom Schlehdorn oder von Kirsch-, Zwetschgen- und Pflaumenbäumen abgeschnittenen, in ein Wasserglas gesteckten und am 25. Dezember blühenden Zweig mit der Freude und Frohbotschaft der Geburt Jesu verbunden; ein neues Leben beginnt mit Christus, dem Retter und Erlöser. Wer denkt nicht an das Weihnachtslied: „Es ist ein Ros entsprungen aus einer Wurzel zart?"

Das Blühen der Barbarazweige am Weihnachtsfest wird als außergewöhnlich, seltsam und wunderbar empfunden. Blühende Barbarazweige in der Winterszeit können als Hinweis verstanden werden, in ihnen das den Rhythmus der Natur Sprengende, das Übernatürliche und Göttliche in der Geburt des göttlichen Erlösers zu erahnen. Mit Christus kommt das wärmende Licht der Versöhnung und des Friedens in die kalte und finstere Welt. Christus ist der Frühling der Welt, die Zukunft der Menschen. Ganz anders als Menschen reagiert Gott auf Schuld und Sünde. Das Rätsel der blühenden Barbarazweige macht nachdenklich über das Rätsel der Geburt des Gottessohnes, des Friedensfürsten, des Kosmokrators!

Der blühende Barbarazweig könnte aber auch eine ganz andere Botschaft haben: Würde er nicht abgeschnitten, dann könnte er nicht nur blühen, er könnte Früchte tragen. Können wir oft nicht warten und haben wir bisweilen zu wenig Geduld? Wir wollen den schnellen Frühling der Erfolge haben und bringen uns um die herbstlich-reifen Früchte des Lebens! Die heilige Barbara ist Schutzpatronin der Bergleute und Artilleristen wie auch der Sterbenden. In Basel findet am 4. Dezember um 7 Uhr das „Barbaraschießen" der Artillerievereine mit Kanonen statt. Beim Durchstich des Schweizer Furkatunnels 1979 wurde von Mineuren eine Sta-

tue der heiligen Barbara durch den Tunnel getragen.
Aus der Frömmigkeit der Vergangenheit stammt das heute noch beliebte Gebet zur heiligen Barbara:

„Heilige Barbara, du edle Braut,
dir sei Leib und Seele anvertraut.
Sowohl im Leben, auch im Tod
komm mir zu Hilf in letzter Not.
Mach, daß ich vor meinem End
empfang das hochheilige Sakrament
und von Gott die Gnad erwerb,
daß ich in keiner Todsünd sterb!"

LITERATUR: *W. de Grüneisen, S. Maria Antiqua. Rom 1911; A. Stonner, Die deutsche Volksseele im christlich-deutschen Volksbrauch. München 1935; A. Veit/L. Lenhart, Kirche und Volksfrömmigkeit im Zeitalter des Barock. Freiburg 1956; W. Weyhe, Die syrische Barbara-Legende. Leipzig 1912.*

Bartholomäustag

Dem Namen und der Gestalt des Bartholomäus begegnet der Tourist auf seinen Reisen in Europa immer wieder. Sehr vielen ist die zu Füßen der Watzmann-Ostwand auf einer Halbinsel des Königssees (Couissee) gelegene Kirche Sankt Bartholomä bekannt, deren Grundmauern auf einen romanischen Vorgängerbau des 12. Jahrhunderts zurückgehen. In der nächsten Umgebung von Starnberg sind zwei Kirchen dem Patronat des heiligen Apostels Bartholomäus geweiht, die eine in Maising, die andere in Walchstadt bei Icking.

Nur kirchlich Eingeweihten dürfte bekannt sein, daß der berühmte Dom in Frankfurt am Main dem heiligen Bartholomäus gweiht ist und daß dort seit 1238 die Gehirnschale dieses Heiligen aufbewahrt und verehrt wird. Durch Initiative des deutschen Kaisers Otto III. (983–1002) kamen nach einer langen, in den einzelnen Etappen nur schwer nachweisbaren Reise über Arabien, Mesopotamien, Lipari (Insel vor Sizilien) und Benevento die Reliquien des heiligen Apostels Bartholomäus nach Rom. Unter dem Hochaltar der Kirche S. Bartolomeo all' Isola auf der Tiberinsel in Rom haben diese Reliquien ihre Ruhestätte gefunden (diese Kirche wurde um 1000 über den Ruinen eines antiken Heiligtums des Äskulap errichtet).

In Rom gibt es noch eine weitere, kuriose Erinnerung, die mit Bartholomäus verknüpft ist. Auf dem berühmten, etwa 180 Quadratmeter großen Fresko „Das Jüngste Gericht" (mit etwa 410 Figuren) über dem Altar der Sixtinischen Kapelle des Vatikans hat Michelangelo (1475–1564) ausgerechnet dem Apostel Bartholomäus eine ganz besondere Auszeichnung zuteil werden lassen. Nach der Überlieferung sei dem

Apostel Bartholomäus bei der Folterung die Haut abgezogen worden. Michelangelo hat aus der kirchlichen Kunst jene Darstellungsweise übernommen, den Bartholomäus seine abgezogene Haut wie ein Gewand von seiner linken Hand tragen zu lassen und (als künstlerische Hervorhebung) in dessen Faltenwurf sein eigenes Porträt gemalt.

Verglichen mit den eben genannten kirchen- und kunstgeschichtlichen Erinnerungen an den Apostel Bartholomäus ist sein heutiger Bekanntheitsgrad äußerst gering. Bartholomäus, dessen Fest im liturgischen Kalender am 24. August gefeiert wird, gehört heute zu den fremden, fast vergessenen Heiligen.

Nur ganz wenige Geschehen halten die Erinnerung an ihn wach – etwa die Bartholomä-Dult in Landshut (Niederbayern) oder die alljährliche Gedenkwallfahrt über das Steinerne Meer nach St. Bartholomä am Königssee in Erinnerung an eine Schiffskatastrophe am 23. August 1688, bei der über 70 Pilger aus Österreich ihr Leben lassen mußten. Im Sterbebuch von Maria Alm des Jahres 1699 ist vermerkt: „Dem 23. August, da viele übers Gebirg zu St. Bartholomä wallfahrten, ist das Schiff bald nach unbesonnenem Abstoßen der Schiffsleut gesunken und über 70 Personen ertrunken, so alle mit großem Mitleiden der Berchtesgadener in ihrem neuen Friedhof ehrlich begraben worden."

In den von Wilfried Steuer gesammelten und veröffentlichten „Bäuerlichen Wetterregeln" erscheint der Bartholomäustag als ein merkenswerter Tag der Jahreszeitwende:

„*Zu Bartholomäus, sieh,*
da knickt der Hafer in die Knie.
Wer Roggen hat, der säe,
wer Grummet hat, der rech,
wer Äpfel hat, der brech,
wer Birnen hat, der rüttelt,
wer Zwetschgen hat, der schüttelt!
Wie Bartholomäitag sich hält,
so ist der ganze Herbst bestellt."

So mancher glaubt vielleicht doch, eine geistige Brücke zum Apostel Bartholomäus zu entdecken, wenn er hinweist auf die Redensart:

„*Wo der Barthel den Most holt.*"

Er muß sich aber belehren lassen, daß dieser Spruch mit dem heiligen Bartholomäus nichts zu tun hat. Der heilige Bartholomäus würde sich gewiß dagegen heftig wehren. Der eben zitierte Satz stammt nämlich aus der Gauner- und Ganovensprache und bedeutet, daß der Barel (= Brecheisen) das Moos (= Geld) holt.

Es gibt aber auch eine andere Deutung des Spruchs, die Eduard Stemplinger – einer der besten Kenner des altbayerischen Brauchtums – festgehalten hat. Stemplinger schreibt zum Bartholomäustag: „Wenn ehedem die Wirte ihren Gästen am Bartholomäustag noch keinen frischen Most vorsetzen konnten, wurde ihnen für das laufende Jahr das Schankrecht entzogen. Damit hängt der altbayerische Spruch zusammen: ‚Dem zoagn'n mas, wo der Bartl den Most holt.'"

Hinzuweisen ist auf eine Weltpriestergemeinschaft, die sich nach ihrem Gründer Bartholomäus Holzhauser (1613–1658) „Bartholomäer" nennt.

Mit dem Stichwort „Bartholomäusnacht" (23./24. August 1572), auch als „Pariser Bluthochzeit" bekannt, verbindet sich die skandalöse Ermordung von über 10 000 Hugenotten in Frankreich – geplant und durchgeführt von der ehrgeizigen und herrschsüchtigen wie skrupellosen Königinmutter Katharina von Medici.

Wer aber war der geschichtliche Bartholomäus?

Bereits im Neuen Testament gibt es Identifizierungsprobleme. Es wird von einem Apostel „Natanael" (hebräisch: Gott hat gegeben, Geschenk Gottes) und zwar nur im Johannesevangelium, und dort genau sechsmal, gesprochen (wichtigste Stelle: Joh 1,43–51). Es fällt aber auf, daß der Name „Natanael" in keiner der vier Apostellisten des Neuen Testaments (Mt 10, 1–4; Mk 3,13–19; Lk 6,12–16; Apg 1,12.14) erwähnt wird, wohl aber folgt unmittelbar nach der Nennung des Apostels Philippus dreimal der Name eines Apostels Bartholomäus (hebräisch: bar-Tholmai = Sohn des Tholmai = Sohn des Furchenziehers). Es wird daher mit durchaus guten Gründen von der Identität des Natanael mit Bartholomäus gesprochen. Das missionarische Wirken des Apostels Bartholomäus-Natanel dürfte nach außerbiblischen Texten in Ägypten, Kleinasien und auch in Armenien gewesen sein.

LITERATUR: *M. Arneth, Bartholomäus Holzhauser und sein Weltpriesterinstitut. Würzburg 1959; P. Erlanger, Die Pariser Bluthochzeit am 24. August 1572. München 1966; O. Hophan, Die Apostel. Luzern 1952; A. Läpple, Das kleine Hausbuch der Heiligen, München 1984; E. D. Schmidt, St. Bartholomä am Königssee. München 1982[3]; E. Stemplinger, Immerwährender Bayerischer Kalender, Rosenheim 1973[2]; W. Steuer, Bäuerliche Wetterregeln, Bad Buchau 1987[6].*

Bestattung

→ Sterbe- und Bestattungskultur

Bildstöcke

→ Wallfahrt

Blasius-Segen

Am Lichtmeßtag mit der Kerzenweihe (2. Februar) wird die Festfeier begangen, daß Jesus das „Licht zur Erleuchtung der Heiden" (Lk 2,32) in den Tempel von Jerusalem gebracht wurde (Lk 2,21-38). Es fügt sich gut, daß unmittelbar danach der immer noch beliebte Blasius-Segen erteilt wird. Wie Stephanus, der Diakon und Märtyrer, zum Weihnachtsfest, so gehört Blasius, der Arzt und Märtyrer-Bischof, zum Fest der Darstellung des Herrn.

Der Empfang dieses Sakramentals ist vielen katholischen Christen von Jugend an so bekannt und so wichtig, daß der Blasius-Segen scherzhaft und hintergründig zugleich das „achte Sakrament" genannt wurde. So mancher Christ, der mit der sonntäglichen Meßfeier sparsam ist und mit den kirchlichen Sakramenten seine Müh und Not hat, läßt alljährlich den Empfang des Blasius-Segens nicht aus.

Wie aber kommt der im 3. Jahrhundert lebende Arzt und spätere Bischof Blasius, der aus Sebaste in Armenien stammte und dort auch Bischof wurde, zu dem nach ihm benannten Segen? Bischof Blasius wurde während der Christenverfolgung unter dem römischen Kaiser Diokletian (284-305) in den Kerker geworfen. Dort habe er – nach einer Legende – einem mitgefangenen Knaben, der an einer verschluckten Fischgräte zu ersticken drohte, das Leben gerettet. Um 287 erlitt Blasius, der später auch den vierzehn heiligen Nothelfern zugezählt wurde, den Martertod.

Reliquien des heiligen Blasius waren im Hochmittelalter äußerst begehrt. Das Adelsgeschlecht der Welfen, dem auch Heinrich der Löwe (1129-1195) angehörte und der in der Welfenstadt Braunschweig einen gewaltigen Blasiusdom (begonnen 1173, vollendet 1195) errichtete, verehrte den Bischof Blasius als seinen Schutzpatron in allen kirchlichen und reichspolitischen Auseinandersetzungen. Die Armreliquie des heiligen Blasius hatte Heinrich der Löwe aus Konstantinopel nach Braunschweig gebracht. Auch in Rom hatte der heilige Blasius eine exzellente Bedeutung, wie die ihm geweihten, fünf Kirchen im mittelalterlichen Rom bezeugen. Die Stadt Dubrovnik (das antike Ragusa) hatte den heiligen Blasius zum Stadtpatron erkoren. An der Südseite des Luza-Platzes im heutigen Dubrovnik (Kroatien) ist heute noch die imposante Barockkirche des heiligen Blasius (Sv. Vlaho) zu sehen. Auf dem Hochaltar dieser Kirche steht eine Silberfigur des heiligen Blasius, der ein Modell der Stadt aus der Mitte des 15. Jahrhunderts mit seiner Hand trägt. Es ist bemerkenswert, daß es im ehemaligen Jugosla-

Blasius-Segen

wien nur in Kroatien Blasiuskirchen gibt: in Lastovo am Ortseingang eine Blasiuskirche aus dem 12. Jahrhundert, in Lovrec ein Blasiuskirchlein aus dem Jahre 1460 neben dem Stadttor, in Slano eine Blasiuskirche aus dem Jahr 1758, in Vodnjan am Hauptplatz die barocke Pfarrkirche St. Blasius, in Korcula überragt auf einem Hügel die ganze Stadt die 1813 während der englischen Besatzung errichtete Blasiusfestung.

Zentrum der Blasius-Verehrung in Österreich ist die Benediktinerabtei Admont mit der dem heiligen Blasius geweihten Stiftskirche. Klosterpatron von Admont ist der heilige Blasius. Es waren Mönche von Admont, die in Salzburg (in der Nähe des Sigmundplatzes) eine gotische, dreischiffige Blasiuskirche errichteten. Der Stiftungsbrief dieser Kirche nennt als Datum den 27. Juli 1329. An Stelle der baufälligen ersten Kirche wurde später die heutige Blasiuskirche erbaut, an die der Salzburger Erzbischof Friedrich III. von Leibniz ein Bürgerspital, ein typisches Altsalzburger Haus mit schönen Arkaden, anbaute und für die Spitalinsassen eine eigene Empore in der Blasiuskirche anbringen ließ.

Reliquien des heiligen Blasius werden heute verehrt in Tarent, St. Blasien (Schwarzwald), Mainz, Trier, Lübeck.

Seit dem 16. Jahrhundert wird am 3. Februar der Blasius-Segen mit zwei gekreuzten, brennenden Kerzen erteilt. Am Gnadenaltar in der Wallfahrtskirche Vierzehnheiligen steht Blasius im bischöflichen Ornat; in der rechten Hand den Bischofsstab, in der linken Hand zwei gekreuzte Kerzen, als wolle er allen Wallfahrern seinen Segen erteilen. Bei der Spendung des Blasius-Segens werden folgende Segensworte gesprochen (Benediktionale S. 52):

„Auf die Fürsprache des heiligen Bischof und Märtyrers Blasius, bewahre dich der Herr vor Halskrankheit und allem Bösen. Es segne dich Gott, der Vater und der Sohn und der Heilige Geist." Der Empfänger des Segens antwortet: „Amen."

Der heilige Blasius wird angerufen bei Halsleiden, Blutungen, Koliken und Pest. Unter seinem Patronat wissen sich Ärzte, Bäcker, Wachszieher, Weber und Wollhändler. Als Wetterheiliger und Viehpatron wird er vor allem auf dem Land heute noch oft angerufen.

Ist der Blasius-Segen – so wird da und dort heute kritisch nachgefragt – letzter Rest, ein längst überholtes Relikt einer magischen Religiosität? Aus den heute gesprochenen Worten bei der Spendung des Blasius-Segens ist deutlich herauszuhören, daß der heilige Bischof und Märtyrer nicht ein selbständiger Zauberer ist, der alle Krankenkassen und ärztlichen Behandlungen überflüssig macht. Wer medizinische und psychotherapeutische Leistungen von Blasius erwartet und sonst nichts, muß nicht nur seine Heiligenverehrung, sondern auch sein Gottes- und Glaubensverständnis auf einen kritischen Prüfstand stellen.

Mit hintergründigem Humor hat der bayerisch-barocke Dorfpfarrer Joseph Schlicht die magisch eingefärbte Blasius-Frömmigkeit seiner Pfarrkinder aufs Korn genommen: „... Und so gehen sie alle zu ihrem Pfarrer, um sich einblasln zu lassen. Es kommt der Michlbauer mit seinen weltbekannten Räuschen und legt seinen sündigen Hals zerknirscht zwischen die Blasikerzen, es kommt der Spektakelschuster mit seinen tausend Krawallen, es kommt die Stell-Nazi-Schneiderin mit ihrer streitbaren Zunge und dem Beinamen ‚die Dorfratschn' und gibt ihren lasterhaften Hals in den Blasisegen. Alles läßt sich einblasln, gut und schlimm, der Mann vom Wort neben dem Lügenschwengel, die Taubensanfte neben dem Hausdrachen".

Der heilige Bischof und Märtyrer ist unser Freund und Fürsprecher. Der Blasius-Segen sollte hellhörig machen, ein Ja und Amen zu unserem gottgeschenkten Leben zu sprechen. Unser Leben ist von Gott auch dann, wenn Schwierigkeiten, gesundheitliche Probleme und Altersnöte uns begleiten oder wenn wir Gottes Gnade und Tröstung benötigen, weil wir wegen eines Unglücks, einer Zurücksetzung oder eines Mißerfolgs, vielleicht wegen einer unheilbaren Krankheit unseres Lebens und Glaubens nicht mehr froh werden. Der Blasius-Segen stellt uns immer auch vor die Frage: Wie gehe ich mit meiner Gesundheit um?

LITERATUR: *G. Gugitz, Fest- und Brauchtumskalender Wien. 1981; W. Hay, Volkstümliche Heiligentage. Trier 1932; F. Meingast, Die alpenländischen Nothelfer. München 1982; H. Samson, Die Schutzheiligen. Paderborn 1889; V. Schauber/H. M. Schindler, Heilige und Namenspatrone im Jahreslauf, Augsburg 1993; G. Schreiber, Die vierzehn Nothelfer in Volksfrömmigkeit und Sakralkunst. Innsbruck 1959; O. Wimmer, Handbuch der Namen und Heiligen. Innsbruck 1956.*

Bonifatius

→ Eisheilige

C

Christbaum

Für viele Menschen ist die betriebliche oder familiäre Weihnachtsfeier ohne Christbaum undenkbar. Auch in den Kirchen stehen in der Weihnachtszeit festlich geschmückte und mit Lichtern übersäte Christbäume. Die Nachforschungen über den geschichtlichen Ursprung des Christbaum-Brauchs legen unterschiedliche Daten vor, lassen aber doch eine gewisse, heute fast allgemein anerkannte Chronologie des Brauchs erkennen. Die Legende, Martin Luther sei „der Vater des Christbaums", ist nicht haltbar. Die Meinung, es habe bereits in Luthers Haus in Wittenberg einen Christbaum gegeben, wurde begünstigt und verbreitet durch das Bild „Weihnachten in Luthers Haus", das C. A. Schwerdgeburth um 1640 (also rund 100 Jahre *nach* Luthers Tod, † 1546) gemalt hat. Gleichwohl ist richtig, daß der Christbaum zuerst in evangelischen Familien üblich war und von dort aus seinen Weg in katholische Gebiete gemacht hat.

Erstmals wird 1539 in Straßburg von einem Tannenbaum oder von Tannenzweigen gesprochen, die am Weihnachtsabend mit Backwerk und Äpfeln verziert würden, eine Vorform des heutigen Christbaums. „Das Elsaß ist als Ursprungsgegend des heutigen Weihnachtsbaums anzusehen" (Karl Heinz Pfeiffer). In einem Reisebericht aus dem Jahr 1605 ist zu lesen: „Auf Weihnachten richtet man Tannenbäume zu Straßburg in den Stuben auf, dann hängt man Rosen aus vielfarbigem Papier geschnitten, Äpfel, Obladen, Zischgold und Zucker daran. Man pflegt darum einen viereckigen Rahmen zu machen."

Mit dem Christbaum hat das Weihnachtsfest den Bescherungsbrauch des Nikolaustages (6. Dezember) an sich gezogen. Es war übrigens auch das reformatorische Anliegen Luthers, St. Nikolaus als Gabenbringer abzuschaffen und durch den „heiligen Christ" zu ersetzen. Es scheint, daß Nikolaus sich dennoch durchgesetzt hat, denn in nicht wenigen Familien, vor allem in der bunten Reklamewelt, bringt der „Weihnachtsmann" als säkularisierter Nikolaus an Stelle des „Christkinds" die Gaben. Wie sehr der Christbaum zum Konsumartikel wurde, bestätigt die Tatsache, daß der erste gußeiserne Christbaumständer 1866 patentiert wurde. Der Christbaum hat von der zweiten Hälfte des 19. Jahrhunderts an in fast allen Familien und christlichen Kirchen Eingang gefunden. Gestaltung und Schmückung des Christbaums zeigten überaus deutlich und nachdenkenswert den religiösen, wirtschaftlichen und auch politischen Wandel an. Den schlichten Gaben von Backwerk und Äpfeln folgten in Zeiten des wirtschaftlichen Aufstiegs farbige Glaskugeln, Engelhaar, Lametta, Glitzerwatte, Sternwerfer und bunte Kerzen. Während des Ersten Weltkrieges stand der Christbaum im Zeichen des wilhelminischen Säbelrasselns (gläserne U-Boote, Bomben, Eiserne Kreuze), so daß man sich nicht zu wundern braucht, wenn er mit einer kunstvoll aus Glas gefertigten, preußischen Pickelhaube die Christbaumspitze bekrönt wurde.

In der „Germanenweihnacht" des Dritten Reiches, in der das Lied „Hohe Nacht der klaren Sterne" das Stille-Nacht-Lied ersetzen und verdrängen sollte, hatte germanisch-militanter Mythos den Weihnachtsbaum ergriffen. Gerade weil der Christbaum durch reklamesüchtige Vermarktung, nicht zuletzt durch wahre „Konsumorgien" mißbraucht wird, kann nur eine „neue Bescheidenheit" die Symbolik des „Christ"-Baums retten und wieder erschließen.

LITERATUR: *Karl Heinz Pfeiffer, Von der Symbolik des Christbaums. In: Anzeiger für die Seelsorge 94. 1985, 452.*

Christkind

In keiner Schrift des Neuen Testaments kommt das Wort „Jesuskind", schon gar nicht das Wort „Christkind" vor. Im Anschluß an Jes 7,14: „Seht, eine Jungfrau (almah) wird ein Kind empfangen, sie wird einen Sohn gebären", sprechen die beiden Berichte über die Geburt und Kindheit Jesu (Lk 1,5–2,52; Mt 1,1–2,23) nur vom „Kind", und zwar in der nicht zu überhörenden Reihung und Akzentuierung: „Das Kind und seine Mutter" (Mt 2,13.20). Gegenüber jedem Ansatz von Verniedlichung und Verkitschung wird von dem neugeborenen „Kind, das in Windeln gewickelt in einer Krippe liegt" (Lk 2,12), gesagt, „das Zeichen des Kindes" (Lk 2,12) wird in der „Fülle der Zeit" (Gal 4,4) „Zeichen des Widerspruches" (Lk 2,34) sein.
Wenngleich das Wort „Christkind" in der Bibel nicht vorkommt, so ist es doch aus biblischer Formulierung ge-

Christkind

wachsen. Das Wort „Christ" ist Kurzform des griechischen Wortes „christos", das wiederum die Übersetzung des hebräischen Wortes „maschiach" (von dem Verbum „maschach = salben") ist und Messias, Gesalbter bedeutet (Lk 2,11).

Das lateinische Wort „Christus" hat in der alt- und mittelhochdeutschen Sprache die verkürzte Form „Krist" erhalten. Im Sprachgebrauch vor allem der Gedichte und Kirchenlieder ist die Form „Krist" lebendig geblieben: „Christ ist geboren" – „Christ, der Retter, ist da" – „Christ ist erstanden." Die Heilige Nacht wird „Christnacht", der weihnachtliche Mitternachtsgottesdienst „Christmette" genannt. So ist auch aus „Christuskind" die Kurzform „Christkind" entstanden. Mehr und mehr hat in der Atmosphäre moderner Säkularisierung „das Christkind" seine religiöse Prägung und Aussage, seine ursprüngliche und aktuell bleibende Bedeutung verloren, wenn man etwa an den „Christkindlesmarkt" sich erinnert. Nach Repräsentativbefragungen scheint weltweit der Weihnachtsmann bekannter und als Gabenbringer wichtiger zu sein als das Christkind.

Kaum wird mit dem „Christkind", obwohl ihm in der Barockkunst nicht selten ein Kreuz in die Hand gegeben wurde, die Entäußerung und Erniedrigung (Kenosis) Gottes (Phil 2,7-8) verbunden. Es gilt, gerade wegen des häufig gebrauchten und beliebten Ausdrucks „Christkind" die Hintergründigkeit, Göttlichkeit und Sendung des Kindes von Bethlehem wieder ins gläubige Bewußtsein zu heben. Das lateinische Wort für Kind „infans" bedeutet zunächst „nichtsprechend, stumm". Es gilt, die Herzen wieder zu öffnen für die Botschaft des nichtsprechenden Kindes. Das kleine, in Windeln gewickelte Kind in der Krippe offenbart die Macht des Ohnmächtigen im Sinne von Antoine de Saint-Exupéry (1900–1944): „Man sieht nur mit dem Herzen gut. Das Wesentliche ist für die Augen unsichtbar."

Für die Meditation und für das vertiefte Verständnis des „Christkindes" sind hilfreich die Worte von Peter Lippert (Ein Kind ist uns geboren. München 1956, 5): „Da Gott einmal Mensch werden wollte, um unter uns zu wohnen, da wollte er auch die ganze Entwicklung eines Menschenwesens durchmachen und mit dem Kindsein beginnen ... Seine Kindheit war ihm ebenso wichtig wie sein Mannestum, seine Unmündigkeit so bedeutungsvoll wie die Reife."

Die unterschiedlichen Bezeichnungen „Christkind" bzw. „Jesuskind" sollten nachdenklich machen über die unterschiedlichen Bedeutungsnuancen, die in ihnen vorliegen. Das Wort „Christuskind" oder „Christkind" öffnet den Blick für den göttlichen Ursprung und die messianische Sendung des menschgewordenen Gottessohnes: „Und das Wort ist Fleisch geworden und hat unter uns gewohnt und wir haben seine Herrlichkeit gesehen, die Herrlichkeit des Eingebornen vom Vater" (Joh 1,14). Die Bezeichnung „Jesuskind" weist hin auf den menschlich-geschichtlichen Namen „Jesus" (hebräisch: jehoschuha = Jahwe ist Hilfe, Gott hilft), der bei den Israeliten sehr beliebt war. Der irdische Name „Jesus" (Lk 1,31) will den Blick hinlenken auf die Menschheit, Menschlichkeit, Mitbrüderlichkeit und Mitgeschöpflichkeit Jesu (Phil 2,7).

Soll man moderne Bräuche, etwa Kinderbriefe an das Christkind oder den weihnachtlichen Postservice mit der Beantwortung der Kinderbriefe abschaffen? In Deutschland gibt es mehrere „Christkind"-Postämter, z. B. D-66352 St. Nikolaus im Saarland oder D-31137 Himmelsthür bei Hildesheim oder D-51766 Engelskirchen. „Weltmeister" des weihnachtlichen Postgeschäfts ist der oberösterreichische Wallfahrtsort A-4411 Christkindl bei Steyr, das an Spitzentagen 35 bis 45 Säcke abfertigt. Für Briefe an das Christkind hat die Bundespost in Köln folgende Anweisung ausgegeben: „Damit jeder Kinderbrief beantwortet werden kann, darf die Absenderangabe nicht fehlen. Das Christkind freut sich über jede beigefügte Briefmarke für die himmlische Antwort."

Was für die menschliche und religiöse Bildung des Kindes wichtig ist, sollte auch hier beachtet werden. Diese Bräuche brauchen nicht verboten oder abgelehnt werden, wohl aber sollen sie stets eine offene Perspektive für den Glauben des späteren, erwachsenen Christen haben.

LITERATUR: *P. E. Rattelmüller, Christkindl. Dachau 1994.*

Christmette

Die Liturgie der katholischen Kirche kennt zwei, besonders festlich gestaltete, Nachtfeiern: die Christmette in der Weihnachtsnacht und die Auferstehungsfeier in der Osternacht.

Die Christmette ist die Eucharistiefeier in der Heiligen Nacht (missa in nocte), die häufig durch eine Krippenlegung eingeleitet wird. Der Name „Mette" ist die eingedeutschte Form für „Matutin". Die Matutin war ursprünglich jene Gebetseinheit, mit der das Breviergebet begonnen hat (und das nach der Laudes und den Horen – Terz, Sext und Non – mit der Vesper und der Komplet abgeschlossen wurde).

Die in der Heiligen Nacht mit dem Chorgebet der Matutin eingeleitete und verbundene Meßfeier erhielt die exklusive Bezeichnung „Mette" oder „Christmette" (während nicht von einer „Ostermette" gesprochen wird). Bei der mitternächtlichen Christmette handelt es sich um die erste Weihnachtsmesse (in nocte – in der Nacht), der eine zweite Weihnachtsmesse (in aurora – in der Morgenfrühe) und eine dritte Weihnachtsmesse (in die – am Tag) folgt. Die älteste und ursprünglich einzige Weihnachtsmesse war die heutige, dritte Meßfeier. In der Zeit vom 5. bis zum 7. Jahrhundert entfaltete sich in der römischen Liturgie die heutige Form der drei Weihnachtsmessen.

D

Devotionalien

Wer kennt nicht an Wallfahrtsorten die vielen Läden und Verkaufsstände, die übervoll sind mit Kreuzen, Rosenkränzen, Herz-Jesu-Statuen, Madonnen- und Heiligenbildern, Weihwasserbecken, Skapulieren, Medaillen, Kerzen und vielen, vielen anderen Gegenständen – in allen Größen und Preislagen, gefertigt aus unterschiedlichem Material und meist in grellen Farben leuchtend! Nicht selten ist über dem Geschäft oder Verkaufsstand eine kunstvoll geschnitzte und beschriftete Tafel angebracht, auf der neben dem Besitzer oft die Aufschrift zu lesen ist: „Devotionaliengeschäft".

Was aber sind „Devotionalien", die in solchen Geschäften angeboten und verkauft werden?

Das Wort „Devotionalien" ist abgeleitet von dem lateinischen Hauptwort „devotio" (= Andacht, Frömmigkeit) bzw. von dem lateinischen Verbum „vovere" (= feierlich versprechen, weihen, aufopfern, sich etwas wünschen). Bereits im Alten Testament wird von Devotionalien in Form kleiner, meist aus Terrakotta gefertigter Hausgötter (teraphim) gesprochen (vgl. Gen 31,19.34; 1 Sam 19,13–16; 2 Kön 23,24), die auf Reisen in der Satteltasche mitgetragen wurden. Auch in der griechischen und römischen Antike wurden an Kultstätten häufig kleine Götterfiguren aus Keramik oder Blei den damaligen heidnischen Pilgern angeboten. Sehr häufig sind Devotionalien mit einem Versprechen oder einem Gelübde mit einem dringenden Wunsch verbunden.

Unter Devotionalien im christlichen Sinn sind weithin Gegenstände der religiösen Kleinkunst zu verstehen, die von Pilgern meist an einem Wallfahrtsort gekauft werden. Die Gegenstände sollen zu Hause durch ihr sichtbares und greifbares „Zur-Hand-Sein" (z. B. Kreuz, Marienstatue, Benediktusmedaille) „der Andacht dienen". Sie sind mehr als Andenken, Erinnerungsgegenstände oder Pilgerzeichen. Die meist aus Metall gefertigten, plakettenförmigen Pilgerzei-

Devotionalien

chen (sigillum) waren und sind heute z. B. bei der Fußwallfahrt nach Santiago de Compostela heißbegehrt. Aus dem Jahr 1520 ist durch Aufzeichnungen über die Wallfahrten zur Schönen Maria in Regensburg belegt, daß 109 198 bleierne und 9763 silberne Pilgerzeichen verkauft wurden.

Devotionalien sollen aus der Ferne mit dem Gnadenbild des einmal besuchten Wallfahrtsortes verbinden. Dem angerufenen Heiligen soll ans Herz gelegt werden, in einem ganz bestimmten Anliegen Fürsprecher bei Gott zu sein. Das sichtbare „Mitbringsel" wird als symbolisches „am Gnadenort Bleiben und mit dem Heiligen Verbundensein" verstanden, um sich der Segenskraft und der Fürbitte eines Heiligen versichern zu können: „Die dingliche Vergegenwärtigung des Religiösen... im geistig-geistlichen Gehalt des Symbols in handfester Realität" (Kurt Köster). Devotionalien sind auch deshalb, weil sie meist mit dem priesterlichen Segensgebet und Weihwasser eigens geweiht sind, etwas ganz anderes als ein Amulett, ein Talisman oder Fetisch. Devotionalien können leider bisweilen in die Nähe einer magischen Religiosität geraten und ärgerliche Mißbräuche und Mißverständnisse auslösen.

Die meisten Devotionalien sind ortsspezifisch in Blei gegossene oder auf Seide gedruckte Abbildungen der Heiligen Drei Könige (Köln), des heiligen Leonhard (Inchenhofen), der Santiago-Muschel (Santiago de Compostela), der Petrusschüssel (Rom), des Heiligen Rocks (Trier), des Servatius-Zeichens (Maastricht), des Quirinus-Zeichens (Neuss), des Anna-Zeichens (Düren), des Hubertus-Schlüssels (Saint Hubert in den Ardennen), der Drei-Bluthostien (Wilsnack). Devotionalien und Pilgerzeichen gab es auch in Ampullenform, z. B. gefüllt mit Jordanwasser oder mit „Gnadenstaub" (vom Felsen Golgota). Pilger jeden Alters bringen heute noch von den besuchten Wallfahrtsstätten die unterschiedlichsten Devotionalien mit und verteilen sie unter ihre Verwandten und Bekannten. Auf der großen Skala der Kunst sind sie sehr häufig unter die Rubrik Kitsch einzuordnen. Ganz selten gibt es kunstfertige Devotionalien (sogenannte „Klosterarbeiten"), die jedoch wegen der investierten Arbeitszeit und wegen des kostbaren Materials ihren Preis haben.

Einige Beispiele von Devotionalien seien angeführt.

Im Kloster Reutberg bei Tölz, dem ältesten Loretoheiligtum Altbayerns, werden Fatschenkinder in einem sogenannten „Einrichtl" hinter Glas angeboten, die in mühseliger Handarbeit von den Reutberger Franziskanerinnen gefertigt worden sind. Die kleinen wächsernen Jesuskind-Figürchen sollen erinnern an jenes seit

1743 in der Wallfahrtskirche ausgestellte Jesuskind, das etwa hundert Jahre in der Krippe der Geburtskirche in Bethlehem lag.

In Ebersberg wurden als Devotionalien kleine bleierne oder silberne Pfeile verkauft, die an den Tod des heiligen Sebastian erinnern. Seit 931 befindet sich in der dortigen Pfarrkirche eine Sebastians-Kostbarkeit, nämlich die Gehirnschale (cranium) des heiligen Sebastian (in der Sebastiankapelle, links von der heutigen Sakristei zu erreichen). An die großen Wallfahrten früherer Jahrhunderte erinnert heute noch der mächtige Barockbau der Pfarrkirche und der alljährlich am 20. Januar abgehaltene Sebastiani-Markt. Das Pfeil-Devotional soll ein Schutzzeichen gegen Krankheit sein, wird aber da und dort von Liebespaaren in ihrer Weise verstanden und umgedeutet, nämlich Zeichen der Freundschaft und Treue zu sein. In Eben-Maurach am Aachensee werden kleine Nachbildungen der Notburga-Sichel aus Zinn oder Silber angeboten – in Erinnerung an die heilige Notburga, deren in kostbaren Brokat gekleidete Reliquien in einem Glasschrein über dem Tabernakel verehrt werden.

In Prag wiederum werden an kleinen Kettchen angebrachte Nepomuk-Zungen den Pilgern und Touristen zum Verkauf angeboten. Sie sollen erinnern an den Bischof Johannes Nepomuk (1350–1393), der gefesselt von der Prager Karlsbrücke in die Moldau geworfen und ertränkt wurde. Als man 1719 sein Grab öffnete, fand man im Schädel des Brückenheiligen, der das Beichtgeheimnis nicht gebrochen hatte, die unversehrt gebliebene Zunge, die heute noch in einem kostbaren Reliquiar im St.-Veits-Dom innerhalb des Hradschin in Prag zur Verehrung ausgestellt ist. Das Zungen-Devotional aus Prag – Erinnerung an das priesterliche Beichtgeheimnis, sicherlich auch stille Mahnung, anvertraute Geheimnisse nicht auszuplaudern.

Recht eigenartige Mitbringsel von Einsiedeln in der Schweiz, vom Loretokloster in Salzburg oder von dem bayerisch-böhmischen Wallfahrtsort Neukirchen sind geweihte „Fraisenhäubchen" (Fraisen = hochfiebrige, oft mit schweren Krämpfen verbundene Kinderkrankheit). Diese setzte man kranken Kindern auf oder legte sie unter das Kopfkissen, um Krämpfe oder andere Kinderkrankheiten abzuhalten.

Früher gab es unter den Devotionalien, die an Wallfahrtsorten zu kaufen waren, auch Kuriositäten. Das sei wenigstens mit einem äußerst beliebten Beispiel belegt. Es gab zu kaufen „Die natürliche Länge Christi" und „die wahre Länge Mariens". Vom Mittelalter an gab es die seltsame Meinung, das exakte Maß eines Gegenstandes oder einer Person (z. B.

Jesu oder Mariens) könne eine gnadenvolle Wirkung haben wie der Gegenstand oder die Person selbst. Es war so etwas wie eine fromme Ermächtigung und Vereinnahmung. Auf Pergamentrollen (etwa sechs bis acht Zentimeter breit und 1,60 bis 1,70 Meter lang) waren Gebete über Gebete aufgedruckt, die je nach Gelöbnis täglich oder bei besonderen Anlässen gebetet wurden. Bei dringlichen Anliegen oder bei übergroßen Nöten in der Familie oder im Stall betete man eine solche Andacht zweimal – unseres Herrn Jesu Christi „doppelte Länge". Auch die andere Gebetsform, in der mit Jesus auch Maria angerufen wurde, war sehr beliebt – „Unseres Herrn- und Frauenlänge".

Devotionalien sind – wie im heute gültigen „Codex des kanonischen Rechtes" (1983) nachzulesen ist – als Sakramentalien „heilige Zeichen (signa sacra), durch die in gewisser Nachahmung der Sakramente Wirkungen, besonders geistlicher Art, bezeichnet und kraft der Fürbitte der Kirche erlangt werden" (Can. 1166). Ergänzend heißt es in Can. 1171: „Heilige Sachen, die durch Weihung oder Segnung für den Gottesdienst bestimmt sind (quae dedicatione vel benedictione ad divinum cultum destinatae sunt), sind ehrfürchtig zu behandeln und dürfen nicht zu profanem oder ihnen fremdem Gebrauch verwendet werden, selbst dann nicht, wenn sie Eigentum von Privatpersonen sind."

Der bloße Besitz geweihter Devotionalien stellt keine Garantie von Gottes Hilfe und Erhörung dar. Devotionalien wirken nicht automatisch, schon gar nicht magisch. Sie wollen Impuls- und Motivationszeichen sein, die den Christen zum persönlichen Gebet, zur Änderung und Besserung seines Lebens, zum Gottvertrauen, letztlich zur Hingabe an die liebende Führung und Fügung Gottes ermuntern und ermutigen.

LITERATUR: *R. Egenter, Kitsch und Christenleben. Ettal 1950; R. Guardini, Die Sinne und die religiöse Erkenntnis. Würzburg 1950; R. Hoeps, Bildsinn und religiöse Erfahrung. Frankfurt am Main–Berlin–New York 1984; B. Hubensteiner, Vom Geiste des Barock. Kultur und Frömmigkeit im alten Bayern. München 1967; K. Köster, Mittelalterliche Pilgerzeichen. In: L. Kriss/Rettenbeck /G. Möhler (Hg.) Wallfahrt kennt keine Grenzen (Ausstellungskatalog, München 1984). München–Zürich 1984, 203–224 (mit instruktiven, tabellarischen und geographischen Übersichten über Pilgerzeichen und Wallfahrtsdevotionalien 212–217); H. Schindler, Große bayerische Kunstgeschichte. Bd. I. München 1966²; A. Spamer, Das kleine Andachtsbild. München 1930; G. Wacha, Der hl. Wolfgang auf Wallfahrtszeichen. In: Österreichische Zeitschrift für Volkskunde 8 (1978) 263–273.*

Dreikönigsfest

Bis zum heutigen Tag erinnert die seltsame und ungewöhnliche Überlagerung und liturgische „Gleichzeitigkeit" mehrerer Christusfeste

1. Taufe Christi im Jordan
2. Wunder auf der Hochzeit zu Kana
3. Erscheinung (Geburt) des Gottessohnes
4. Ankunft der Weisen aus dem Morgenland

daran, daß das am 6. Januar begangene Dreikönigsfest, wie es im Volksmund gerne genannt wird, eine lange, religiös turbulente Geschichte durchlaufen hat. Nur aus dem interessanten, aber geschichtlich notwendigen Ringen um den wahren Sinn dieses Festes lassen sich die auffälligen und ungewöhnlichen Überlagerungen von Festen in einem einzigen „Heute" verstehen. Es kann daher von einer liturgischen Vielfältigkeit und Mehrdimensionalität des Festes „Erscheinung des Herrn" geredet werden.
Der Festtag „Epiphania Domini" (Erscheinung des Herrn) hat sein biblisches Fundament in Mt 2,1-12. Die heutige Bezeichnung „Dreikönigsfest" geht auf die drei Geschenke „Gold, Weihrauch und Myrrhe" (Mt 2,11) zurück. Von diesen drei Geschenken glaubte man auf drei Gabenspender (Magier, Sterndeuter) und „Könige" aus dem Morgenland schließen zu können (im Anschluß an alttestamentliche Texte: Num 24,17; Jes 49,23 und 60,5-5; Ps 72,10-15).
Die ältesten Spuren eines Epiphaniefestes führen nach Alexandrien in Ägypten. Klemens von Alexandrien († um 215) berichtet in seinem griechisch abgefaßten Werk „Stromateis" (= Teppiche, I.c. 21), daß am 6. Januar die gnostische Sekte der Basilidianer Geburt und Taufe Jesu feierten. Damals kannte die Kirche von Alexandrien dieses Fest noch nicht, das aber bereits während des 3. Jahrhunderts im nahen Orient weite Verbreitung gefunden hatte. In Rom wurde dieses Fest am 6. Januar neben dem weihnachtlichen Geburtsfest am 25. Dezember schon 353 gefeiert. Es kam im Laufe der Zeit zu unterschiedlichen Akzentuierungen des Epiphaniefestes am 6. Januar. Im Abendland stellte man die Ankunft der Weisen aus dem Morgenland in den Vordergrund, während die östliche Epiphaniefeier als Tauftag Christi und als Einkleidungstag in klösterlichen Gemeinschaften gefeiert wurde.
Die neutestamentliche Exegese wie auch die liturgische Festfeier haben Mt 2,1-12 zu einem Forschungsprojekt gemacht, das heute immer neue Forscher und Deuter anzieht. Bereits außerbiblische Apokyphen versuch-

Dreikönigsfest

ten die christliche Neugier zu befriedigen. Nach einem armenischen Kindheitsevangelium waren die „Könige der Magier drei Brüder. Der erste war Melkon, der über die Perser herrschte; der zweite, Balthasar, herrschte über Indien, und der dritte, Kasar, besaß das Land der Araber". Beda Venerabilis (672–735) weiß in seinem Werk „De stella et magis" (PL 93; 455–456) in der Reihenfolge die Namen Melchior, Caspar und Balthasar zu berichten und gibt noch eine bemerkenswerte Ergänzung dazu: diese drei Könige seien zu deuten als drei Lebensalter (Melchior, der Greis; Caspar, der Jüngling; Balthasar, der Mann der Lebensmitte) und repräsentierten außerdem die drei damals bekannten Erdteile: Europa, Asien, Afrika.

Auch die Reliquien „der Heiligen Drei Könige" haben die Christenheit in Spannung gehalten. Sie haben einen unvorstellbar hohen kirchenpolitischen Stellenwert gehabt. Sie sollen durch die Kaiserinmutter Helena nach Konstantinopel und von dort nach Mailand gebracht worden sein. Unter dem Stauferkaiser Friedrich I. Barbarossa (1152–1190) kamen die Reliquien der Drei Könige als Beutestücke aus der damals zerstörten Mailänder Basilika di Sant' Eustorgio (an der Piazza S. Eustorgio/Porta Ticinese), wo noch in der heutigen Basilika rechts vom Presbyterium ein Grab an die Gestalt eines antiken Sarkophags erinnert, genau am 23. Juli 1164 nach Köln. Ein einzigartiges Kunstwerk der gotischen Goldschmiedekunst ist im Kölner Dom heute noch der Dreikönigsschrein von Nikolaus von Verdun (begonnen 1181, vollendet 1220). Es war sicherlich mehr als ein Zeichen der Reue und der Versöhnlichkeit, daß ein kleiner Reliquienrest 1904 nach Mailand zurückgegeben wurde.

Eine heute noch nicht abgeschlossene Forschungsgeschichte hat „der Stern" (Mt 2,2.7.9.10) ausgelöst, der die Weisen (waren sie Sterndeuter?) aus dem Morgenland über Jerusalem nach Bethlehem führte. Ist dieser „Stern" überhaupt astronomisch nachweisbar oder nur ein heller Lichtschein am Himmel gewesen? Die erstmals 1902 von W. Siegelberg veröffentlichte sogenannte „Berliner Planetentafel" wie auch der erstmals 1925 von P. Schnabel vorgelegte „Sternkalender von Sippar" (einer Astrologenschule am Euphrat in Babylonien) haben immer wieder die Meinung vertreten lassen, die Jupiter-Saturn-Konjunktion im Sternbild der Fische sei als Zeichen der Geburt des Messias anzusehen.

In jüngster Zeit hat Konradin Ferrari d'Occhieppo, Professor für theoretische Astronomie an der Universität Wien, in seinem Buch „Der Stern von Bethlehem. Aus der Sicht der Astronomie beschrieben und erklärt" (Berlin 1994) erstaunlich präzise Daten vorgelegt: Jesus sei in der Nacht zum Samstag, 17. Januar des Jahres 7 v. Chr. in Bethlehem geboren worden (S. 90, 136). Das astronomisch-chronologisch genau festgestellte Datum der Ankunft der Magier in Bethlehem sei der Abend des 12. November gegen 20 Uhr des Jahres 7 v. Chr. gewesen „mit einer Toleranz von höchstens einem Tag vorher oder nachher" (S. 68). Er ist der Ansicht, daß die Magier Mitte September „in dem glanzvollen Abendaufgang Jupiters mit Saturn am 15. September 7 v. Chr. das Himmelszeichen für die Geburt des ersehnten Messias-Königs erkannt hätten" (S. 56).

Angesichts der differierenden Fülle von Sterndeutungen könnte an Hand der Heiligen Schrift (vgl. Ex 3,2 ff.; Ez 1.4.13.28; Dan 10,6–8; Mt 17,2; Apg. 12,7; 22,11) das überirdische Licht auch die „Herrlichkeit Gottes" gewesen sein. Zu dieser Auslegung kann ein Text des Thomas von Aquin (1125–1274) hilfreich sein: „Omnis locutio Dei est illuminatio" (Alles Reden Gottes ist Erleuchtung).

Im Zusammenhang mit den „Drei Königen", vor allem auch mit der schwierigen, geschichtlichen Datierung, wird immer auch „König Herodes" (Mt 2,1.3.7.12) genannt; es handelt sich um König Herodes, den Großen (37–4 v. Chr.). Er wurde vom römischen Senat als Schattenkönig von Juda und Idumäa eingesetzt. Sein Todesjahr 4 *vor* Chr. wird nur denjenigen irritieren, der um die schwierige Synchronisierungsarbeit des gelehrten Mönches Dionysius Exiguus († um 550 in Rom) nicht weiß, der die bisherige Geschichtzählung der Griechen (nach Olympiaden) und der Römer (nach der Gründung Roms – ab urbe condita) mit der biblischen Geschichte zu vereinen suchte. Er hat sich dabei nur um einige wenige Jahre „verrechnet", so daß von vielen Forschern als Datum der Geburt Jesu die Jahreszahl 6 oder 7 v. Chr. und als Todestag Jesu am Kreuz der Freitag, 14. Nisan (Joh 18,28), der 7. April des Jahres 30 n. Chr. angesehen werden.

Das nachkonziliare, 1978 erschienene, Benediktionale zeigt zum Dreikönigsfest noch die religiöse Mehrdimensionalität dieses Tages an: „Drei Wunder ehren diesen heiligen Tag: Heute führte der Stern die Weisen zum neugeborenen König. Heute wurde bei der Hochzeit Wasser zu Wein. Heute wurde im Jordan Christus von Johannes getauft uns zum Heil" (S. 46).

Die altkirchlich-griechische Festbezeichnung „Epiphania" (vgl. dazu 2 Makk 2,21; 3,23; 5,4–12.22–14,15, 15,27; 14,33) muß unterschiedlich verstanden worden sein, wie es Johannes Chrysostomus (354–407) in einer Predigt am Epiphanietag des Jahres 387 andeutete: „… viele feiern zwei Feste und wissen ihre Namen. Die Gründe aber, woher diese zwei Feste entstanden sind, wissen sie nicht. Daher ist es nötig, zu sagen, daß es nicht *eine* Epiphanie, sondern zwei gibt, eine in der Gegenwart, eine in der Zukunft." Er stellte damit der bereits vollzogenen Menschwerdung des Gottessohnes als erste Epiphanie die endzeitliche Wiederkunft des richterlichen Christus am Ende der Geschichte als zweite Epiphanie gegenüber. Chrysostomus will damit eindeutig und klar die Geburt Jesu in Bethlehem, also die „Erscheinung" des Gottessohnes im Fleische, von jeder gnostisch-doketischen Mißdeutung eines Scheinleibes abgrenzen. Nicht erst mit der Ankunft der Weisen aus dem Morgenland, nicht erst mit der Taufe im Jordan, nicht erst beim Zeichen der Wandlung auf der Hochzeit zu Kana, sondern bereits in seiner Geburt ereignete sich „Epiphanie" als „Theophanie". Im Anschluß an Hebr 1,1–4 spricht Gregor von Nyssa (334–394) davon, daß Gott immer wieder auch im Alten Testament erschienen ist, daß aber erst dann das Geheimnis des Glaubens als Heilswirklichkeit geschenkt wurde, „als im Fleische die Theophania unseres Herrn vollendet war". Im heutigen feierlichen Schlußsegen am Fest der Erscheinung des Herrn ist ausgesprochen, was eigentliches und letztes Anliegen dieses Festtages damals, heute und auch in Zukunft ist: „Der Stern hat die Weisen zu Christus geführt; Gott führe auch euch zur Anschauung seiner Herrlichkeit."

LITERATUR: *H. Kehrer, Die Heiligen Drei Könige in Literatur und Kunst. 2 Bde. Hildesheim 1976; H. Kruse, Gold und Weihrauch und Myrrhe. In: Münchener Theologische Zeitschrift (1995) 203–213 (mit Hinweis auf folgende Schriftstellen: Jes 60,6; Ps 72,10–11; Sir 24,15; Mt 2,11); R. Budde (Hg.), Die Heiligen Drei Könige. Darstellung und Verehrung (Ausstellungskatalog). Köln 1982.*

Dreikönigswasser

Am Dreikönigsfest fließen drei religiöse Dimensionen zusammen, auf die auch das nachkonziliare, 1978 veröffentlichte Benediktionale (S. 46) aufmerksam macht: „Drei Wunder ehren diesen heiligen Tag: Heute führte der Stern die Weisen zum neugeborenen König. Heute wurde bei der Hochzeit Wasser zu Wein. Heute wurde im Jordan Christus von Johannes getauft, uns zum Heil. Halleluja".
Die sich überlagernde Konzentration dreier Christusfeste läßt sich liturgiegeschichtlich erklären. Der 6. Januar ist heute noch in der Ostkirche das eigentliche Fest der Geburt des Herrn.

Es muß in frühchristlicher Zeit über den Sinn des Fests „Epiphania" (Erscheinung des Herrn) manche tiefgreifende Diskussionen gegeben haben, hinter denen Auseinandersetzungen mit der arianischen Jesusdeutung sichtbar werden. Gnostiker und Arianer legten darauf Wert, am 6. Januar das Tauffest Jesu zu begehen, denn (nach ihrer Meinung) sei erst mit der Taufe am Jordan der bisher unbekannte Jesus (mit einem Scheinleib oder nur als Mensch) vom Vater-Gott zum adoptierten und mit göttlicher Sendung beauftragten Christus vor aller Welt präsentiert worden: „Das ist mein geliebter Sohn, an dem ich Gefallen gefunden habe" (Mt 3,17).

Erst mit der Taufbestätigung sei der bis dahin unbekannte Jesus aus Nazaret als Christus auf die Bühne der Weltgeschichte getreten und jetzt erst als gottgesandter Christus (Gesalbter) und Menschheitserlöser „erschienen" und von Menschen erkannt worden. Es gab sehr früh heftige theologische Diskussionen, ob der 6. Januar als Fest der Geburt Jesu oder doch als Fest der Taufe Jesu zu begehen sei. Je mehr sich das biblisch-kirchliche Christusverständnis gegenüber gnostischen und arianischen Fehldeutungen durchsetzte, um so stärker prägte der Festgedanke der Geburt Jesu als Erscheinung Gottes im Fleische die liturgische Feier des 6. Januar. In Erinnerung, daß das Tauffest Jesu dadurch lebendig, daß das Wasser der Flüsse gesegnet wurde und dieses „hochgeweihte" Wasser in Krügen nach Hause mitgenommen wurde.

Johannes Chrysostomus (344–407) sagte in einer Predigt zum 6. Januar: „Die Leute bringen um Mitternacht dieses Festes Wasser in Krügen, das sie geschöpft haben, nach Hause und bewahren es das ganze Jahr auf, weil heute dieses Wasser geheiligt ist. Es geschieht ein offenbares Wunder, da dieses Wasser trotz der Länge der Zeit, oft zwei und drei Jahre lang, unverdorben und frisch bleibt und trotz so langer Zeit mit dem erst jüngst geschöpften Wasser durchaus wetteifern kann."

Gerade die Erinnerung an die frühchristliche Wasserweihe und den Brauch, dieses geweihte Wasser nach Hause zu nehmen, ist in der Wasserweihe des Dreikönigstages lebendig geblieben. Nach dem in der Osternacht geweihten Osterwasser hat das Dreikönigswasser in der kirchlichen Liturgie, vor allem in der Volksfrömmigkeit den Rang eines „hochgeweihten" Wassers, von dem der Volksmund sagt: „Nichts fürchtet der Teufel mehr als das Weihwasser."

In dem heute gesprochenen Segensgebet zur Weihe des Dreikönigswassers ist die Erinnerung an die Taufe Jesu mit Absicht angesprochen (Benediktionale S. 47):

„Allmächtiger Gott, du hast das Was-

Dreikönigswasser

ser als Element des Lebens geschaffen. Um unserer Sünden willen hat sich dein Sohn in den Fluten des Jordan taufen lassen und so das Wasser geheiligt. Im Wasser der Taufe hast du uns zu deinen Kindern gemacht. Segne dieses Wasser mit der Kraft des Heiligen Geistes. Laß es Menschen, die es in der Wohnung aussprengen, zum Zeichen deiner Macht und Nähe werden.

Darum bitten wir durch Christus, unsern Herrn.

Amen."

E

Eisheilige

Im Himmel wundern sich gewiß die drei Heiligen Pankratius (12. Mai), Servatius (13. Mai) und Bonifatius (14. Mai), daß sie auf Erden nicht so sehr im religiösen Bereich, sondern vor allem von den Journalisten und „Wetterfröschen" alljährlich um die Mitte des Monats Mai unter dem Sammelbegriff „Eisheilige" genannt werden. Warum die nachfolgende Tagesheilige des 15. Mai „kalte" Sophie genannt wird, bleibt für viele ein Rätsel der Überlieferung und Kalendermacher.

Betrachten wir zunächst die drei Heiligen: Der aus Kleinasien stammende und kaum vierzehnjährige *Pankratius* dürfte das Martyrium während der Verfolgungszeit unter Kaiser Diokletian (284–306) in Rom erlitten haben. An der Via Aurelia dürfte er enthauptet worden sein. Die kleine Katakombe S. Pancrazio an der Via di S. Pancarzio 16 dürfte die erste Grablege gewesen sein. Im Jahr 500 ließ Papst Symmachos (498–514) eine Basilika zu Ehren des Märtyrers Pankratius errichten. In der heutigen Kirche S. Pancrazio auf dem Gianicolo in Rom ist seine Grabstätte, während das Haupt des Märtyrers sich in der Laterankirche San Giovanni befindet.

Der aus Armenien stammende *Servatius* (sein Name leitet sich ab von dem lateinischen Verbum „servare" = retten, so daß Servatius lautet „der Gerettete"), war der erste Bischof der niederländischen Stadt Tongern, nachdem er vorher längere Zeit als Missionspriester in Gallien gewirkt hatte. Sein Leben und Wirken standen unter schwersten theologisch-christologischen Auseinandersetzungen – im Abwehrkampf gegen den Arianismus, den die germanischen Stämme der Völkerwanderung mitgebracht und verbreitet hatten. Entsetzt hat sich damals der gleichzeitig lebende Bibelforscher Hieronymus (340–420) über das ungehemmte Wachstum des Arianismus geäußert: „Der Erdkreis erwachte und er seufzte, daß er arianisch geworden war".

Eisheilige

Drei Romreisen hat Bischof Servatius unternommen, um seinen Christusglauben zu festigen und um gewiß auch seine Kirchen- und Papsttreue im Umbruch seiner Zeit zu bezeugen. Er starb am Pfingstmontag, dem 13. Mai 384, in Maastricht, wo sich sein Grab mit dem prächtigen Reliquiar des Godefried von Claire (um 1165) wie auch ein Schlüssel und der Krückenstab des heiligen Servatius befinden. Der Schrein mit den Reliquien des heiligen Bischofs Servatius hat in den kirchenpolitischen Stürmen immer wieder eine Rolle gespielt – er wurde 944 nach Duisburg und 1078 nach Aachen gebracht, um mit den Reliquien den Heiligen *selbst* als Besitzer und Schutzherrn vor dem Kaiser um Schutz seiner Rechte und Besitzungen auftreten und vor dem Zugriff allzu herrschsüchtiger Adeliger anflehen zu lassen. Was hat aber dies damit zu tun, daß Servatius in das Triumvirat der „Eisheiligen" eingereiht wurde?

Der Dritte im Bunde der Eisheiligen ist Papst *Bonifatius I.* (419–422), der hochbetagt und kränklich zur Führung der Kirche berufen wurde. Er war ein Mann des Ausgleichs, der den gestörten Frieden mit der afrikanischen Kirche wie mit dem Kirchenbund Galliens in zähen und verläßlichen Verhandlungen wiederherzustellen vermochte. Auch mit dem Patriarchen von Konstantinopel, dessen Rangstellung und politische Bedeutung wegen der Kaiserresidenz am Bosporus mehr und mehr wuchs, ermöglichte er ein gutes Zusammenleben – bei aller Unterschiedlichkeit in theologischen Fragen.

Wiederum bleibt auch bei diesem dritten Eisheiligen die Frage offen, warum ausgerechnet dieser Papst Bonifatius I. den „Eisheiligen" zugerechnet wird, wiederum ohne jede Beziehung zu Eis und Schnee?

Versucht man die geographischen Regionen und die klimatischen Hintergründe für die Entstehung des Wortes „Eisheilige" und die Zurechnung ganz bestimmter Heiliger zu den „Eisheiligen" zu ergründen, so ergibt sich sehr bald, daß der nördliche Teil Europas, genauer Deutschland und die Niederlande als Land mit gemischter und schnell wechselnder Temperatur im Monat Mai die typische Entstehungsregion sind, mit dem bewölkten und regnerischen Himmel und mit nur kurzen Auflockerungen durch die Frühlingssonne.

In der Mitte des Monats Mai treten nach wenigen warmen Tagen immer wieder Kälteeinbrüche und Temperaturstürze ein. Kalte Atlantik- und Nordseeluft polaren Ursprungs bringt immer wieder Nachtfröste. Die Meteorologen verbinden diese klimatische Mischsituation mit folgenden Vorgängen: Bevor ein atlantisches Tief Wolken, Regen und

Nachtfrost schickt, muß es vorher warm gewesen sein. Dafür sorgt Anfang Mai bereits die immer höher stehende Sonne. Nach wenigen Tagen kommt es zu einem Abheben der erwärmten Luft. In diese aufsteigende Warmluftbewegung laufen die atlantischen Tiefausläufer mit frisch-kalter Luft hinein, und zwar, wie die Meteorologen bestätigen, „beinahe planmäßig immer zur gleichen Zeit – Mitte Mai". Nach wenigen Wochen ist der Temperaturausgleich vollzogen. In nicht wenigen Gärtner- und Bauernregeln haben sich die jahrhundertealten Wettererfahrungen niedergeschlagen:

„Pflanze nie vor der kalten Sophie!"

*„Grünt die Eiche vor der Esche,
dann macht der Sommer große Wäsche."*

Ausgerechnet zu dieser alljährlich turbulenten Zeit Mitte Mai stehen die drei Heiligen Pankratius (12. Mai), Servatius (13. Mai) und Bonifatius (14. Mai) auf dem Kalenderblatt. Ihnen wird in Norddeutschland und in den Niederlanden noch hinzugefügt der heilige *Mamertus* (11. Mai), der als Bischof von Vienne die dreitägigen Bittgänge vor dem Fest Christi Himmelfahrt einführte, und am 15. Mai die „*kalte" Sophie*, die römische Märtyrerin im beginnenden 4. Jahrhundert gewesen ist. Man nimmt den drei Eisheiligen Pankratius, Servatius und Bonifatius (wie auch den heiligen Mamertus und der heiligen Sophie) sicherlich keine Zacke aus ihrer Krone, wenn man behauptet: Stünden andere drei Heilige in diesen Tagen vom 11. bis 15. Mai im Kalender, dann würden diese als „Eisheilige" tituliert und mit Nachtfrost ihren Namen alle Ehre machen.

Elternsegen

→ Hochzeit

Erntedankfest

Wie in allen Weltreligionen so hat es auch im Alten Testament Feste gegeben, die mit dem Jahreslauf des bäuerlichen Lebens und Arbeitens zusammenhingen. In langen Epochen ihrer Geschichte hatten die Stämme Israels die Unfruchtbarkeit und die Gefahren der Wüste kennen und fürchten gelernt. Sie wußten daher die Fruchtbarkeit und den Frieden jenes Gelobten Landes Kanaan bzw. Palästina zu schätzen, in dem nach Gottes Verheißung „Milch und Honig fließen" (Ex 3,8) und das „voll Öl und Honig ist" (Dtn 8,8).
Neben den drei Hauptfesten (Schalosch regalim): Pascha, Pfingsten

Erntedankfest

(azereth) und Versöhnungsfest (jomha kippurium) gab es einige Frühjahrs- und Erntedankfeste. Am bekanntesten sind das Fest der Ernte (Massotfest zu Beginn der Ernte beim Anschnitt der Gerste), das Laubhüttenfest, das Dankfest für die Weinernte, und das Schawout-Wochenfest, das Dankfest für die eingebrachte Weizenernte. Wie im Alten Testament der Dank des Menschen an den Schöpfer-Gott, aber auch die Verantwortung des Menschen für die Schöpfung Gottes gesehen wurde, bezeugt das Buch der Weisheit: „Gott der Väter und Herr des Erbarmens, du hast das All durch dein Wort gemacht. Den Menschen hast du durch deine Weisheit erschaffen, damit er für deine Geschöpfe sorge. Er soll die Welt in Heiligkeit und Gerechtigkeit leiten und Gericht halten in rechter Gesinnung" (Weish 9,1–3).

Das Interesse der christlichen Theologie und Volksfrömmigkeit war allzulange mit innerkirchlichen Themen und Nöten befaßt, vor allem mit Fragen der Christologie bis hin zu einer bisweilen extremen Christozentrik, und mit Anliegen des würdigen Sakramentenempfangs. Es gab im Mittelalter zwar Votivmessen zum herbstlichen Erntedank und auch den Wettersegen. Dieser wurde nach der Meßfeier meist mit einem Kreuzpartikel-Reliquiar in der Zeit vom Fest Kreuzauffindung (3. Mai) bis zum Fest Kreuzerhöhung (14. September) erteilt. In diesen Votivmessen zum Erntedank wurden die mitgebrachten Früchte gesegnet und die gottesdienstliche Feier mit einem Tedeum (Lobgesang) abgeschlossen, dem recht laute Erntedankfeiern mit Musik und Tanz in den Wirtshäusern folgten. Diesem Fest waren meist vorausgegangen die Weinernte, verbunden mit eigenen, weltlichen Weinfesten, wie in Gebirgsgegenden auch der Almabtrieb.

In der Eucharistiefeier werden am Schluß des ersten Hochgebetes (des alten römischen Kanons) stets alle Naturalien in das Segensgebet einbezogen: „Durch ihn (Jesus Christus) erschaffst du immerfort all diese guten Gaben, du gibst ihnen Leben und Weihe und spendest sie uns."

Es mutet wie ein geradezu romantischer Brauch aus längst vergangener Zeit an, der noch zu Beginn unseres 20. Jahrhunderts eine Selbstverständlichkeit war, wenn Georg Götz über die Ehrfurcht des herbstlichen Erntens schreibt: „In Schwaben (Unterböckingen und Zimmern) kniet der Bauer mit all seinen Schnittern nieder und betet fünf Vaterunser und den Glauben an Gott, bevor sie die Winterfrucht schneiden. Im Oberpustertal knien die Schnitter um die letzte Garbe herum und danken Gott für den Erntesegen. Sie heißt deshalb heute noch allgemein die Betgarbe. Im Oberinntal schenkt man sie dem

Mesner (Küster) oder einer armen Person."
Das kirchliche Erntedankfest wird jetzt am ersten Sonntag im Oktober begangen. Man feierte zwar viele Jahrzehnte auf einem mit Blumen und Früchten überreich geschmückten Altar die heilige Messe und sang aus voller Brust das Kirchenlied: „Erde singe, daß es klinge…". Die meisten Christen waren aber außerhalb der Kirchenmauern wie mit Blindheit geschlagen. Sie sahen nicht die Katastrophen, die sich in der Natur immer deutlicher und immer bedrohlicher abzeichneten.

Warnend und herausfordernd wurde von der „Schöpfung am Abgrund", vom unersättlichen „Wachstumsfetischismus", vom „Wachstum bis zur Katastrophe" gesprochen und geschrieben.

Es bedurfte eines radikalen Umdenkens auch im politischen und wirtschaftlichen Bereich, um Wirtschaft und Schöpfung, Ökonomie und Ökologie zu einer verantwortbaren Partnerschaft zusammenzuführen. In den ökologischen Bemühungen unserer Gegenwart und sicherlich noch mehr in der Zukunft muß gerade das Erntedankfest über die Grenzen der christlichen Konfessionen hinweg zu einer alljährlichen Positionsbestimmung und christlich-ökologischen Gewissenserforschung werden. Die Welt kann für die Zukunft nur durch eine neue Weltaskese erhalten bleiben. Dem Haupt Christi voll Blut und Wunden steht das entstellte, zerstörte Antlitz der Erde gegenüber. Letztlich hat der Mensch den tragischen Zustand der gegenwärtigen Welt gegenüber dem Schöpfer, Erlöser und Vollender des Universums zu verantworten. Mit Recht wird heute vom Naturschutz, vom Tierschutz, vom Pflanzenschutz gesprochen. Als Christen sollten wir vom Schöpfungsschutz und von der Bewahrung der Schöpfung reden – und danach auch handeln.

Die moderne Naturwissenschaft hat im Kosmos eine Ur-Solidarität des Daseins nachgewiesen, die im genetischen DNS-Code begründet ist. Eine fundamentale Kategorie verbindet daher alle Dimensionen des Kosmos – die Mitgeschöpflichkeit. Der Mensch als Mikrokosmos befindet sich mit dem Makrokosmos in seinem evolutiven Ursprung wie auch in seiner lebensfähigen Existenz in der Solidarität einer (kühn zu nennenden) kosmischen Kommunion. Ernesto Cardenal hat überaus drastisch und zugleich überzeugend von diesem ständigen, kosmischen Geschehen geschrieben: „Die Natur kommuniziert ständig mit sich selbst. Und Kommunion heißt Essen und sich als Gegessenwerden hingeben. Das Essen ist die Kommunion des Lebens … So sollten alle Lebewesen nicht unabhängig voneinander sein und sich selbst genügen. Wir sol-

Erntedankfest

len ständig andere Lebewesen in uns assimilieren und durch diese Assimilation in steter Verbindung mit dem ganzen Kosmos stehen."

Beim alljährlichen Erntedankfest ist gewiß die Dankbarkeit angebracht. Aber auch die harte und unerbittliche Frage darf nicht überhört werden: *Darf* der Mensch tun, was er wissenschaftlich tun *kann*? Immer häufiger wird heute die Befürchtung ausgesprochen, Wissenschaftler versuchen Gott in der Natur zu spielen und mit Hilfe der Gentechnik den ungeheuerlichen Versuch zu unternehmen, den Menschen, aber auch die Tier- und Pflanzenwelt als (wie sie meinen) „unvollkommene" Schöpfung nachzubessern. In wenigen Jahren wird ein Großteil unserer Nahrung mit Hilfe der Gentechnik in „optimaler" Form hergestellt. Die Natur wird zum Spielzeug der Gentechnik, die den Menschen die schönsten Verheißungen für Gesundheit, Schönheit, Freiheit von Krankheit und Behinderung wie Verlängerung des Lebens vorgaukelt. Ist eine eschatologisch-wissenschaftliche Apokalypse bereits im Kommen, in der die Menschheit durch die Gentechnik ihren eigenen Selbstmord vorbereitet?

Das Erntedankfest – mit dem Blick der Dankbarkeit zurück, aber gleichzeitig mit dem Blick der Zukunftsverantwortung für die Schöpfung Gottes. „Es ist beides wichtig für Feld und Flur, Kunstdünger und Wettersegen, will heißen Gebet" (Ludwig Penz). Daß es ohne Zutun des Menschen ein stilles Wachsen gibt, hat der deutsche Dichter Friedrich Wilhelm Weber (1813–1894), dem auch das Versepos „Dreizehnlinden" zu verdanken ist, in einem kurzen Gedicht zum Nachdenken vorgelegt:

„*Es wächst viel Brot in der Wintersnacht,*
Weil unter dem Schnee frisch grünet die Saat;
Erst wenn im Lenze die Sonne lacht,
Spürst du, was Gutes der Winter tat.
...
Sei sill und habe des Wandels acht:
Es wächst viel Brot in der Wintersnacht."

So manches Stadtkind hat kaum Gelegenheit, den Wachstums- und Reifungsprozeß von der Aussaat bis zur Ernte mitzuerleben. Obst und Gemüse, Eier, Butter und Brot werden im Supermarkt gekauft. An die vielen, oft hart arbeitenden Menschen, an den Bauern, den Müller, den Bäcker, an den in der Nacht anliefernden Lastwagenfahrer oder an die Verkäuferin im Supermarkt denken die meisten nicht.

Das Erntedankfest könnte auch zu einer sehr persönlichen Frage anregen: Bin ich selbst im Laufe dieses Jahres in meiner Sorge für Mitmenschen, in meiner Freude und Hilfsbereitschaft, in meiner Weltverantwortung, in meinem Christusglauben und in meiner Kirchentreue gewachsen und gereift? Welche Ernte hat meine Lebensgeschichte als Glaubensgeschichte eingebracht?

LITERATUR: *C. Amery, Das Ende der Vorsehung. Die gnadenlosen Folgen des Christentums. Hamburg 1972; F. Böckle, Fundamentalmoral. München 1977; E. Cardenal, Das Buch von der Liebe. Lateinamerikanische Psalmen, Gütersloh; G. Götz, Brauchtum im Religionsunterricht. München 1939; H. Kirchhoff, Christliches Brauchtum im Jahreskreis. München 1990; A. Läpple, Auferstehung. Aschaffenburg 1985; P. E. Rattelmüller, Bairisches Brauchtum im Jahreslauf. München 1985; C. F. von Weizsäcker, Die Zeit drängt. Wien 1988[7]. Wertvolle Orientierung für das Brauchtum des Erntedankfestes vermittelt die Erklärung der Deutschen Bischofskonferenz zu Fragen der Umwelt und Energieversorgung „Zukunft der Schöpfung – Zukunft der Menschheit" (September 1980).*

Ewige Anbetung

Es ist heute nicht mehr selbstverständlich, daß jeder katholische Christ oder jede katholische Pfarrgemeinde weiß, was unter „Ewiger Anbetung" (auch „Ewiges Gebet" genannt) zu verstehen ist. Das Wort „Ewige" Anbetung scheint manchen zu hoch gegriffen zu sein, denn – so meinen sie – es könne ja nur eine Anbetung meinen, die eben nicht „von Ewigkeit zu Ewigkeit" bereits dauert, sondern die erst in der Geschichte begonnen hat und in der Liturgie der Ewigkeit weiterklingen wird.

Es bedurfte eines langen Weges der Glaubensvertiefung durch vielerlei und durchaus unterschiedliche Impulse, bis aus der Eucharistiefeier, dem „Geheimnis des Glaubens", eine eigenständige, eucharistische Anbetung und Volksfrömmigkeit sich entwickeln konnte. Die Klärung des Sakramentsbegriffs hat dazu ebenso beigetragen, wie die Zurückweisung von Irrtümern einer symbolisch-spiritualistischen Abendmahlslehre und die Leugnung der Gegenwart Christi in der konsekrierten Hostie, etwa durch die überspitzte Dialektik eines Berengar von Tours († 1088) und in den Abendmahlsdiskussionen des Reformationszeitalters.

Die neuen, stark subjektiv geprägten Andachtsformen, die sich bereits in der Epoche der Gotik um die Mysterienliturgie zu entwickeln begannen – „Entleerung der eucharistischen Opfergemeinschaft und Schaffung einer neuen eucharistischen Frömmigkeit" (A. L. Mayer, 92) –, haben ihren Höhepunkt in der Theologie und Frömmigkeit des Barockzeitalters erreicht – mit dem unübersehbaren, goldglänzenden Tabernakel-

Ewige Anbetung

hochaltar, auf dem der eucharistische Christus in der ausgesetzten Monstranz, umstrahlt von vielen Kerzen, thront und die betende Huldigung empfängt. Die geschichtlichen Forschungen haben aufzeigen können, daß die „Ewige Anbetung" zunächst als 40stündiges Gebet während der Karwoche, und zwar vor dem Heiligen Grab gepflegt wurde und großen Zulauf hatte. Sie hat sich später von der Karwoche gelöst und entwickelte sich zur selbständigen Andachtsform, die dem barocken Lebensgefühl und Frömmigkeitsempfinden sehr entgegenkam und durch diese Geistesströmungen wiederum forciert und weiterentwickelt wurde.

Es gab sicherlich auch in den ersten, dramatischen Jahren nach dem 2. Vatikanischen Konzil (1962/65) einen Neubeginn mit „Tempelreinigung". Heute ist man in ruhigere und tolerantere Bahnen zurückgekehrt und räumt der Eucharistiefeier wie der eucharistischen Anbetung den ihnen angemessenen Raum (sowohl im Kirchenbau wie im Glaubensleben einer Pfarrgemeinde) ein. Mit großem Ernst wird um Antwort und Realisierung gerungen, ob die „Ewige Anbetung" nur eine lästige Tradition, ein Relikt aus vorkonziliarer Frömmigkeit sei, oder ob der Tradition der „Ewigen Anbetung" eine lebendige Gegenwart und eine überaus notwendige Zukunft zu wünschen sei.

Die „Ewige Anbetung" wird in einem von der zuständigen Diözese abgestimmten Jahreszyklus gehalten. Sie wird meist so in Abwechslung gehalten, daß die Tagesstunden von einer Pfarrgemeinde, die Nachtstunden meist von einem Kloster gebetet werden. Es hat nicht wenige Gründungen von Ordensgemeinschaften und Bruderschaften von der „Ewigen Anbetung" gegeben, denen die beschaulichen Orden zur Durchführung dieses Anliegens betend zur Seite stehen.

Welch hohen Rang die „Ewige Anbetung" für Pastoral und Frömmigkeit eines Bistums hatte, geht aus einem Fastenhirtenbrief hervor, den am 6. Februar 1873 der Erzbischof von München und Freising Gregor von Scherr (1856–1877) an seine Diözesanen richtete und durch den er nach 70jähriger Unterbrechung die Wiedereinführung der „Ewigen Anbetung" vom ersten Fastensonntag des Jahres 1873 an anordnete. Er schreibt in diesem Hirtenbrief: „...Wie die Sonne ohne Unterlaß leuchtet, wie sie des Abends bloß in den Ozean niedertaucht, um in einer anderen Welt ihr Morgenlicht auszustrahlen so wird von nun an in unserer Erzdiözese die ‚Ewige Anbetung' ohne Unterbrechung fortdauern, wird sie in der einen Kirche bloß enden, um in der

Das **Osterwasser**
wird nach der Feier der Osternacht in verzierten Glas- oder Tonkrügen und Flaschen in die Häuser und Wohnungen mitgenommen

Das **Klausengärtchen** *gehört in einigen Familien zum festen Bestandteil ihres Adventsbrauchtums.*

Entscheidende Anregungen hat die Krippenfrömmigkeit durch Franziskus von Assisi erfahren.
(**Krippe** *aus der Barockzeit*)

anderen zu beginnen. Noch ehe in der einen Kirche der Tabernakel sich schließt, öffnet er sich schon wieder in der anderen. Wenn die zum Gebet erhobenen Arme der einen Gläubigen zu sinken drohen, so drängen sich schon andere herbei, um ihre Stelle einzunehmen."

Als 1934 in dritter Auflage das erstmals 1873 erschienene Büchlein „Ewige Anbetung des allerheiligsten Altarsakramentes im Erzbistum München-Freising" erschien, hat der Herausgeber, Weihbischof Dr. Johannes Schauer die einzigartige Bedeutung der „Ewigen Anbetung" gerade für die damalige schwierige Epoche der Auseinandersetzung mit dem Nationalsozialismus mit den Worten herausgestellt: „Der Tag der ‚Ewigen Anbetung' bezeichnet für jede Pfarrgemeinde neben dem kirchlichen Hochfest des hl. Fronleichnams den Höhe- und Glanzpunkt all jener zahlreichen Andachtsformen, mit denen tiefer Glaube und brennende Liebe der Gläubigen, gerade auch in unserer Erzdiözese, das allerheiligste Sakrament umgeben hat. Wohl zwei Drittel aller Pfarr- und Klosterkirchen begehen im Umlaufe des Jahres einmal das sog. 40stündige Gebet, das über 3 Tage verteilt (mit nächtlicher Unterbrechung) die Gläubigen in großer Zahl vor den geöffneten Tabernakel und an den Tisch des Herrn führt."

Es war Ehre und Glaubensbekenntnis der Wittelsbacher Könige von Bayern, daß sie für die Bruderschaften von der ‚Ewigen Anbetung' und die Corpus-Christi-Bruderschaft bei St. Peter in München sich einsetzten. Persönliche Mitglieder der Corpus-Christi-Bruderschaften waren alle bayerischen Könige – Maximilian I. († 1825), Ludwig I. (abgedankt 1849), Maximilian II. († 1864), Ludwig II. († 1886), Prinzregent Luitpold († 1912) und Ludwig III. († 1921). Ein Fachmann der bayerischen Königsgeschichte, Hans Rall, schrieb über das letzte, dramatische Jahrzehnt des Märchenkönigs Ludwig II: „Auch noch in diesem Jahrzehnt sah die Öffentlichkeit den König (Ludwig II.) beim vierzigstündigen Gebet in der Karwoche oder bei der Fronleichnamsprozession. Diese Tradition war gerade damals auch ein Bekenntnis" (S. 372).

Eine „Ewige Anbetung" ganz eigener Art und mit einmaligem Ursprungsmotiv, das in den Annalen der deutschen Geschichte nach dem Zweiten Weltkrieg nicht vergessen werden sollte, gibt es seit vierzig Jahren auf dem Lindenberg, einem Marienwallfahrtsort bei St. Peter im Schwarzwald (Erzdiözese Freiburg i. Br.). Im Jahr 1955 hat das katholische Männerwerk der Erzdiözese Freiburg mit

Die Kreuzwegstationen in Kirchen und die Kalvarienberge (hier: **Kalvarienberg in Biburg***) mit einer Vielzahl von Kapellen sind ein beredtes Zeugnis der Passionsfrömmigkeit.*

einer damals begonnenen und bis heute Tag und Nacht durchgehaltenen Gebetswache die Reise des damaligen Bundeskanzlers Konrad Adenauer nach Moskau (am 8. September 1955) betend begleitet, und zwar in dem großen Anliegen der Freilassung der deutschen Kriegsgefangenen aus russischer Kriegsgefangenschaft. Nach fünftägigen, zähen und spannungsgeladenen Verhandlungen im Palais Spiridonowka in Moskau mit dem russischen Ministerpräsidenten Nikolaj Bulganin und dem Ersten Sekretär der KP der UdSSR Nikita Chruschtschow konnte am 14. September 1955 in Moskau durch Bundeskanzler Konrad Adenauer die Freilassung der deutschen Kriegsgefangenen verkündet werden.

Diese Gebetswache wird heute noch beispielhaft durchgehalten. An ihr beteiligen sich für jeweils eine Woche 20 bis 23 Männer. Sie wohnen auf eigene Kosten im dortigen Pilgerheim. Sie halten jeweils zu zweit für mehrere Anbetungsstunden abwechselnd Tag und Nacht vor dem Allerheiligsten ihre Anbetung – in dem immer aktuellen Anliegen des Friedens. „Ewige Anbetung" – als engagierte Anteilnahme und Mitsorge gläubiger Christen am politischen Geschehen! Ganz neue Herausforderungen stellen der Priestermangel und auch die Eingliederung bisher selbständiger Pfarreien in übergreifende Pfarrverbände dar für die Zukunft und Gestaltung der „Ewigen Anbetung". Es müßten neben den Diakonen die für die einzelnen Pfarrgemeinden eines Pfarrverbandes zuständigen und verantwortlichen kirchlichen Mitarbeiter und auch die ehrenamtlichen Laien ermutigt, ermuntert und auch offiziell beauftragt werden, die Eigenständigkeit des Gebetes und der Frömmigkeit in den bisherigen Pfarrgemeinden durch die Abhaltung bzw. Einführung der „Ewigen Anbetung" zu reaktivieren und zu stärken. „Diese können den Tabernakel öffnen, das Ziborium (Gefäß aus Edelmetall zur Aufbewahrung der Hostien) auf den Altar stellen oder die Hostie in die Monstranz einfügen. Dem nicht Ordinierten ist es aber nicht erlaubt, den Segen mit dem Allerheiligsten zu erteilen. Sie tragen die ortsübliche liturgische oder eine der Bedeutung ihres Dienstes angemessene Kleidung" (Franz Kohlschein).

Was die „Ewige Anbetung" heute und noch mehr in der Zukunft braucht, ist nicht ein diskutierendes und analysierendes, nicht ein sezierendes und kritisches Volk Gottes (obwohl das zur rechten Zeit seine Bedeutung haben kann), sondern in erster Linie ein glaubendes und betendes, ein staunendes und anbetendes Volk Gottes. Ein Leitwort für die „Ewige Anbetung" kann jener Text sein, den Alfred Delp († 2. Februar

1945) in seiner Todeszelle in Berlin-Plötzensee niedergeschrieben hat:

„Brot ist wichtig. Freiheit ist wichtiger; am wichtigsten aber die ungebrochene Treue und die unverratene Anbetung."

LITERATUR: *P. Browe, Die Verehrung der Eucharistie im Mittelalter. München 1933; J. A. Jungmann, Die Andacht der 40 Stunden und das Heilige Grab. In: Liturgisches Jahrbuch² (1952) 184–198; F. Kohlschein, „Ewige Anbetung"? Überlegungen zur Zukunft einer Tradition. In: Gottesdienst 29 (1995) 89–91; A. L. Mayer, Die Liturgie in der europäischen Geistesgeschichte. Darmstadt 1971; H. Rall, Das Altarsakrament und Bayerns Könige. In: Der Mönch im Wappen. Aus Geschichte und Gegenwart des katholischen München. München 1960, 361–374; H. Rall, Das Altarsakrament im Schicksal König Ludwigs II. von Bayern. In: A. W. Ziegler, Festgabe zum Münchner Eucharistischen Weltkongreß 1960 (Deutinger Beiträge 21/3). München 1960, 160–179.*

F

Fasching

→ Fastnacht

Fastenzeit

Es mag vielen Christen unbekannt sein, daß die Fastenzeit, die von Aschermittwoch bis zum Mittwoch in der Karwoche dauert, nach der neugestalteten Liturgie nicht ein geschlossener und eigenständiger Zeitabschnitt des Kirchenjahres ist, sondern zum Osterfestkreis gehört, der vom Aschermittwoch bis zum 8. Ostersonntag (= Pfingstsonntag) dauert.

Die „Fastenzeit" (Quadragesima), die in den Fastenhirtenbriefen der Bischöfe in Erinnerung gerufen wird, dauert 40 Tage. Die Zahl 40 hat biblische Bedeutung. Sie ist als Symbolzahl der besonderen Gottesnähe und der inneren Bußgesinnung dem Alten wie dem Neuen Testament entnommen: 40jährige Wüstenwanderung des Volkes Israel von Ägypten nach Kanaan (Ex 16,35), 40tägige Gottbegegnung des Mose auf dem Berg Sinai (Ex 24,18), 40tägige Wanderung des Propheten Elija zum Berg Horeb (1 Kön 19,8), 40tägiges Fasten Jesu (Mt 4,2; Lk 4,2), 40 Tage nach der Auferstehung Himmelfahrt Jesu (Apg 1,3).

Die „Fastenzeit" wird in der offiziellen Kirchensprache „Österliche Bußzeit" genannt. Über ihr und über der theologia crucis (Theologie des Kreuzes) leuchtet bereits das Licht der österlichen Freude, der theologia gloriae (Theologie der Freude). In der österlichen Bußzeit ist daher weder Sünde noch Tod das letzte Wort. Das letzte Wort, der theologische Akzent, heißt Vergebung und Versöhnung wie Auferstehung und ewiges Leben. Bereits am ersten Tag der österlichen Bußzeit, am Aschermittwoch, fällt das entscheidende Stichwort, das später immer wieder aufgegriffen und vertieft wird: „Kehrt um und glaubt an die Frohbotschaft" (Mk 1,15). „... und alle Menschen werden das Heil sehen, das von Gott

kommt" (Jes 40,5; Lk 3,6). „Ich will mich aufmachen und zu meinem Vater gehen" (Lk 15,18). „Ich will, daß sie das Leben in Fülle haben" (Joh 10,10).
Deutliche Markierungen der österlichen Bußzeit waren bisher die Fastenpredigten und die Osterbeichte. Beide gehörten „zum guten Brauch" und zum Glaubensleben unserer Vorfahren bis herein in die Mitte des 20. Jahrhunderts. Die Fastenpredigten, verstanden als Volkskatechese, boten die Gelegenheit, ein aktuelles oder theologisch bedeutsames Thema des christlichen Glaubens und Lebens in einem größeren Zusammenhang und mit aufgeteilten Einzelanliegen (oft auch durch verschiedene Prediger) vorzulegen. Die sogenannte Homilie als Kurzpredigt in den sonntäglichen Eucharistiefeiern ging meist nur auf die Lesungen bzw. den Evangelienausschnitt des jeweiligen Sonntags ein. Sie boten kaum die Möglichkeit, eine thematische Predigtreihe (etwa über die letzten Dinge im Totenmonat November) zu halten.
Der andere Schwerpunkt des christlichen Brauchtums und Frömmigkeit war in der Fastenzeit, die Vorbereitung und Ablegung der Osterbeichte. Es mag sicherlich wissenswert sein, den genauen Wortlaut der heute gültigen, kirchlichen Beichtverpflichtung kennenzulernen. Im seit 1983 gültigen Codex des kanonischen Rechtes ist in Can. 989 zu lesen: „Jeder Gläubige ist nach Erreichen des Unterscheidungsalters verpflichtet, seine schweren Sünden (peccata sua gravia) wenigstens einmal im Jahr aufrichtig zu bekennen." Die Kirche empfiehlt auch denen, die sich keiner schweren Sünde bewußt sind, in überschaubaren Zeitabständen das Bußsakrament zu empfangen. Es ist jedem einzelnen überlassen, die Form der sakramentalen Einzelbeichte oder des sakramentalen Beichtgesprächs zu wählen. Es wird dem Nachdenken empfohlen, warum heute die Sprechzimmer der Psychologen, Psychiater und Psychotherapeuten übervoll von Patienten sind, aber die Wege zum Beichtstuhl oder auch zur Ölberg- und Kreuzwegandacht in der Fastenzeit nur spärlich gegangen werden. Hat sich das heutige Menschenbild, das Ichverständnis des einzelnen in eine Richtung gewandelt, so ist es unerläßlich, neue Wege und Möglichkeiten für ein neues Fastenzeit-Brauchtum des heilenden, religiösen Gesprächs wie der heiligenden, sakramentalen Lossprechung zu finden und zu verwirklichen.

Fasten

Das Wort „Fasten" hat nach langer Verkennung in unserer Zeit des Überangebots, der Überernährung und Übergewichtigkeit eine erstaunliche

Fastenzeit

Karriere gemacht. Fasten ist „in". Dabei handelt es sich häufig um einen sehr vordergründigen „Fastenkult". Was heute oft als „Heil-Fasten" verkauft und praktiziert wird, ist beim genauen Zuschauen ein „Schönheitsfasten" oder ein „Schlankheitsfasten" – meist ohne jegliche religiöse Motivation.

Das Fasten hat eine lange Geschichte in den Weltreligionen wie in der Medizin. Man enthält sich der Speisen und Getränke vor großen, religiösen Festen, bei Todesfällen, Unglück im Stall oder bei Gewittern und Naturkatastrophen. Man will die Götter gnädig stimmen und das Verzichtete den Göttern als Opfer darbringen. Von dem berühmten Arzt und Philosophen der römischen Antike Claudius Galenus (131–200 n. Chr.) stammt der Satz: „Hunger reinigt den ganzen Körper".

Im 4. christlichen Jahrhundert haben Kirchenväter darauf hingewiesen, daß über das rein körperliche Verzichten hinaus das Fasten als „unterstützende Kraft bei der Schaffung eines schönes Geistes, der Reinigung des Herzens und der Wegnahme von schlechten Gedanken" anzusehen und zu üben sei. Bemerkenswert ist, daß ausgerechnet die Fastenzeit die Zeit des Starkbiers ist. Dieser Brauch stammt von den Augustiner- und Paulanermönchen (Bruder Barnabas), die in den früheren Jahrhunderten die Bierbraulizenz hatten. Was nicht nur in den Klöstern an Essen eingespart und gefastet werden mußte, konnte durch ein stärker eingebrautes Bier ausgeglichen werden nach dem immer wieder angeführten Spruch: „Potus non frangit jejunium" (Trinken bricht nicht das Fasten).

Christliches Fasten ist motiviert einerseits durch den Leidensweg zum Tod Jesu am Kreuz, den man nicht mit Saus und Braus begleiten konnte, andererseits durch die Verringerung des Essens und Trinkens der Seele und Frömmigkeit einen Impuls zur Neubesinnung auf „das Wesentliche", auf Menschenwürde, auf die Sorge für den Nächsten, auf die Erneuerung des Glaubens und der Gottesbeziehung zu geben.

Im Fastenkapitel des alttestamentlichen Propheten Jesaja ist zu lesen: „Das ist Fasten, wie ich es liebe… Die Fesseln des Unrechts lösen – mit Hungrigen das Brot teilen – Arme und Nackte bekleiden – sich seinen Verwandten, seiner Familie nicht entziehen" (Jes 58, 6–8).

Das christliche Fasten könnte einen gerade heute überaus wichtigen und notwendigen Anstoß für einen neuen Lebensstil der Menschheit, für eine Kultur der Bescheidenheit und des Verzichts, für eine Askese der Weltverantwortung, der Ressourcen und Bodenschätze, für einen unerläßlichen Generationenvertrag geben.

Der Fastende entlastet nicht nur den Leib, sondern auch die Seele. Er fühlt sich leichter. Der Fastende steigt aus und distanziert sich von der Welt des Essens und Trinkens, des Eßkultes und der „Schlacht am kalten Buffet". Das heißt letztlich, wach werden für Hintergründiges, für die Bedeutung und Sinnhaftigkeit der dieseitigen und jenseitigen Wirklichkeit. Für das, was wichtig, notwendig, wesentlich ist. Aus dem Fasten in den wenigen Wochen der Fastenzeit kann eine heute und künftig überaus wichtige Grundhaltung erwachsen.

Der Fastende wird offen und hellhörig für den Nächsten. Sein Verzicht soll zur Gabe und Unterstützung des Notleidenden werden. Der Lebensstil vieler westlicher Industrienationen muß durch eine Askese der Bescheidenheit, des freiwilligen Verzichtes geprägt werden. Wir werden lernen müssen, behutsam mit den Rohstoffen der Welt umzugehen und mit hungernden Völkern den gedeckten Tisch zu teilen – „Brot für die Welt". Mit dieser weitgespannten, keineswegs utopischen, sondern dringend nötigen, sozialen wie kosmischen Dimension hat „das Fasten" eine aktuelle und bleibende Bedeutung weit über den Kirchenraum, weit über christliches Brauchtum hinaus.

LITERATUR: *R. Arbesmann, Das Fasten bei den Griechen und Römern. Gießen 1929; N. Brantschen, Fasten gesundheitlich, religiös, sozial. Lausanne 1987; O. Buchinger, Das Heil-Fasten. Stuttgart 1958³; R. Kriss, Sitte und Brauch im Berchtesgadener Land. Berchtesgaden 1963; G. Volk, Arznei für Leib und Seele. Freiburg 1958³.*

Fastnacht
(Fasching, Karneval)

Im Leben des einzelnen und der Familie wie auch in der Geschichte der Völker wechseln Höhepunkte der Freude mit Tiefpunkten der Trauer ab. Bereits der griechische Dichter Homer hat vom Gelächter der seligen Götter – sprichwörtlich „homerisches Gelächter" –, dem Urbild aller menschlichen Lebensfreude, gesprochen. Die Römer hatten ihre Saturnalien mit ausgelassenen Zechereien und Tafelfreuden, benannt nach dem Gott Saturn im Dezember gefeiert: eine Art Fasching der europäischen Antike.

Saturnus – lateinischer Name des griechischen Gottes Kronos – hat mit einer eisernen Sichel seinen Vater Uranos entmannt und wurde durch dieses Verbrechen König der Schöpfung. Mit Rhea zeugte er Zeus, den mächtigsten aller Götter, der auf dem Olymp seinen Götterpalast hatte. Die Exzesse der römischen Saturnalien dürften durch die übermütige und robuste Lebensgier und Lebens-

macht Saturns ihren Anstoß erhalten haben. Der römische Philosoph Seneca (4 v. – 65. n. Chr.) prägte das Wort: „König oder Narr ist man von Geburt" (aut regem aut fatuum nasci oportet).
Der deutsche Dichter Johann Wolfgang von Goethe (1749–1832) hat das närrische Spiel zwischen Schein und Sein auf den Punkt der Wirklichkeit zurückgebracht, wenn er in seinem „Faust" schrieb:

„*Setz dir Perücken auf von Millionen Locken,*
Setz deinen Fuß auf ellenhohe Socken,
Du bleibst doch immer, was du bist."

Herkunft

Mit der Festlegung des Ostertermins durch das Konzil von Nizäa 325 auf den ersten Sonntag nach dem Frühlingsvollmond war die Quadragesima (= 40 Tage) der Fastenzeit bestimmt, die mit dem Aschermittwoch beginnt.

Der Zeitabschnitt vor dem Aschermittwoch und vor der Fastenzeit, der hinsichtlich seiner Länge zunächst uneinheitlich war, erhielt die Bezeichnung „Fastnacht", auch Fasenacht, Fasching oder Karneval. Alle diese Formulierungen beziehen sich auf die Fastenzeit: vast-schanc (= der Ausschank von Bier und Wein vor der Fastenzeit) oder carnis levamen, carne levare (= das Ende des Fleischessens). Durch christliche Missionare wurde der christlich-europäische Fasching nach Südamerika (Rio de Janeiro) und auch nach Japan gebracht, wo er „shanikusai" (= Fest der Absage an das Fleisch) heißt. Der Fasching ist zwar kein kirchliches Fest. Es ist aber eindeutig, daß die Hochburgen des Karnevals in katholischen Gebieten liegen: Rom, Venedig, München, Mainz, Köln. Die Entstehung des Faschings ist ohne den liturgischen Kalender der katholischen Kirche nicht zu denken. Fasching und Fastenzeit sind unverkennbar im katholischen Welt- und Menschenbild beheimatet. Es ist durchaus möglich, daß vorchristliches Brauchtum des „Winteraustreibens" wegen der jahreszeitlichen Nähe mit dem christlichen Brauchtum sich vermischt hat.

Zeit

Im Mittelalter dauerte der Fasching sechs Tage, beginnend mit dem sogenannten „schmutzigen Donnerstag" und endend am Aschermittwoch, an dem „alles vorbei ist".

Seit dem späten Mittelalter begann mit dem Fest der Erscheinung des Herrn (Epiphanie) am 6. Januar die Narrenzeit. Man erblickte in der Geburt und Wirksamkeit Jesu die Aufrichtung der Gottesherrschaft, die als große und letzte Herausforderung der dämonischen Mächte (der Teufel

und Hexen) angesehen wurde, die ihr kurzlebiges Narrenreich in den Wochen des Faschings errichteten.
Eine kaum bekannte Zahlensymbolik hat den heutigen Beginn der Narrenherrschaft auf den 11.11. veranlaßt (Vorstellung des Prinzenpaares durch Präsident und Elferrat einer Faschingsgesellschaft). Die Zahl 11 war die eitle Zahl der Übertretung der Zehn Gebote, vielleicht mit dem Motto: Du sollst dich nicht erwischen lassen! Der „Elfer" als Narr übertritt den Dekalog. Um in der Zeit der ausgelassenen Tage und einer verkehrten Welt unerkannt zu bleiben, schlüpft er in ein fremdes Kostüm und setzt sich eine Maske auf. Er stülpt auf seinen Kopf eine Eselohrenkappe und trägt in der Hand das Narrenzepter, die beide mit klingenden Schellen versehen sind. Der „Narr" ist mit Schreck-, Dämonen-, Spott- und Tiermasken Repräsentant einer gottfernen Gegenwelt. Er steht für den Menschen, der von Gott und dessen Geboten nichts wissen will. Er will aus der Normalität „ausflippen", weil für ihn der Mensch das Maß aller Dinge und sein Denken „tönendes Erz und klingende Schelle ist" (vgl. Ps 53,2; 1 Kor 13,1). Der berühmte und witzige Wiener Hofprediger Abraham a Sancta Clara (1644–1709) schrieb, die Narren als Kinder dieser Welt sind „vorn und hinter mit Schellen geziert", weil ihnen die Liebe zu Gott abhanden gekommen ist und sie mit Schellengeläut das Böse wichtig und attraktiv machen wollen.

Besonderheiten

Die Bezeichnung „schmutziger Donnerstag" vor dem Faschingssonntag ist abgeleitet vom alemannischen „schmotz", das Fett bedeutet und auf die üppigen Fleischmahlzeiten und Zechgelage während der Faschingszeit hinweist.

Eine recht eigenartige Geschichte hat die Bezeichnung „*Rosenmontag*" durchlaufen. Der heutige „Rosenmontag" als vorletzter Faschingstag hält die Erinnerung an ein ganz anderes Fest wach. Seit dem 11. Jahrhundert trat der Papst am vierten Fastensonntag, wegen des Eingangsliedes „Laetare" auch so benannt, mit einer vergoldeten Rose in der Hand auf den Balkon des römischen Lateranpalastes, um mit der Rose, dem Sinnbild der Passion Jesu, auf die Passionszeit und die bald kommende Karwoche aufmerksam zu machen. Der vierte Fastensonntag führte daher den Namen „Rosensonntag".

In Köln traten seit 1824 die Karnevalskomitees am Montag nach diesem Rosensonntag als „Rosenmontagsgesellschaften" zusammen, um nach einer Rückschau auf die bereits durchgeführte Karnevalskampagne die ersten Faschingsvorbereitungen für das kommende Jahr zu treffen.

Von diesem Brauch wurde der Name „Rosenmontag" auf den Faschingsmontag übertragen.
Über die Geschichte des deutschen Faschings informiert das Deutsche Fastnachtsmusum im historischen Falterturm, 97302 Kitzingen

LITERATUR: *H. Cox, Das Fest der Narren. Stuttgart 1970; A. Dörrer, Tiroler Fasnacht innerhalb der alpenländischen Winter- und Vorfrühlingsbräuche. Wien 1949; J. Künzig, Die alemannisch-schwäbische Fasnet. Freiburg i. Br. 1950; K. Meschke, Schwertertanz. Leipzig 1931; H. Moser, Die alten Bezeichnungen der Fasnacht. In: Oberdeutsche Zeitschrift für Volkskunde 16 (1942) 147–165; R. Wolfram, Die Volkstänze. Salzburg 1951.*

Fatschenkind

Vornehmlich im Salzburger und oberbayerischen Raum ist in Frauenklöstern durch die Kunstfertigkeit des Wachsbossierens das sogenannte Fatschenkind entstanden. J. H. Zedler hat 1747 diese Kunst mit folgenden Worten beschrieben: „Wachsposieren ist eine sehr rühmliche und artige, sonderlich aber curiösen Liebhabern und geschickten Leuten wohl anständige Kunst. Es heißt Wachsposieren so viel, als aus Wachs allerley artige Figuren und Bilder, entweder aus freyer Hand, oder mit Hilfe der ... Formen zu machen ... solches ist eine sehr künstliche Arbeit."
Der Name „Fatschenkind" ist abgeleitet von „fatschen" (mit breiten Bändern einwickeln). Kinder wurden von ihren Müttern „gefatscht", d. h. gewickelt, um Hände und Füße gerade zu halten, ruhig zu liegen und dadurch leichter einzuschlafen (Wikkelkind). Das etwa 12 cm große Fatschenkind ist ein Christkind, das von den Füßen bis zum Hals mit meist rotsilbernen Brokatborten, Spitzen, Schleifen, Wachsperlen und Glassteinen reich verzierten Binden „eingefatscht" ist: Jesus als gewickeltes Baby auf einem Kissen ruhend. Das Köpfchen, aus weißem Wachs gegossen oder handgeformt, war ausgestattet mit eingesetzten Glasaugen und bossiertem Menschenhaar, Flachshaar oder Wattelocken. Bisweilen standen dem Fatschenkind, damit es ja nicht friert, bis zu 16 verschiedenfarbige, kostbar bestickte Brokathäubchen zur Verfügung.
Das Fatschenkind ist ein Jesusbaby zum Liebhaben, das früher sogar in den Arm zum Wiegen genommen wurde. Heute werden sie meist in reich verzierten, weiß-gold gefaßten Glasschränkchen oder Gehäusen aufbewahrt.
Das berühmteste Fatschenkind der Welt dürfte das hochverehrte Santo Bambino sein, das in der Kirche S. Maria d'Aracoeli auf dem Kapitol in

Rom aufgestellt ist. Dieses Santo Bambino soll aus dem Holz eines Olivenbaumes aus dem Ölgarten bei Jersusalem geschnitzt worden und gegen Ende des 16. Jahrhunderts nach Rom gekommen sein. Es ist Adressat vieler Briefe, vor allem italienischer Kinder. Gegenüber dem Santo Bambino ist in der Weihnachtszeit eine kleine Kanzel aufgebaut, von der Kinder unter dem Applaus der Zuhörer, vor allem der Eltern und Großeltern, ihre Anliegen in längeren oder kurzen Ansprachen dem Jesuskind vortragen. Das originale Santo Bambino mit einer juwelengeschmückten Krone und behängt mit Brillanthalsbändern, Ringen mit Edelsteinen, Perlenschnüren und Ordenssternen wurde am 1. Februar 1994 durch einen spektakulären Diebstahl entwendet und ist bis zum heutigen Tag nicht wieder aufgefunden worden. Seit Weihnachten 1994 vertritt eine holzgeschnitzte Kopie das gestohlene, originale Santo Bambino von Aracoeli.

Aus dem Stadium des Baby- und Fatschenkindes herausgetreten sind Wachsdarstellungen eines stehenden Jesuskindes (aus Vollwachs oder als hölzerne Gliederpuppe), das mit einem rotbraunen Gewand umhüllt ist, in seiner linken Hand entweder die Weltkugel oder das Passionskreuz trägt und die rechte Hand zum Segnen erhoben hat. Diese Jesusknaben mit Brokatgewand, Krone, Szepter oder Kreuzstab wurden vor allem von den Salzburger Benediktinerinnen auf dem Nonnberg oder als sogenannte Loretokindl von der Franziskanerinnen im Salzburger Loretokloster (als sogenannte „Klosterarbeiten") angefertigt. Auch das Prager Jesulein mit reich gesticktem Ornat und metallener Weltkugel oder das Christkind im österreichischen Filzmoos sind der beliebten und blühenden Kind-Jesu-Verehrung der Barockzeit zuzuordnen.

Florian

→ Leonhardi-Fahrt

Frauendreißiger

→ Kräutersegnung

Friedhof

→ Sterbe- und Bestattungskultur

Fronleichnam

Angesichts der lautlosen Abschaffung des Fronleichnamsfestes am zweiten Donnerstag nach Pfingsten und angesichts der Tatsache, daß auch Christen immer häufiger die Frage stellen: Ist das Fronleichnamsfest noch zeitgemäß oder ist es liturgisches Relikt einer vergangenen Theologie und Frömmigkeit? sollte es durchaus zum Nachdenken anregen, wenn ausgerechnet heute gesagt wird: „Wir brauchen dieses Fest heute notwendiger denn je" (Kardinal Joseph Ratzinger).

Vergegenwärtigen wir uns zunächst die Entstehungsgeschichte: Entscheidende Impulse für die Einführung des Fronleichnamsfestes sind die im Hochmittelalter bekanntgewordenen Visionen (1209) der Augustinernonne Juliana (1193–1258), die im belgischen Kloster Mont-Cornillon bei Lüttich lebte. Ihr erschien die Kirche in Gestalt einer Vollmondscheibe, auf der ein dunkler Fleck zu sehen war. In visionärer Schau wurde ihr erschlossen, im Lichtkreis der kirchlichen Liturgie fehle ein wichtiges Fest zu Ehren der Eucharistie. Angeregt durch diese Vision führte Bischof Robert von Lüttich 1246 das Fronleichnamsfest zur Erinnerung an die Einsetzung des Altarsakramentes (liturgische Feier am Gründonnerstag der Karwoche) ein. Papst Urban IV. (1261–1264), der vorher Archidiakon Jakob von Toyes und Mitglied des Domkapitels von Lüttich war und das dort gefeierte Fronleichnamsfest kannte, führte durch die Bulle „Transitus de hoc mundo" vom 11. August 1264 dieses Fest in der ganzen Kirche ein. Papst Clemens V. (1305–1314) und Papst Johannes XXII. (1381–1334) haben sich nachdrücklich für die weltweite Feier des Fronleichnamsfestes eingesetzt.

Die Epoche der Gotik, wie vor allem das Zeitalter des Barock förderten ebenso die ergriffene Schaufrömmigkeit wie die verschiedenen Äußerungen einer staunenerregenden, religiösen Dramatisierung. Im Barock wird „der Tabernakelhochaltar zum sichtbaren, majestätischen und überwältigenden Thron des eucharistischen Christus" (Anton L. Mayer). Nach einer Anordnung des bayerischen Herzogs Wilhelm V. (1579–1597) für die Fronleichnamsprozession des Jahres 1580 mußte die Stadt München „größte Prachtentfaltung" für Christus, den Herrscher der ganzen Welt, zeigen, so daß sich bis zum heutigen Tag für den Fronleichnamstag die Bezeichnung „Prangertag" im bayerischen Raum erhalten hat.

Der Name dieses eucharistischen Festes „fronlichnam" ist abgeleitet und zusammengesetzt aus „fron" (= Herr) und „lichnam" (= lebendiger Leib). Das Typische des Fronleichnamsfestes ist für viele Fotografen die eucharistische Prozession, bei der der Priester die Monstranz mit der konsekrierten Hostie unter dem „Traghimmel" durch Straßen und Fluren trägt und meist an vier Stellen nach allen Himmelsrichtungen den Christussegen erteilt. In Deutschland hat die Fronleichnamsprozession vor allem in ländlichen Gebieten oft den Charakter einer Flurprozession angenommen.

Die Fronleichnamsprozession ist gründlich mißverstanden, wollte man sie als Demonstration „gegen jemand" deuten oder wollte man um eines meist unreligiösen Schaueffektes willen gesehen werden. In einer demokratisch-pluralistischen Gesellschaft hat der katholische Christ seine innere Glaubensfreiheit und verbunden damit auch seine äußere Bekenntnisfreiheit. Man sollte durchaus sich zum Nachdenken anregen lassen, warum die Fronleichnamsprozession den Kirchenraum verläßt, um über eine Welt, die so manche entkonfessionalisiert und liberalisiert haben möchten, Gottes Segen zu erteilen.

Fest und Prozession des Fronleichnamstages wurzeln in der christlichen Dankbarkeit für die Einsetzung der Eucharistie. Die Prozession will den eucharistischen Christus als den kosmischen Christus ins Bewußtsein heben. Das Schreiten und Beten in der Prozession will Kirche als pilgerndes Volk Gottes erfahrbar machen und eine sehr persönliche Anfrage auslösen: Was bedeutet mir Christus? Welche Konsequenzen hat seine Botschaft in meinem Leben, in meinen Entscheidungen? Die Krönung des Fronleichnamsfestes ist und bleibt die Eucharistiefeier, die den Auftrag mitgibt: „Gehet hin und bringet Freude und Frieden!"

Das frühest nachweisbare Fronleichnamsfest in Bayern wurde nach einer Urkunde im Klosterarchiv („Chronica Benedicto Buranum") 1273 in der ehemaligen Benediktinerabtei Benediktbeuern gehalten. Die uniformierten Gebirgsschützen lassen es sich bis heute nicht nehmen, bei der Fronleichnamsprozession in Benediktbeuern das barocke Kopfreliquiar der heiligen Anastasia auf einem geschmückten Tragaltar mitzutragen. Belegt sind Fronleichnamsprozessionen in Köln 1277, in Augsburg 1305, in München 1318, in Wien 1334, in Würzburg 1381, in Bamberg 1390, in Freising 1407, in Regensburg 1408.

Als ein ökumenisches Ereignis ersten Ranges sollte in weiterführender Erinnerung bleiben, daß 1987 das Präsidium des evangelischen Kirchentages sich an der Fronleichnamsprozession in Nürnberg beteiligte. Ein Schritt in die richtige Richtung einer versöhnten Christenheit!

Wie Selbsterlebtes nach über einem halben Jahrhundert wie ein Erlebnis von heute lebendig geblieben ist, hat Kardinal Joseph Ratzinger in einem sehr persönlich gehaltenen Aufsatz: „Was bedeutet Fronleichnam für mich?" niedergeschrieben (a. a. O. 112):

„Ich spüre noch den Duft, der von den Blumenteppichen und von den frischen Birken ausging; der Schmuck an allen Häusern gehört dazu, die Fahnen, die Gesänge; ich höre noch die dörfliche Blasmusik, die an diesem Tag manchmal sogar mehr wagte, als sie konnte, und ich höre das Krachen der Böller, mit denen die Burschen ihre barocke Lebensfreude ausdrückten, aber dabei eben doch Christus wie ein Staatsoberhaupt, ja als *das* Oberhaupt, als den Herrn der Welt auf ihren Straßen und in ihrem Dorf begrüßten. Die immerwährende Anwesenheit Christi wurde an diesem Tag gleichsam als der Staatsbesuch begangen, der auch das kleinste Dorf nicht ausläßt."

LITERATUR: *E. Abele, Fronleichnams-Kunst in Freising. In: Bayerische Hefte für Volkskunde 4 (1917) 213–225; P. Browe, Die Verehrung der Eucharistie im Mittelalter. München 1933; A. Dörrer, Tiroler Umgangsspiele. Innsbruck 1958; I. Dostal-Melchinger, Blumenteppiche am Fronleichnamstag. München 1900; G. Hintzen, Sakrale und personale Zeichenwirkung. Neue Deutungsversuche der eucharistischen Wandlung. In: Bibel und Kirche (1977) 112–119; J. Küster, Fastnacht und Fronleichnam. München 1987; G. Matern, Zur Vorgeschichte und Geschichte des Fronleichnamsfestes besonders in Spanien. Studien zur Volksfrömmigkeit des Mittelalters und der beginnenden Neuzeit. München 1962; A. L. Mayer, Die Liturgie in der europäischen Geistesgeschichte. Darmstadt 1971; A. Mitterwieser, Geschichte der Fronleichnamsprozession in Bayern. München 1949³; P. Neuenzeit, Fronleichnam – eine lästige Tradition? In: Religionsunterricht an Höheren Schulen (rhs) 1973, 60–68; J. Ratzinger, Das Fest des Glaubens. Einsiedeln 1981 (Was bedeutet Fronleichnam für mich? 112–120); A. Rütter, Die Pflanzenwelt als Schmuck des Heiligtums und Fronleichnamsfestes. Regensburg 1886².*

G

Gebet

Immer seltener ist heute zu hören, was früher eine Selbstverständlichkeit war: Beten habe ich im Elternhaus gelernt, und zwar lange, bevor ich lesen und schreiben konnte! Dieser sehr persönliche und intime Lernprozeß hat einen sprachlichen Niederschlag gefunden. Im deutschen Sprachgebrauch wird zwar vom Vaterhaus (und vom Vaterland), aber deutlich davon abgehoben von der „Muttersprache" geredet.

Die Worte, die Haltung, das Falten der Hände und die Gesten des Kreuzzeichens der Eltern wurden von den Kindern aufgegriffen – im Hinschauen zum Vater und zu den älteren Geschwistern, aber vor allem im Hinaufschauen zur Mutter oder zur Oma –, so daß das Beten der Kinder zutiefst ein Nach-Beten, ein Mit-Beten geworden ist.

Matthias Claudius (1740–1815) hat während seines ganzen Lebens die Ausstrahlung verspürt, die vom Gebet seiner Mutter und seines Vaters ausgegangen ist. Sie hat ihn berührt und beglückt: „Ich bin noch sehr klein gewesen, als ich es (das Vaterunser) meine Mutter beten hörte. Ich muß es gleich gespürt haben, daß es etwas ganz anderes sei als alles sonst umher... Ich erinnere mich, daß der Vater es einmal nachts im Bett in das Dunkel sprach."

Das Kind spürt aus der Ehrfurcht, mit der Vater und Mutter beten, daß es sich dabei um etwas ganz Großes, Lebenswichtiges und Geheimnisvolles handelt. Wenn dem Gebet auch nur eine kurze Pause der Stille, des Abschaltens von Rundfunk und Fernsehen vorausgeht, spürt jedes Familienmitglied, daß das Geräusch des Alltags abgebrochen, abgeschaltet werden muß, um geziemend in das Gespräch mit Gott einzugehen. Nicht minder bedeutsam und fundamental ist die kindliche Eingangserfahrung: Gott ist zwar unsichtbar, aber er hört mich. Gott ist für mich da. Gott kann schweigen, wenn ich ihm etwas ganz Persönliches anvertraue.

Auch wenn man Gott, die Engel, die

Heiligen nicht sieht oder sie nur auf einem Bild dargestellt sind, sie hören mich, sie wollen uns helfen. Ohne Zweifel kommt gerade der Mutter beim Erlernen der Sprache eine ebenso große Bedeutung zu wie beim Erlernen der Gebete und der heiligen Zeichen (Kreuzzeichen, Knien, Weihwasser-Nehmen).

Der gute Brauch des Familiengebetes hat heute mit manchen inneren wie äußeren Schwierigkeiten zu ringen. So manche Mutter sagt meist nicht, was sie denkt: Ich möchte gerne mit meinem Kind beten – aber ich habe das Beten, die Gebete verlernt. Mir ist Gott abhanden gekommen. Gott spielt in meinem Leben keine Rolle mehr. Soll man deshalb sein Kind in eine Phase der Gebets- und Glaubenslosigkeit hineinwachsen lassen, dem man doch das Sakrament der Taufe empfangen ließ? Die Gebetslosigkeit vieler junger Menschen wurzelt nicht selten in der Glaubenslosigkeit, in der Gebets- und Kirchenferne der Eltern. Haben früher die Kinder das Beten von den Eltern gelernt, so könnte die aufrichtige Sorge und Zukunftsverantwortung für die Kinder bei manchen Eltern die Frage des Betens, der Sehnsucht nach dem Gebet, des Mitbetens mit dem Kind ins Rollen bringen. Es ist tröstlich, was der französische Schriftsteller Georges Bernanos (1888–1948) geschrieben hat: „Schon der Wunsch zu beten, ist ein Gebet."

Daß es auch manche neue „Störsender" des Familiengebetes gibt, braucht kaum ausführlich dargestellt zu werden. Wie viele berufstätige Eltern kommen am Abend abgespannt, verärgert nach Hause? Wird nicht schon das gemeinsame Abendessen (wenn es überhaupt noch dazu kommt!) durch geheime Miterzieher und Programmierer, wie Beginn und Länge der Rundfunk- und Fernsehprogramme, bestimmt?

In der heutigen Gebetspsychologie kommt das Familiengebet nicht selten schlecht weg, weil vom Kitsch so mancher Kindergebete, verstärkt durch kitschige Heiligenbilder, gesprochen wird, die später allzuoft zur Glaubens- und Gottesvergiftung und in Konsequenz zur Gebetsvergiftung und Gebetsablehnung führen! Der deutsche Schriftseller Martin Walser hat in seinem Roman „Halbzeit" von solchen Gebetsschwierigkeiten des erwachsenen Menschen geschrieben: „Mein Leben ist in der Gebetssprache nicht mehr unterzubringen. Ich kann mich nicht mehr so verrenken. Ich habe Gott mit diesen Formeln geerbt, aber jetzt verliere ich ihn durch diese Formeln." Liegt aber das Problem nicht gerade darin, daß mit dem Gottesverständnis auch die Gebetssprache wachsen muß und daß daher die „Kinderschuhe" nicht mehr für den Erwachsenen passen können! Die Familiengebete sollten einer großen Glocke gleichen, die

durch ein ganzes Leben immer wieder läutet und deren Klang man ernst nimmt, weil ein Stück unverwechselbarer, heilender und heiligender Biographie darin enthalten ist.
Aus einem ausgewogenen Zusammenklingen von Psychologie und Mystik hat Roger Schütz das tiefste Geheimnis des Betens angedeutet: „In der weiten Tiefensicht der menschlichen Person, im Unterbewußtsein, betet Christus weit mehr, wie wir es uns vorstellen können. Verglichen mit dieser Unermeßlichkeit dieses verborgenen Betens Christi in uns, ist unser artikuliertes Gebet nur ein kleiner Teil."

Einige christliche Grundgebete:

Kreuzzeichen
Im Namen
des Vaters
und des Sohnes
und des Heiligen Geistes. Amen.

Vaterunser
Vater unser im Himmel,
geheiligt werde dein Name.
Dein Reich komme.
Dein Wille geschehe, wie im
Himmel so auf Erden.
Unser tägliches Brot gib uns heute.
Und vergib uns unsere Schuld,
wie auch wir vergeben unsern
Schuldigern.

Und führe uns nicht in Versuchung,
sondern erlöse uns von dem Bösen.
Amen.

Gegrüßet seist du, Maria
Gegrüßet seist du, Maria,
voll der Gnade,
der Herr ist mit dir.
Du bist gebenedeit unter den
Frauen,
und gebenedeit ist die Frucht deines
Leibes, Jesus.
Heilige Maria, Mutter Gottes,
bitte für uns Sünder
jetzt und in der Stunde unseres
Todes.
Amen.

Der Engel des Herrn
Der Engel des Herrn brachte Maria
die Botschaft,
und sie empfing vom Heiligen Geist.
Maria sprach: Siehe, ich bin die
Magd des Herrn;
mir geschehe nach deinem Wort.
Und das Wort (Jesus) ist Fleisch
(Mensch) geworden
und hat unter uns gewohnt.
Gegrüßet seist du, Maria...
Bitte für uns, heilige Gottesmutter,
daß wir würdig werden der
Verheißungen Christi.
Lasset uns beten:
Allmächtiger Gott,
gieße deine Gnade in unsere Herzen
ein.

Durch die Botschaft des Engels
haben wir
die Menschwerdung Christi, deines
Sohnes, erkannt.
Laß uns durch sein Leiden und Kreuz
zur Herrlichkeit der Auferstehung
gelangen.
Darum bitten wir durch Christus,
unsern Herrn.
Amen.

Das Glaubensbekenntnis
Ich glaube an Gott,
den Vater, den Allmächtigen,
den Schöpfer des Himmels und der
Erde,
und an Jesus Christus,
seinen eingeborenen Sohn, unsern
Herrn,
empfangen durch den Heiligen
Geist,
geboren von der Jungfrau Maria,
gelitten unter Pontius Pilatus,
gekreuzigt, gestorben und begraben,
hinabgestiegen in das Reich des
Todes,
am dritten Tage auferstanden von
den Toten,
aufgefahren in den Himmel;
er sitzt zur Rechten Gottes, des
allmächtigen Vaters:
von dort wird er kommen,
zu richten die Lebenden und die
Toten.
Ich glaube an den Heiligen Geist,
die heilige katholische Kirche,
Gemeinschaft der Heiligen

Vergebung der Sünden,
Auferstehung der Toten
und das ewige Leben.
Amen.

Ehre sei
Ehre sei dem Vater
und dem Sohn
und dem Heiligen Geist,
wie im Anfang,
so auch jetzt und allezeit
und in Ewigkeit.
Amen.

LITERATUR: *H. U. von Balthasar, Das betrachtende Gebet. Einsiedeln 1965; A. Grün/M. Reepen, Gebetsgebärden. Münsterschwarzach 1988; R. Guardini, Vorschule des Betens. Mainz 1948²; K. Hemmerle, Dein Herz an Gottes Ohr. Freiburg 1978²; A. Läpple, Wieder beten können. Eine Ermutigung. München 1979; A. Läpple, Das Buch der Gebete. München 19870; A. Louf, In uns betet der Geist. Einsiedeln 1974; Chr. Schütz, Praktisches Lexikon der Spiritualität. Freiburg–Basel–Wien 1988.*

Georgi-Ritt

Während die meisten Heiligen „Fußgänger" sind, gibt es zwei Heilige, die das Privileg haben, hoch zu Roß aus der Schar der Heiligen herauszuragen: der heilige Georg, der mit einer Lanze den dämonischen Drachen besiegt (23. April), und der heilige Martin, der mit seinem Schwert seinen wärmenden Militärmantel teilt und einem frierenden Bettler die Hälfte schenkt (11. November). Georg war im süddeutschen Raum über viele Jahrhunderte einer der beliebtesten Namenspatrone für Jungen wie auch für Mädchen: Georg, Girgl, Jörg, Schorsch und Georgine.

In den bäuerlichen Wetterregeln wurde sein Festtag als Grenze zwischen Frühling und Sommer sehr genau registriert.

*„Ist Georgi schön und warm,
gibt's ein Wetter, daß Gott erbarm."*

*„Zur Georgi treib die Küh hinaus,
Zu Michaeli hol sie wieder ins Haus."*

Auch bei den europäischen Fürstenhäusern war der heilige Georg ein hochverehrter Schutzpatron. Seit dem Beschluß der Synode von Oxford 1222 ist Georg Nationalheiliger der Engländer. Wer weiß außerdem, daß der weltberühmte Hosenband-Orden ein von König Eduard III. (1327–1377) gestifteter Georgs-Orden ist? Ein bereits während der Kreuzzüge (um 1143) gestifteter Ritterorden wurde durch den bayerischen Kurfürsten Karl Albert (1726–1745) 1729 zum Wittelsbacher Hausritterorden vom heiligen Georg erneuert. Die feierliche Aufnahme in diesen bayerischen St.-Georg-Ritterorden wurde von allen bayerischen Regenten stets mit besonderer Festlichkeit in der Münchener Residenz begangen. Der bayerische Märchenkönig Ludwig II. (1845–1886) ist in Erinnerung geblieben im wallenden Festgewand mit Hermelin und blauem Samt als Hochmeister des bayerischen St.-Georg-Ritterordens.

Aus einem Legendengewirr der „Legenda aurea", in dem auch die Tötung des Drachen überliefert ist, lassen sich wichtige Eckdaten der Georgs-Biographie erheben.

Georg dürfte nahe der Donaumündung am Schwarzen Meer um 280 n. Chr. geboren worden sein. Als römischer Offizier, der sich offen zum Christentum bekannte, kam er in Konflikt mit der damaligen Staatsraison. Er wurde unter Kaiser Diokletian um 303 n. Chr. enthauptet. Die griechische Kirche gab Georg den Namen „der große Märtyrer" (megalomartys), der neben dem heiligen Nikolaus am meisten verehrt und auf einer Vielzahl von Ikonen dargestellt wurde. Auch im Kreis der vierzehn heiligen Nothelfer ist der heilige Georg zu entdecken.

Die vielen, dem heiligen Georg geweihten Kirchen und Kapellen, einschließlich der sogenannten „Georgenberge", bezeugen, daß er über viele Jahrhunderte hinweg der am meisten verehrte und angerufene Blutzeuge der Christenheit war. Er war für jung und alt wegen seiner gold- oder silberglänzenden Rüstung, mit seinem mächtigen Helm und seinem gezückten Schwert oder mit der blinkenden Lanze, häufig auch mit der weißblauen Fahne in der Hand ein durch seinen Mut imponierender Schutzpatron, der das Drachenungeheuer besiegte und die bedrohte Königstochter rettete.

Älteste wie auch heute vielbesuchte barocke Kirchen sind dem heiligen Georg geweiht. Die älteste Kirche dürfte wohl die spätrömische Friedhofskirche St. Georg in Regensburg sein. Auf dem Friedhof wurden zunächst die Gebeine des ermordeten Bischofs Emmeram († um 700) beigesetzt (später wurden seine Gebeine erhoben und über seinem Grab die berühmte Kirche der Benediktinerabtei St. Emmeram errichtet). Zu erwähnen ist auch die alte Kirche St. Georg in der alten Fischersiedlung Dießen am Ammersee.

Bereits im 8. Jahrhundert hat es in Bogenhausen bei München, das damals eine selbständige Siedlung war, eine Kirche mit einem Georgspatrozinium gegeben. Im 18. Jahrhundert wurde die St.-Georg-Kirche barock umgestaltet und hat weithin jene äußere und innere Gestalt erhalten, die sie heute noch besitzt. Auf dem von Johann Baptist Straub (1704–1784) gestalteten Hochaltar ist in hervorragender Holzschnitzkunst wie auf einer Theaterbühne der stürmisch-dramatische Kampf zwischen Sankt Georg auf einem hochaufspringenden Schimmel und dem Drachen zu sehen. Auch die übrige Ausstattung dieser Kirche – Seitenaltäre und Kanzel von Ignaz Günther (1725–1775) – ist eine Reise nach St. Georg im heutigen München-Bogenhausen wert. Eines Besuches und gewiß auch eines frommen Gedenkens wert sind die Toten, die auf dem Friedhof ihre letzte Ruhe erhalten haben, der das St.-Georg-Kirchlein umgibt.

In der Georgskapelle auf dem Weinberg über dem Schliersee, einer römischen Siedlung, wird heute noch die auf hohem Roß sitzende, barocke Georgsfigur bewundert, die mit gezückter Lanze in theatralischer Geste den Drachen tötet. Ein einzigartiges und viel besuchtes Meisterwerk des Barockkünstlers Egid Quirin Asam (1692–1750) ist in der Wallfahrtskirche der Benediktinerabtei Weltenburg zu sehen: Auf einem monumentalen Bühnenaltar reitet hoch zu Roß mit Siegergebärde der heilige Georg unter einem Lichtbogen geradezu in das Kirchenschiff herein.

An den meisten Georgsbergen, Georgskirchen und -kapellen haben sich bis heute uralte und von vielen Schaulustigen besuchte Georgi-Ritte erhalten. Sankt Georg, einst der Schutzherr der Ritter, des Adels und der Zunft der Waffenschmiede ist mit der wieder wachsenden Zahl der Gestüte, der St.-Georgs-Vereine wie der Pferdeliebhaber, heute großer Patron der Reiter und der Pferde, denen beim festlichen Ritt der Segen der Kirche gespendet wird. Ein farbenfroher, überaus fröhlicher und eigengeprägter Georgi-Ritt findet alljährlich in Traunstein statt. Seine besondere Art besteht darin, daß er mit einem Schwertertanz verbunden ist, bei dem neben den geübten Schwerttänzern auch Kasperl und Narren mitwirken. Dieser Schwertertanz dürfte auf ein mittelalterliches Zunftritual der Messer- und Waffenschmiede zurückgehen. Vielleicht klingen in ihm noch germanisch-vorchristliche Zeremonien des Kampfes zwischen dem Frühling und den Dämonen des Winters nach. Wohl von Venedig übernommen ist der Traunsteiner Schwertertanz bereits für das Jahr 1530 dokumentarisch bezeugt. Er kommt alljährlich am Ostermontag zur Aufführung und wird verbunden mit dem Georgi-Ritt zum Ettendorfer Kircherl, einige Kilometer von Traunstein entfernt. 1891 wurde eine eigene St.-Georg-Bruderschaft gegründet, die heute noch den Traunsteiner Georgi-Ritt vorbereitet. Ein Vorreiter mit der Bruderschaftsfahne eröffnet den farbenprächtigen Festzug, dem eine erstaunlich große Zahl von Bauernreitern im traditionellen Chiemgauer Festgewand folgen.

LITERATUR: *J. B. Aufhauser, Das Drachenwunder des heiligen Georg. Leipzig 1911; M. Baumüller, Georgiritt und Schwertertanz in Traunstein. In: Charivari 12 (1995) Nr. 4, Seite 14–16; E. Destouches, Geschichte des königlich-bayerischen Haus-Ritter-Ordens vom heiligen Georg. Bamberg 1890; R. Kiss, Die religiöse Volkskunde Altbayerns, dargestellt an Wallfahrtsbräuchen. Wien 1933; V. Redlich, Tegernsee und die deutsche Geistesgeschichte im 15. Jahrhundert. München 1931; O. von Taube, Die Darstellung des heiligen Georg in der italienischen Kunst. Heidelberg 1910.*

Glocken

Türme mit Glocken kannte das Alte Testament nicht, wohl aber kannte die jüdische Religion sogenannte „goldene Rasseln", schellenähnliche Glöcklein mit Klöppeln, die das Gewand des Hohenpriesters schmückten. „Am unteren Saum (des Efodmantels) nach Granatäpfel aus violettem und rotem Purpur und aus Karmesin, an seinem Saum ringsum, und dazwischen goldene Glöckchen ringsum; ein Glöckchen und ein Granatapfel abwechselnd ringsum am Saum des Mantels. Aaron soll ihn beim Dienst tragen; sein Ton soll zu hören sein, wenn er in das Heiligtum vor den Herrn hintritt und wenn er wieder herauskommt." (Ex 28,33–35)

Glocken

Die wohl älteste Verwendung von Glocken ist in China nachweisbar. Es handelt sich dabei um aufgehängte, runde, nach unten offene Metallbehälter oder auch um große, gongähnliche Metallscheiben, die von außen geschlagen wurden. Im Abendland sind Glocken erst im 4. Jahrhundert nachweisbar. Bischof Severus von Neapel († 409) und Paulinus von Nola (353–431) führten in die christliche Liturgie Glocken ein, die aus dem Osten kamen. Zur Zeit der Päpste Gregor des Großen (590–604) und Stefan II. (768–772) wurden die ersten Kirchtürme (campanili) mit Glockenstuben errichtet. Das Hauptwort „Glocke" ist keltischer Herkunft: keltisch: cloc (englisch: clock; französisch: cloche). Die Kirchenglocken setzten in einer Epoche ohne Zeitung und Telefon, ohne Radio und Fernsehen die Markierung der Zeit, des Arbeitsbeginns, der Mittagspause wie des Arbeitsschlusses. Sie vermittelten wichtige Nachrichten mit bald hoch-, bald tiefklingender Glocke: Elferin, Zwölferin, Aveläuten, Totenglocke, Stundenglocke, Vaterunserglocke, Wetterglocke, Sakristeiglocke, Wandlungsglocke. In alten Glockensprüchen ist die vielfältige Bedeutung der Kirchenglocken besungen:

Laudo deum verum,
plebem voco,
congrego clerum,
pestem fugo,
fulgura frango,
festa decoro
vives voco,
mortuos plango.

Den wahren Gott lob' ich,
das Volk ruf' ich,
den Klerus versammle ich,
die Pest vertreib' ich,
die Blitze brech' ich,
die Feste zier' ich,
die Lebenden ruf' ich,
die Toten beklag' ich.

Das Leben des Christen wird immer wieder von Glockenklängen begleitet. Wer denkt nicht an die Hochzeitsglocken, die die Hochzeit einläuten, an die Totenglocke, die das Sterben eines vertrauten Menschen verkündet, oder an das bimmelnde Friedhofsglöcklein, das über dem letzten Weg von der Aussegnungshalle zum offenen Grab klingt. Glockengeläut hat die Menschen immer auch an politische und militärische Ereignisse erinnert: 1613 war ein Sturmgeläut vom Wiener Stefansdom zu hören, als die Türken die Stadt Wien angriffen; 1648 läuteten alle Glocken im Heiligen Römischen Reich Deutscher Nation zum langersehnten Abschluß des Dreißigjährigen Krieges; 1880 erklang erstmals das Geläut mit der neu gegossenen, 543 Zentner schweren „Augusta" vom Kölner Dom aus Anlaß des Bauabschlusses des Kölner Doms; am 14. März 1938 läuteten auf Anordnung des Erzbischofs von Wien, Kardinal Theodor Innitzer (1875–1955), alle Glocken Wiens beim Einzug Adolf Hitlers; am 8. Mai 1995 erinnerten die Glocken des vereinten Deutschlands an den 50. Jahrestag der Beendigung des Zweiten Weltkriegs zum Gedenken an die Toten, zum Dank für ein halbes Jahrhundert Frieden, aber auch zum Aufruf zur Wachheit für eine Zukunft des Friedens.

Ursprünglich war der Glockenguß als besonders heilige Arbeit den Mönchen vorbehalten. Die Glocken der östlichen Religionen wie auch des Mittelalters hatten einst eine zylindrische Bienenkorbform. Erst im späten Mittelalter entstand die uns vertraute Kelchform. Die bisherige Liturgie der Weihe von Kirchenglocken kannte eine erstaunliche und tiefsinnige Salbung sowohl mit Krankenöl wie mit Chrisam, und zwar in dreifacher Salbung. Die Salbung mit Krankenöl war verbunden mit Gebeten in den vielfältigen Anliegen der Not und Gefahr, der Freude und der Trauer, während die Salbung mit Chrisam symbolisch verknüpft wurde mit der göttlichen Antwort der Gnade und Hilfe. Die beiden ersten Salbungen mit Krankenöl wurden in Gestalt von sieben Kreuzen auf den äußeren Glockenmantel gemacht, die letzte und dritte Salbung mit Chrisam in Gestalt von vier Kreuzen wurde auf die innere Glockenwand vollzogen. Jede geweihte Glocke erhielt auch einen Namen, meist den eines (einer) Heiligen.

Recht nüchtern ist die Glockenweihe, wie sie in der nachkonziliaren Gestaltung sich im „Benediktionale" (1981) unter Nr. 31 (Seite 160–166) findet. Ansprechend ist sicherlich der neue Text der Glockenweihe (S. 164): „Lasset uns beten.

Herr des Himmels und der Erde, dich preist deine Schöpfung. Im Himmel und auf der Erde erschallt dein Lob. Voll Vertrauen bitten wir dich: Segne diese Glocke(n), die dein Lob kündet (künden). Sie soll(en) deine Gemeinde zum Gottesdienst rufen, die Säumigen mahnen, die Mutlosen aufrichten, die Trauernden trösten, die Glücklichen erfreuen und die Verstorbenen auf ihrem letzten Weg begleiten. Segne alle, zu denen der Ruf dieser Glocke(n) dringen wird, und führe so deine Kirche von überallher zusammen in dein Reich. Das gewähre uns durch Christus, unseren Herrn.
Amen."

Die neugestaltete Liturgie führte noch die Besprengung mit Weihwasser und die Beräucherung mit Weihrauch an, erwähnt jedoch lediglich als abschließende „Kann"-Bestimmung, daß die Glocken an vier Stellen mit Chrisam gesalbt werden können (S. 164).

Glocken

Auf einige berühmte Glocken sei noch hingewiesen: Jedem Rußlandtouristen, der den Kreml in Moskau besucht hat, ist in bleibender Erinnerung die Riesenglocke „Zar-Kolokel" (= Zar aller Glocken). Sie wiegt 12 000 Pud (= 198 Tonnen), hat aber nie geläutet. Als sie 1737 auf den Glockenturm des Kreml hochgezogen werden sollte, stürzte sie vom Gerüst und blieb seither mit einem beim Sturz herausgebrochenen Metallstück als Sehenswürdigkeit liegen. Berühmt sind die über 21 Tonnen schwere »Pummerin" im Glockenstuhl des Adlerturms (Nordturm) des Wiener Stefansdoms und die „Augusta" des Kölner Doms, 543 Zentner schwer, 3,7 m hoch und 3,42 m im Durchmesser im Schlagring (Innenkante, an die der Klöppel schlägt). Auch der Big Ben (englische Abkürzung für „großer Benjamin", benannt nach dem königlichen Forstmeister Sir Benjamin Hall), das Wahrzeichen Londons, sei erwähnt, mit der 1858 gegossenen, 13½ Tonnen schweren Glocke, die über den britischen Rundfunk Weltberühmtheit erlangt hat. Auf eine berühmte Glocke im norditalienischen Roverto (Provinz Trient) sei noch aufmerksam gemacht. Nach Beendigung des Zweiten Weltkriegs ließ Papst Pius XII. in italienischer Sprache eingravieren: „Nulla è perdute con la pace, tutto può essere perduto con la guerra" (Nichts ist mit dem Frieden verloren, alles kann mit dem Krieg verlorengehen). Auf die gleiche Glocke ließ Papst Paul VI. die Worte setzen: „I caduti di tutti conflitti, gli scanpati, i vostri figli, vo ammoniscono a evitare per sempre la guerra" (Die Gefallenen in allen Konflikten, die Entkommenen, Eure Kinder mahnen Euch, den Krieg auf immer zu vermeiden).

Das Thema „Glocke" ist im Bereich der Kunst mehrfach aufgegriffen worden. William Shakespeare (1564–1616) läßt in seinem Bühnenstück „Wie es euch gefällt" (As you like it) im dritten Akt (2. Szene) durch Rosalinde an ihren Geliebten Orlando die Frage richten: „Sage mir doch, was ist die Glocke?" (I pray you, what is't a' clock?). Wer denkt nicht an „Das Lied von der Glocke" (1800), gedichtet von Friedrich Schiller (1759–1805). Meisterhaft ist darin der Guß und das Erklingen der Glocke verknüpft mit dem menschlichen Leben von der Wiege bis zur Bahre wie mit den mannigfachen Höhepunkten und Katastrophen des familiären wie des politischen Lebens. In Goethes „Faust" (I. Teil) erklingen in der ersten Szene „Nacht" (in der Studierstube) die Osterglocken und erinnern den grübelnden und verwirrten Faust an tröstliche Erfahrungen der Kindheit, hinter denen er als Erwachsener nicht mehr steht: „Die Botschaft (der Osterglocken) hör' ich wohl, allein mir fehlt der Glaube."

Wer denkt nicht an die Oper „Die Zauberflöte" (1781) von Wolfgang Amadeus Mozart (1756–1791) und das Glockenspiel in der Hand des Vogelfängers Papageno! Eine exzellente Rolle spielen die Glocken in der Oper „Tosca" (1900), in dessen drittem Akt Giacomo Puccini (1858–1924) die in der Morgenfrühe im politisch aufgewühlten Rom (Juni 1800) aus nah und fern erklingenden Glocken im dramatischen Spannungsaufbau seiner Musik imposant aufgegriffen hat!

Man muß es nicht erst „an die große Glocke hängen", daß christliches Leben im aktuellen Erlebnis wie in der Erinnerung ohne Glockenklänge kaum vorstellbar ist. Glocken können erinnernd beglücken, aber auch nachdenklich machen: Warum rufen heute Glockenklänge Erlebnisse wie die Erstkommunion oder die Hochzeitsfeier wach, an die ich nicht erinnert werden möchte? Glockenklänge werden – sei es gelegen oder ungelegen – unseren Lebensweg begleiten. Mögen sie stets Künder des Glaubens und Mahner des Friedens sein!

LITERATUR: *W. Ellerhorst/G. Klaus, Handbuch der Glockenkunde, Weingarten 1957; E. Erdmann, Die Glockensagen. Wuppertal-Elberfeld 1931; E. Gleichmann, Die Glocken im Volksglauben. Sage und Dichtung. 1930; H. Rolli, Kirchengeläute. Ravensburg 1950; J. Resch, Die Glocken in Geschichte, Sage, Volksglaube, -brauch und Dichtung. Dülmen 1918.*

Gottessegen

→ Hochzeit

Gründonnerstag

→ Karwoche

Gut-Tod-Bruderschaften

→ Sterbe- und Bestattungskultur

H

Hausaltar

→ Maiandacht

Heiligenverehrung

Die Worte „Heiliger" oder „Gemeinschaft der Heiligen" scheinen in der Realität des Alltags nur noch in Verkümmerungsformen zu leben (oder ist es so schwer, ein Heiliger zu werden?), wenn man sich an die geläufigen Formulierungen „scheinheilig" oder „komischer Heiliger" erinnert. Wenn hingewiesen wird auf die „heile Welt", denkt man an frühere Lebens- und Glaubensformen, in denen man wußte, was sich gehörte und was Verstoß gegen die guten Sitten und den guten Brauch war. Man sage aber nicht, früher hätten die Menschen sich nur an die Konvention gehalten und hätten nicht so frei und „wild" wie heute gelebt! „Frag deine Alten, die werden dir's sagen" (Dtn 32,7), eine Aussage des Alten Testaments, die auch heute noch gilt.

Heilige

Das Wort „heilig" ist von der altdeutschen Bezeichnung „heilag" (gotisch „hailag", englisch „holy") als Eigenschaftswort von „Heil" abgeleitet. Der tiefe Respekt vor einem Menschen, den man „heilig" nennt, wurzelt darin, daß ein solcher Mensch zwar wie jeder Mensch in dieser gleichen Welt lebt, aber etwas so Seltsames, so Unerklärliches in seinem Leben und Wirken hat, das es nur aus einer *anderen* Welt kommt. Sie „kommen (wie auch wir) aus der großen Drangsal" (Offb 7,14). Ihre Lebensgeschichte ist nicht immer eine äußere Erfolgsgeschichte, wohl aber ist sie trotz Krankheit, Mißerfolge, Martyrium ein rätselhaft glückliches, weil *geglücktes* Leben. Leben und Wirken von Heiligen und Seligen sind nach den Maßstäben des Fernseh-Zeitalters und der Regenbogenpresse meist nicht von öffentlichem Interesse. Ihr Leben war meist ohne Glanz und Nimbus und wahrlich kein Filmstoff.

Rätsel und Geheimnisse eines Heiligen aufspüren heißt, in diesem Menschen Gott finden (vgl. Ex 19,6; Jes 6,3; Röm 1,7; 1 Kor 1,2; 2 Thess 1,10; Offb 4,8). Jede Aussage über einen Heiligen wird daher zur Aussage über die Geschichte Gottes, über seine Güte und Menschenfreundlichkeit, die in der Geschichte eines Heiligen aufstrahlt und sich vollendet. In einer freiwilligen Zusammenarbeit in einem Mitwirkendürfen mit der geheimnisvoll-göttlichen Liebe sind Menschen Heilige geworden.

*„Heilige sind Fenster,
durch die wir Gott erkennen können".*
Adolf Exeler

Die Vielzahl der Heiligen wurzelt in der Vielfalt, in der Originalität, in der unantastbaren, geschöpflichen Würde der Menschen. Sie ist auch durch bestimmte Epochen mit unterschiedlichen Herausforderungen und Einmaligkeiten, Nöten wie Zusammenbrüchen mitgeprägt, gewiß auch von dem kühnen, einmaligen Ja seiner Kirchentreue, seiner Nächstenliebe, seiner Familien- und Weltverantwortung, das der einzelne auf den Anruf Gottes gegeben hat.

An Heiligen ist zu erkennen, wie Menschen in ihrer Zeit mit ihren Problemen und Anfechtungen, mit ihren Gaben, Aufgaben und Belastungen oft unerhört und unbegreiflich gewachsen sind – wie sie nicht selten ins Paradoxe und Ärgerniserregende hineingeraten und zu „Narren in Christo" geworden sind. Der Wappenspruch des Münchner Kardinals und Erzbischofs Michael von Faulhaber (1869–1952): „Vox temporis – vox dei" (Die Stimme der Zeit ist Stimme Gottes) weist auf die entscheidende, geschichtliche Komponente des Anrufs Gottes wie der Antwort des Menschen hin.

„Ein Heiliger ist in seinem Leben und Sterben eine Übersetzung des Evangeliums für sein Land und seine Zeit" (Papst Johannes Paul II.).

Die „Gemeinschaft der Heiligen" ist vergleichbar mit einem mächtigen, vielstimmigen Glockengeläut, in dem jeder Heilige mit dem unverwechselbaren Klang seiner Glocke in den Lobpreis Gottes einstimmt.

Geschichte

Ehe auf Geschichte, Sinn und Bedeutung der Heiligenverehrung eingegangen wird, eine wichtige Klarstellung. Um nicht falschen Unterstellungen zu erliegen, sollte man sehr deutlich *Anbetung* und *Verehrung* unterscheiden. Anbetung gebührt allein Gott, dem dreifaltigen Gott: dem Vater-Gott, dem ewigen, menschgewordenen Sohn Gottes und dem Heiligen Geist. Zwischen Gott und Mensch kann und darf sich kein Engel, kein Heiliger, auch nicht Maria, die Mutter Jesu, stellen. „Zwi-

Heiligenverehrung

schen Gott und Seele darf sich gar nichts drängen, nicht einmal ein Heiliger ... Es darf nichts Trennendes geben, was der Seele den Blick auf Gott verwehrt, oder mit dem sie, wie hinter einem Wall, sich den Blicken Gottes entziehen möchte" (Peter Lippert, Von Seele zu Seele. Freiburg i. Br. 1929[25] 128 f.).

Der Heilige wird verehrt als Freund Gottes („Wunderbar ist Gott in seinen Heiligen." Ps 67,36; vgl. 1 Kor 6,19; 2 Ptr 1,4) und als Fürsprecher in allen Nöten wie in allen Bemühungen der Nachfolge Christi. Für die Christen der ersten Jahrhunderte bedurfte es keiner komplizierten Überlegungen; es war ihr selbstverständlicher Glaube, daß die Märtyrer in die ewige Gemeinschaft der Heiligen aufgenommen worden waren. Damals gab es keinen kirchenrechtlichen Instanzenweg, keinen großen Aufwand an Akten und Papier für eine Heiligsprechung. Am Todestag des Märtyrers kam man an seinem Grab zusammen, um Gott für die Gnade seines Blutzeugnisses zu danken und zugleich den Verstorbenen um seine Fürbitte anzuflehen, in gleicher Treue und Glaubwürdigkeit wie er, den Weg der Christustreue zu gehen.

Nach der konstantinischen Wende (zu Beginn des 4. nachchristlichen Jahrhunderts) blieb die Christenheit von größeren Verfolgungen weithin verschont. Die Vielzahl von Märtyrern gab es nicht mehr. Aber es gab überzeugende und glaubwürdige Christen als Glaubensboten, Kirchengründer, Ordensstifter, Väter und Mütter, Kaiser, Herzöge oder Päpste und Diözesanbischöfe, Gelehrte und Künstler, Einsiedler oder Mystikerinnen. War ihnen allen nach ihrem Tod der Weg „zur Ehre der Altäre" und der öffentlichen Verehrung verwehrt – aus dem einzigen Grund, weil sie keine Märtyrer waren?

Die Kirche sah sich genötigt, über das Martyrium hinaus über andere Kriterien und Perspektiven der überprüften und bestätigten Heiligkeit nachzudenken. Es war eine Überraschung und wurde doch als Selbstverständlichkeit empfunden, daß Martin von Tours († 397) als erster Nicht-Märtyrer in der Kirche als Heiliger, und zwar unter der neuen Kategorie als „Bekenner" (confessor), verehrt wurde. Ein Deutscher, nämlich Bischof Ulrich von Augsburg († 4. Juli 973), war es, der als erster nach einem offiziellen Heiligsprechungsprozeß durch Papst Johannes XV. (985–996) auf der Synode in Rom am 31. Januar 993 heiliggesprochen wurde.

Die entscheidende Etappe der Geschichte der Heiligenverehrung ist markiert durch das Werk des Papstes Benedikt XIV. (1740–1758), das dieser bereits *vor* seiner Papstwahl als Prospero Lambertini veröffentlicht hatte. Darin wird Gott selbst in die Urteilsfindung über die Verehrung eines Verstorbenen einbezogen, indem für die Seligsprechung zwei Wunder und für die Heiligsprechung nochmals neue Wunder gefordert werden. Für das *heutige* Verfahren der Selig- und Heiligsprechungsprozesse sind die Bestimmungen des Motu proprio (Erlaß eines Papstes) „Divinus perfectionis magister" vom 26. Februar 1983 anzuwenden. Gott selbst wird gleichsam als wahrhaftiger Zeuge beschworen, durch Wunder die Heiligkeit und Verehrung eines Verstorbenen zu bestätigen. Während nach der Seligsprechung der „Selige" nur in ganz bestimmten Regionen meist seiner irdischen Heimat verehrt werden darf, wird mit der Heiligsprechung die volle „Ehre der Altäre" in der *ganzen* Kirche verliehen.

Vom heiligen Leben vieler Anonymer weiß Gott allein. Wenn Gott es will, daß solche Menschen in das Rampenlicht der öffentlichen Verehrung treten sollen um zur „Ehre der Altäre" gelangen und in ganz bestimmten Epochen glaubwürdige Zeugen der Wahrheit und Liebe Gottes zu sein, wird Gott jene Zeichen als Wunder setzen, die eine ganze Welt aufhorchen lassen.

Der „Katholische Erwachsenen-Katechismus" (Zweiter Band: Leben aus dem Glauben. 1995[1], 149) meint zur Heiligenverehrung: „Die Verehrung und Anrufung der Heiligen ist durch eine lange Glaubenstradition, die mit der altchristlichen Märtyrerverehrung beginnt, verbürgt. Die Kirche erklärt zwar die Verehrung einzelner Heiliger nicht als verpflichtend. Sie spricht nur von ihrer Erlaubtheit und Nützlichkeit. Aber sie bezeugt als ganze durch die Heiligenfeste und die Verwendung der Heiligenlitanei bei verschiedenen liturgischen Feiern, daß die Verehrung und Anrufung der Heiligen zum Vollzug des kirchlichen Lebens gehört, vor allem die besondere Verehrung der Mutter Jesu."

Von der Geschichte Gottes mit den Menschen und der Menschen mit Gott hat Karl Rahner (1904–1984) geschrieben: „Gott kann uns tausend Schritte entgegengehen, aber den einen zu Ihm hin, den müssen wir selber tun." Heiligenverehrung ist alles andere als genaue Imitation des Heiligen. Gott will keine Kopien, keine Plagiate, sondern Originale. Die Anrufung eines Heiligen muß sich der Frage stellen: Was würde der Heilige hier und heute tun?

Weil die Welt ein Text mit mehrfachen Bedeutungen und mit immer neuen Aufgaben ist, signalisiert die Gemeinschaft der Heiligen die gottgewollte Verschiedenheit, die geistgewirkte Pluralität legitimer Antworten auf den Anruf Gottes: „Herr, was willst du, daß ich tue?" (Apg 9,6)

LITERATUR: *A. Angenendt, Heilige und Reliquien. Die Geschichte ihres Kultes vom frühen Christentum bis zur Gegenwart. München 1994; St. Beissel, Die Verehrung der Heiligen und ihrer Reliquien in Deutschland. 2 Bde. Freiburg 1890/1892; W. Dirks, Wie erkenne ich, was Gott von mir will? In: Frankfurter Hefte 6 (1951) 229–244; A. Dörfler-Dierken, Die Verehrung der heiligen Anna in Spätmittelalter und früher Neuzeit. Göttingen 1992; G. Gugitz, Fest- und Brauchtumskalender. Wien 1955; A. Läpple, Deutschland, deine Wallfahrtsorte. Aschaffenburg 1983², Ders., Das kleine Hausbuch der Heiligen. München 1984; Ders., Heilige und Selige in Altbayern und Tirol. Weilheim 1989; W. Schamoni, Das wahre Gesicht der Heiligen. Leipzig 1938; V. Schauber/ H. M. Schindler, Heilige und Namenspatrone im Jahreslauf. Augsburg 1992; W. Schulz, Das neue Selig- und Heiligsprechungsverfahren. Paderborn 1988; H. Weiker, Heilige in Geschichte, Legende, Kult. Karlsruhe 1979.*

Herbergssuche

Der schlichte Satz der lukanischen Kindheitsgeschichte: „In der Herberge war kein Platz für sie (Maria und Josef)" (Lk 2,7), hat zum einfühlsamen Mitdenken und geistigen Mitgehen geführt, so daß gerade von modernen, außerbiblischen Apokryphen gesprochen werden kann. Im geschichtlichen Bethlehem, das abseits der großen Verkehrsstraßen lag, dürfte es wohl keine öffentliche Herberge (griechisch: kataluma; vgl. Ex 4,24; 1 Sam 1,18; Jer 11,8) gegeben haben; höchstens eine Übernachtungsmöglichkeit für Notfälle war vorhanden.

Die Frömmigkeit des einfachen Volkes wollte nicht nur den Bibeltext der Herbergssuche lesen. Sie wollte mit Maria und Josef mitgehen, und mit ihnen abgewiesen werden. Es entstand eine kleine Szenenfolge mit vier Bildern, deren Texte mit leicht einprägsamen und singbaren Melodien versehen und auf eine Zweiergruppe (Maria und Josef) und vier verschiedene, abweisende Hausbesitzer von Bethlehem verteilt waren. Die erste Strophe dieses im Advent vielgesungenen Liedes lautet:

„Wer klopfet an?
O zwei gar arme Leut!
Was wollt ihr denn?
O gebt uns Herberg heut!
O durch Gottes Lieb wir bitten,
öffnet uns doch eure Hütten!
O nein, nein, nein!
O lasset uns doch ein!
Es kann nicht sein.
Wir wollen dankbar sein.
Nein, es kann einmal nicht sein.
Da geht nur fort, ihr kommt nicht rein."

In den letzten Jahrzehnten hat sich in vielen Pfarrgemeinden der Brauch eingebürgert, daß mit der Sängergruppe der Herbergssuche ein Bild von Maria und Josef oder von Maria allein (Frauentragen) von Haus zu Haus getragen wird. Bild oder Statue bleiben jeweils einen Tag in einer Familie, wo sie einen mit Tannengrün und Kerzen geschmückten Ehrenplatz erhalten und meist am Abend zu einer familiären Adventsandacht mit Gebet und Lied, oft unterstützt von Klavier- oder Zither- und Gitarrenmusik anregt.

Herrgottswinkel

In den Häusern und Wohnungen unserer Vorfahren gab es einen selbstverständlichen, familiären Mittelpunkt: den Herrgottswinkel im Eß- oder Wohnzimmer. Das Wort „Herrgottswinkel" ist erstaunlich jung, wenngleich das Brauchtum des Herrgottswinkels weit zurückreicht. Das Wort ist erstmals von dem österreichischen Schriftsteller Peter Rosegger (1843–1918) geprägt worden. Diese Formulierung greift den alttestamentlichen Sprachgebrauch auf: „Ich bin der Herr, dein Gott" (Ex 20,2.5). Sie hat aber ihr eigentliches Fundament im Neuen Testament und führt hin zu dem Bekenntnis des realistisch-kritischen Apostels Thomas vor dem auferstandenen Christus: „Mein Herr und mein Gott" (Joh 20,28).

Der biblische Sprachgebrauch klingt nach in der herben, deutschen Redewendung „Herre Gott," die vor allem in den reformatorischen Gesangbuchdichtungen nachgewirkt hat. Unter „Herrgott" wird nicht der Vater-Gott, sondern die zweite göttliche, menschgewordene Person Jesus Christus verstanden, und zwar – trotz seiner gekreuzigten „Knechtsgestalt" (Phil 2,7) – in seiner göttlichen Größe, Gerechtigkeit und Allmacht. Seine menschliche Mitbrüderlichkeit tritt etwas in den Hintergrund.

Der Herrgottwinkel mit dem Kreuz in der Ecke oder an der Wand des Eß- oder Wohnzimmers will nicht Erinnerung an einen Toten sein. „Gott ist ein Gott nicht der Toten, sondern der Lebenden" (Mt 22,31). Oft hängt im Herrgottswinkel ein altes, wertvolles Kreuz, das seit Generationen im Familienbesitz ist und nicht selten vom Efeu umrankt ist. An diesem Kreuz wird alljährlich nach dem Palmsonntag der neugeweihte Palmzweig oder nach dem Fest Mariä Himmelfahrt (15. August) ein Kräuterbüschel gesteckt. Bisweilen ist auch ein alter Rosenkranz, den vielleicht schon die Urgroßmutter in Händen hatte, an das Kreuz gehängt. Rechts und links vom Kreuz sind oft kostbare Hinterglasbilder angebracht.

Vor diesem Kreuz haben nicht wenige Vorfahren in unterschiedlichen Anliegen gebetet – vor der Geburt eines Kindes, in schweren Prüfungen

Herrgottswinkel

und Schicksalsschlägen in der Familie, im Haus oder Stall, für Kranke und Sterbende. Hier hat man den ersten Sterberosenkranz gebetet für ein Mitglied der Familie, der Verwandtschaft oder der Nachbarschaft. Gebetet wurde hier mit besonderer Innigkeit um Schutz und Frieden in unseligen Kriegszeiten.

Der Blick zum Kreuz im Herrgottswinkel wollte auch im verstummten Gebet, im Schweigen, in Trauer und unter Tränen Ermutigung, Tröstung Gnade erflehen, das eigene Kreuz (Mt 16,24), mit dem man andere nicht belasten will, im Geiste des Gekreuzigten zu tragen und betend „das Zeitliche zu segnen". Der Herrgottswinkel ist Kirche in der Familie. Er erinnert unaufdringlich und ohne lange Worte jeden Besucher, hier wohnen Christen, die zu ihrem Glauben stehen und ihren Glauben im betenden Alltag leben. Der Herrgottswinkel ist mehr als eine überkommene, aber verstaubte Dekoration, mehr als eine Ecke, angereichert mit ererbten Raritäten und teuren Antiquitäten.

Früher hat die Großfamilie den Raum des Glaubens und des Brauchtums im Ablauf der Jahreszeiten und des Kirchenjahres geboten und mit Leben erfüllt. Sie hat gleichzeitig die Sozialleistungen erbracht, die heute von den Krankenkassen, von den Pflege- und Sterbeversicherungen, vom Staat erwartet werden. Der Wandel der Zeit, vor allem der Wandel der Gesinnung hat der Familie schweren Schaden zugefügt. Die moderne Familie ist zerrissen, auseinandergebrochen. Wo bereits das gemeinsame Essen in einer heutigen Familie schwierig geworden ist, das Fernsehgerät eine unleugbare Priorität einnimmt und auch zeitlich den Ablauf des Geschehens diktiert, wo außerdem Computerspiele das Interesse nicht nur der jungen Generation in Anspruch nehmen, hat der Herrgottswinkel mit seiner religiösen Aussage einen schweren Stand. Vielleicht hat er ausgedient?

Es bedarf einer großen Anstrengung und einer von allen akzeptierten und praktizierten Askese im innerfamiliären Umgang miteinander, um die Bedeutung bereits des gemeinsamen Essens, des Gespräches, auch des Spieles einzusehen. Erst nach einer nicht leichten und unerläßlichen Vorfeldarbeit kann der Herrgottswinkel so wieder zur Mitte des Glaubens und Betens in der Familie werden.

Erstmals wird 1539 in Straßburg von einem Tannenbaum oder von Tannenzweigen gesprochen, die am Weihnachtsabend mit Backwerk verziert wurden, eine Vorform des heutigen **Christbaums.**

Das **Paradeisl** *(Paradiesbaum) spielt in der Brauchtumsgeschichte Süddeutschlands und Österreichs eine besondere Rolle. Kein Haus, in dem es im Advent nicht zu finden wäre.*

An Wallfahrtsorten findet man eine Vielzahl an Votivgaben
(**Votivgabe** mit der Darstellung des heiligen St. Leonhard).

Herz-Jesu-Verehrung

Bis zur Mitte des 20. Jahrhunderts setzten die Herz-Jesu-Verehrung und die Herz-Jesu-Freitage (allmonatlich am ersten Freitag) in vielen Pfarreien einen spürbaren Akzent in der Frömmigkeit wie auch im Sakramentenempfang. Bereits am vorausgehenden Donnerstag wurde Beichtgelegenheit gegeben und gerne zur Ablegung einer Monatsbeichte angenommen. Am Herz-Jesu-Freitag selbst war in der Morgenfrühe, so daß auch im Beruf stehende Christen daran teilnehmen konnten, das festliche Hochamt – meist vor ausgesetztem Allerheiligsten, umstrahlt von einer Vielzahl brennender Kerzen. Den ganzen Tag über war in der Pfarrkirche der Duft des Weihrauchs zu riechen.

Der Zentraltext im Neuen Testament ist jene Stelle in der Johannespassion, in der geschrieben steht, aus der geöffneten Seite Jesu sind „Blut und Wasser geflossen" (Joh. 19,34). Viele alttestamentliche Stellen, die von der Nähe und Zärtlichkeit Gottes sprechen, werden ergänzt durch jene neutestamentlichen Texte, die vom Ur-Wort „Herzen", von der Barmherzigkeit, von der Güte und Menschenfreundlichkeit Gottes reden. Ein entscheidender Impuls für Märtyrer und Mystiker ist über Jahrhunderte hinweg jener ermutigende Text des Neuen Testaments geblieben, in dem mit dem Dank für die Gnade der Erlösung der Aufruf zur Mit-Sühne, zum Mit-Leiden, zum Ergänzen-Dürfen, was den Leiden Christi noch fehlt, nicht zu überhören ist: „Jetzt freue ich mich in den Leiden, die ich für euch ertrage. Für den Leib, die Kirche, ergänze ich in meinem irdischen Leiden das, was den Leiden Christi noch fehlt" (Kol 1,24).

Grundlegende Anregungen zur Herz-Jesu-Verehrung finden sich in der mittelalterlichen Frauenmystik – bei Mechtild von Hackeborn (1241–1299) und Gertrud der Großen (1256–1302). In die katholische Frömmigkeit wurde die Herz-Jesu-Verehrung in der Neuzeit durch den französischen Gründer einer Weltpriesterkongregation (Congrégation de Jésus et Marie), Jean Eudes (1601–1680), vor allem durch die Visionen von Marguerite-Marie Alacoque (1647–1690) getragen.

Die Herz-Jesu-Verehrung erlebte ihre Hochblüte in der Zeit der Aufklärung (17. und 18. Jahrhundert), als der Glaube in der Barockkunst, der Musik eines Haydn und Mozart und gewiß auch in der Volksmusik wie in der Herz-Jesu- und in der Herz-

Von Anfang an stand das Kreuz im Zentrum der Kritik. Die **Arma Christi in Altomünster,** *d. h. die „Waffen Christi", die wappenartig zusammengestellt als Wappen Christi galten.*

Mariä-Verehrung Heimat und religiöse Geborgenheit fand. Die Barockfrömmigkeit war gekennzeichnet durch eine seltsame Wundenrealistik (Schulterwunde der Gekreuzigten, Christus an der Geißelsäule, Kreuzwegandacht) und durch ein emotional überschwengliches Furioso, mit dem der angespiene, kreuztragende, leidende, verblutende Jesus in Bild, Plastik und Musik dargestellt und erfahrbar gemacht wurde.

Ist die Dialektik der vergangenen Aufklärungsepoche nicht auch Charakteristikum unserer Zeit, die als Epoche einer zweiten Aufklärung definiert wurde? Wird nicht auch von der gegenwärtigen Theologie und der nachkonziliaren Liturgiereform bisweilen gesagt, sie seien intellektuell kopflastig, sie bewirken einen heißen Kopf, lassen aber die Herzen gerade unserer einfachen Christen und wichtigsten Beter einer Pfarrgemeinde kalt? Es gibt heute eine Sehnsucht nach Meditation, nach religiöser Geborgenheit. Mag sein, daß ein emotional überakzentuierter Herz-Jesu-Kult manchem nüchternen Christen nicht liegt. Mag sein, daß die allzu große Zahl der Superlative und der Adjektive in Sühnegebete die wie „süßestes und liebstes Herz Jesu" nicht alle ansprechen. Es ist aber doch des Nachdenkens wert, warum der auferstandene Christus auf die Wundmale seines geschichtlichen Leidens und Sterbens nicht verzichtet hat – Zeichen seines Erlösungsmysteriums wie Zeichen seiner Identität mit dem geschichtlichen, gekreuzigten Jesus.

Im Blick auf das Herz Jesu werden erfahrbar „die gesunde Lehre" (2 Tim 4,3), die Grundentscheidungen christlichen Glaubens und Lebens: Der gekreuzigte Christus – „ein empörendes Ärgernis, eine Torheit; für die Berufenen aber Christus, Gottes Kraft und Gottes Weisheit" (1 Kor 1,23-24) – „das geschlachtete Lamm" (Offb 5,6-10; 7,14; 14,1-5; 21,22-23).

Darf, ja muß nicht gerade das Herz in unserem Glauben und Beten dabei sein? „Du sollst den Herrn, deinen Gott, lieben mit ganzem Herzen, mit ganzer Seele und mit ganzer Kraft" (Mt 22,37; vgl. Dtn 6,5). Jeder Herz-Jesu-Freitag – ein monatlicher Gedächtnistag des Karfreitags!

LITERATUR: *J. Ratzinger (u. a.), Entwicklung und Aktualität der Herz-Jesu-Verehrung. Aschaffenburg 1984, C. Richstätter, Die Herz-Jesu-Verehrung des deutschen Mittelalters. 2 Bde. Paderborn 1919; J. Stierli (Hg.), Cor Salvatoris. Freiburg 1956².*

Hochzeit

Vom „guten, alten Brauch" der Hochzeit und dem dabei im Standesamt (oder) und in der Kirche abgegebenen Versprechen, diesen Bund der Liebe und der Treue zu halten, „bis der Tod uns scheidet", scheint angesichts der wachsenden Ehescheidungszahlen vielfach nur die lautstarke Ouvertüre lebendig zu sein und praktiziert zu werden. Leider folgt allzuoft und meist erschütternd schnell ein Finale mit unlösbaren Dissonanzen.

Nach der Ehekommune haben Ehe ohne Trauschein, Zusammenleben mit einem Lebensgefährten und Wiederverheiratung Geschiedener die Zahl der nichtehelichen Lebensgemeinschaften zu neuen, immer noch steigenden Höhenrekorden geführt.

Es ist bemerkenswert, daß das Bundesverfassungsgericht in einer Entscheidung von 1987 die „wilde Ehe" mit ganz bestimmten Indizien definierte als „Verantwortungs- und Einstehgemeinschaft". Neuerdings werden die Gesetzgeber mit Anfragen befaßt, homosexuelle bzw. lesbische Paare nicht länger zu diskriminieren, sie der Eheschließung von Mann und Frau gleichzustellen und sie nicht länger von den Privilegien und Rechtsfolgen auszuschließen, die heterosexuelle Paare genießen. Ist der im Grundgesetz Artikel 6 Absatz 1 niedergelegte Text: „Ehe und Familie stehen unter dem besonderen Schutz der staatlichen Ordnung. Pflege und Erziehung der Kinder sind das natürliche Recht und die zuvörderst ihnen obliegende Pflicht" nur noch Makulatur in einem rapiden Wandel der Werte und des Rechts?

Es kann hier die gesamte Rechtsproblematik der Ehe nicht aufgerollt und besprochen werden. Nur auf einige fundamentale Aussagen über die Ehe sei orientierend und motivierend aufmerksam gemacht.

■ In der Heiligen Schrift findet sich der schwerwiegende, in seiner Tiefendimension nur selten ausgelotete Text: „Gott schuf den Menschen als sein Abbild; als Abbild Gottes schuf er ihn. Als Mann und Frau schuf er sie. Gott segnete sie" (Gen 1,27–28). Gott als allmächtiger Schöpfer ist Fülle und Quelle allen Lebens. Das göttliche Urbild scheint auf als Autogramm Gottes und zeigt sich in der Geschlechterdifferenzierung von Mann und Frau. Die allmächtige Kreativität Gottes umfaßt die Fülle des Maskulinen wie des Femininen, ohne bisexuell zu sein. Sie ist jenes „Ganz-Andere", von dem Mystik und dialektische Theologie gesprochen haben. Gottes Schöpfungskraft umfaßt eine einzigartige, unerreichbare und nicht mehr faßbare, neue Qualität der Lebensfülle und die Weitergabe des Lebens in die differenzierte Geschlechtlichkeit der Geschöpfe.

■ Der Mensch ist Abbild des *dreipersönlich-dreieinigen Gottes*: Ikone der Trinität. Als trinitarisches Abbild ist der Mensch personal und sozial strukturiert. Personal geprägt ist er auch durch seine maskuline bzw. feminine Geschlechtlichkeit. Er kann aber mit seiner geprägten Geschlechtlichkeit allein nicht Leben erzeugen und weitergeben. Nur in Gemeinschaft mit dem andersgeschlechtlichen Partner ist er fähig, Leben zu erzeugen und Leben weiterzugeben. Im Abbild des geschaffenen Menschen bricht sich nicht die in Gott allein geeinigte Doppelkreativität. Der geschaffene Mensch kann die Doppelkreativität des dreipersonal-dreieinigen Gottes nur in der Geschlechterdifferenzierung als Mann und als Frau aufnehmen.

■ Mann wie Frau sind gerade in ihrer unterschiedlichen und doch aufeinander zugeordneten Geschlechtlichkeit *Abbild* der allmächtigen Kreativität Gottes, des göttlichen Urbildes. Nur in der Gebrochenheit von Mann und Frau können Menschen an der Kreativität Gottes teilnehmen. Nur so können sie – ohne daß Gott jedesmal einzugreifen hat – Quelle des Lebens werden. Nur so sind sie zur kreativen Weitergabe treuhänderisch fähig. In einer unerhört kühnen, realistisch-biologischen Formulierung spricht davon die Bibel: „... sie werden ein Fleisch sein" (Gen 2,24).

■ In der lateinischen Sprache scheint das Eheverständnis der alten Römer auf, die zwei Ausdrücke für Ehe geprägt haben: matrimonium – conjugium. Das Stichwort „matrimonium" spricht, ohne daß ein antiker Feminismus vorlag, den großen Respekt aus vor der Aufgabe der Frau und Mutter (mater) in der Familie und für den Staat. Das Wort „conjugium" hingegen weist zurück auf die ländliche Kultur der alten Römer. In Erinnerung ist geblieben das Bild vom Ochsenjoch (jugis), unter das zwei Tiere vor den Pflug oder Wagen gespannt wurden, um in gemeinsamer Aktivität und Leistung dienlich zu sein. Das lateinische Wort „jugis" verweist auf „zusammengefügt, zusammengespannt" mit der Bedeutung (auf die Plautus aufmerksam macht) „immerwährend, beständig".

■ Ein weiteres Wort sei noch genannt, das der französische Dichter Albert Camus (1913–1960) allen Liebenden ins Tagebuch geschrieben hat:

„Einen Menschen lieben,
heißt einwilligen,
mit ihm alt zu werden."

Ergänzend und vertiefend sei auf die alternative Formulierung hingewiesen, die für das abgegriffene Wort „Ich liebe dich" im heutigen Sprachgebrauch noch lebendig ist: „Ich mag dich leiden." Wahre Liebe ist leidensfähig. Sie übernimmt – in guten wie in bösen Tagen – Sorge und Verantwortung für den anderen. Sie denkt und plant und sorgt – vom anderen her.

Glaube und Aberglaube auf dem Weg zur Hochzeit

In früheren Zeiten war die Reisefreudigkeit äußerst bescheiden. Meist fehlte das erforderliche Geld, aber auch die Reisemöglichkeiten waren kaum vorhanden. Eine Wallfahrt war oft die einzige, große Reise des Lebens, die man sich leisten konnte und über die man jahrelang zu erzählen wußte. Die jungen Leute haben Gleichaltrige meist nur in einem eng umgrenzten Raum gekannt. Selbst die Verwandten lernten sich meist nur bei Hochzeiten und Beerdigungen kennen.

Hochzeitsvermittler waren damals die viel umherreisenden Viehhändler, die nicht bloß um die herangewachsenen Söhne und Töchter, sondern auch um den Grundbesitz und die Zahl der Pferde und der Milchkühe im Stall eines Bauern sehr genau Bescheid wußten. Diese Viehhändler wurden „Schmuser" genannt; diese Bezeichnung leitet sich ab von „Schmu" (= unrechtmäßig auf die Seite gebrachtes Geld). Sie hatten große Bedeutung bei den reichen Geschäftsleuten und Bauern. Wenn großer Besitzstand vorhanden war, suchte man durch eine „geldige" Heirat Boden und Kapital noch zu vergrößern.

Viele junge Frauen haben in ihrer Sehnsucht nach dem richtigen Mann seit alters bewährte Praktiken aufgegriffen. Geheimnisvolle Kräuter und Wurzeln wie auch Zaubersprüche spielten dabei eine beachtliche Rolle. Aber auch die Heiligen wurden für eine gute Bekanntschaft und Hochzeit „eingespannt". Neben den drei heiligen Madln

Margareta mit dem Wurm
(20. Juli),
Barbara mit dem Turm
(4. Dezember),
Katharina mit dem Radl
(25. November)

war vor allem der heilige Antonius von Padua (13. Juni) der vielangerufene Schutzheilige der Liebenden. Überliefert ist das Stoßgebet:

„Heiliger Antonius von Padua,
schick mir an Mo,
der nix verfrißt
und nix versauft
und net zu andre Menscha lauft".

Zitiert aus Hedi Heres, Glauben und Aberglauben rund um die Hochzeit. In: Charivari 19 (1993) Nr. 10. S. 8–14 (Zitat S. 8).

Im Vorfeld der Hochzeit gibt es Bräuche, die auch heute noch, bisweilen mit hörbarer Lautstärke für die Nachbarn praktiziert werden.

Junggesellenabschied

Je mehr die jungen Menschen nicht in der Familie ihre Heimat und Aussprachemöglichkeit finden oder bereits als Single aus dem Elternhaus ausgezogen sind und selbständig wohnen, gewinnt die Gruppe Gleichaltriger, mit denen man Sport treibt, in Vereinen sich betätigt oder auch gelegentlich ein feucht-fröhliches Fest feiert, an Bedeutung. Zu den eingeladenen Hochzeitsgästen kommt über die offizielle Liste der Eingeladenen aus der Verwandtschaft hinaus eine Vielzahl von Freunden und Freundinnen gerade aus diesen sehr lebendigen Gruppierungen, wo jeder jeden kennt – mit seinen Pannen und Patzern, mit seinem Suchen nach Freundschaft und Liebe und schließlich mit dem Finden jenes Mädchens und jener Frau, mit der die bleibende Lebensgemeinschaft beginnen soll.

Der Junggesellenabschied ist meist ein recht fröhliches, häufig auch ein lautes und allzuoft ein bis in die Morgenstunden dauerndes Fest. Es will jedoch kein „Abschied" für immer sein (höchstens dann, wenn wegen der beruflichen Laufbahn ein Ortswechsel notwendig ist). Die Einladung der noch nicht verheirateten, aber auch der aus diesem Freundeskreis bereits verheirateten „Junggesellen" kommt aus der Retrospektive der dankbaren Erinnerung: Ich danke euch für gemeinsame, fröhliche wie auch hilfreiche, oft auch tröstende Weggemeinschaft, die durch die Hochzeit keineswegs und für immer abgebrochen werden soll: Für andere und mit anderen Gott danken! Auch wenn dieser religiöse Gedanke bei der abendlichen Feier nicht immer ausgesprochen wird, er sollte in den stillen Minuten bei der Versendung der Einladungen, wenn auch nur in einem einzigen Satz oder Gedanken, nicht vergessen werden. Wahrscheinlich ist der Dank so vielfältig und differenziert, wie es Eingeladene beim Junggesellenabschied gibt.

Polterabend

Junggesellenabschied und Polterabend werden heute sehr häufig zusammengefeiert. Was will aber der Polterabend an eigenem Akzent setzen?

Der Name „Polter"-Abend verweist auf eine ziemliche Lärmkulisse, die heute häufig durch Zertrümmern von Porzellan, vor allem von Tellern entsteht. Das Laute und Lärmende könnte durchaus in der altgermanischen Vorstellung begründet sein, das Böse, die Hexen und Unholde vom kommenden, gemeinsamen Lebensweg der Neuvermählten zu vertreiben. Die Erinnerung an Perchten (süddeutsche Maskengestalten), an Knecht Ruprecht, an die Ausgelassenheit der Frei- und Walpurgisnacht drängt sich auf.

Wichtig und hintergründig ist aber, daß alles Zerbrochene vom Hochzeitspaar gemeinsam aufgekehrt und alles Unordentliche gemeinsam in Ordnung gebracht werden muß. Gerade die „Gemeinsamkeit" des Aufräumens und Saubermachens könnte durchaus als Symbolik gesehen werden – im späteren Leben, in dem es auch Schwierigkeiten und „zerbrochenes Porzellan" geben kann, gemeinsam diese Schwierigkeiten zu meistern und das Unordentliche wieder in Ordnung zu bringen. Diese Sinndeutung des Polterabends scheint bedeutender und tragfähiger zu sein als die Redewendung „Scherben bringen Glück".

Ehevorbereitung

Die kirchliche Trauung hat durch die Deutsche Bischofskonferenz vom 1. Januar 1990 an ihre heute gültige Fassung erhalten: siehe „Handreichung zum Ehevorbereitungsprotokoll" (herausgegeben vom Erzbischöflichen Ordinariat. München 1989). Im Amtsblatt für das Erzbistum München und Freising, Jahrgang 1989, Nr. 18 vom 11. Dezember 1989 (S. 398–421) finden sich die neuesten Bestimmungen wie auch ein Abdruck des Ehevorbereitungsprotokolls (S. 405–408) wie auch andere, für die kirchliche Trauung eventuell erforderlichen Formblätter.
Konfessionsverschiedene Ehepaare sollten die Frage der Taufe und Erziehung ihrer Kinder bereits *vor der* Eheschließung in einem fairen Dialog ansprechen und unter Respektierung der Gewissensentscheidung beider Partner in einem verantworteten Konsens festlegen.
Für (gerade in Deutschland sich häufende) katholisch-islamische Ehen sollten die vom Sekretariat der Deutschen Bischofskonferenz (Kaiserstraße 163, 53113 Bonn) herausgegebene Arbeitshilfe 106 „Christen und Muslime in Deutschland. Eine Handreichung" (vom 4. März 1993, Bonn 1993) rechtzeitig, sehr genau und verantwortungsbewußt eingesehen werden.

Elternsegen – Gottessegen

Christen früherer Zeiten waren besorgt um den Segen Gottes. Die großen und kleinen Entscheidungen ihres Lebens haben sie stets unter den Segen Gottes gestellt: An Gottes Segen ist alles gelegen! Bei der Hochzeit, einer Grundentscheidung des menschlichen Lebens, war früher bereits in der Einladung durch den Hochzeitslader die religiöse Einstellung deutlich vernehmbar – wie es etwa in der niederbayerischen Hopfenbaugegend, der Hallertau um Pfaffenhofen, noch bis herein ins 20. Jahrhundert üblich war: „Im Namen der heiligsten Dreifaltigkeit, des Vaters, des Sohnes und des Heiligen Geistes hat sich der ehrbare N. N. entschlossen, die tugendreiche Jungfrau N. N. zu seinem christlichen Eheweib zu nehmen. Er wird also am... in seinem heimatlichen Gottes- und Gasthause Hochzeit halten und daher bitten wir uns von euch gewissen Gast... aus" (zitiert aus: J. Schlicht, Bayerisch Land und Bayerisch Volk. Straubing o. J., 217). Das Elternhaus wurde am Hochzeitstag zur kirchlichen Feier nicht verlassen, ohne den Segen des Vaters und der Mutter zu erbitten. Meist mit dem Weihwasser haben die Eltern ihrem Sohn oder ihrer Tochter das dreifache Kreuzzeichen gemacht. Ihre Kinder sollten den Elternsegen empfangen, um füreinander zum Segen und im „Kindersegen" glücklich zu werden.

Durch Religionsunterricht und Predigt hatten die Christen erfahren, daß einst Abraham, als er aus seiner bisherigen Heimat Mesopotamien im Auftrag Gottes ausziehen und in das ihm bisher unbekannte Land Kanaan ziehen sollte, dieses Wagnis mit dem Segen Gottes auf sich genommen hat: „Ich will dich segnen... Du sollst ein Segen sein!" (Gen 12,1–3). Was denken, hoffen, befürchten Eltern am Hochzeitstag ihrer Kinder? Werden sie glücklich werden, wird ihr Leben, ihre Liebe, ihre Berufswünsche glücken und sich erfüllen? Werden sie in familiär oder beruflich schwierigen Zeiten einander die Treue halten und zusammenstehen? Der Hochzeitstag der Kinder ist für die Eltern ebenso ein Tag des Dankens wie des Bittens, an dem der Segen Gottes nicht fehlen darf. „Wenn der Herr nicht das Haus baut, müht sich jeder umsonst, der daran baut" (Ps 127,1).

Ringsegen

Gottes Segen wird über jene Ringe durch Gebet und Besprengung mit Weihwasser herabgerufen, die die Brautleute in der Trauungsmesse sich gegenseitig anstecken und die sie als Verheiratete tragen.

Der Segensspruch lautet:

„Herr und Gott, du bist menschlichen Augen verborgen, aber dennoch in unserer Welt zugegen. Wir danken dir, daß du uns deine Nähe schenkst, wo Menschen einander lieben.

Segne diese Ringe, segne diese Brautleute, die sie als Zeichen ihrer Liebe und Treue tragen werden. Laß in ihrer Gemeinschaft deine verborgene Gegenwart unter uns sichtbar werden. Darum bitten wir durch Christus, unseren Herrn."

Die Hochzeitsfeier in der Kirche ist eine intime, sehr persönliche und nur im Glauben erfahrbare Feier „vor Gottes Angesicht" und „im Namen des Vaters und des Sohnes und des Heiligen Geistes". Jegliche Musik verstummt, wenn vor dem dreifaltigen Gott das Vermählungswort gesprochen wird und der Ring als „Zeichen unsrer Liebe und Treue" der

Bräutigam der Braut bzw. die Braut dem Bräutigam ansteckt.
Der Zelebrant kann den Vermählungsspruch in Absätzen vorsprechen; die Brautleute sprechen die Teilsätze nach.
Der Zelebrant fordert die Brautleute auf, ihren Ehewillen zu erklären.

Zelebrant: So schließen Sie jetzt vor Gott und vor der Kirche den Bund der Ehe, indem Sie das Vermählungswort sprechen. Dann stecken Sie einander den Ring der Treue an.

Die Brautleute wenden sich einander zu. Der Bräutigam nimmt den Ring der Braut und spricht:
Bräutigam:
N.,
vor Gottes Angesicht
nehme ich dich an als meine Frau.
Ich verspreche dir die Treue
in guten und bösen Tagen,
in Gesundheit und Krankheit,
bis der Tod uns scheidet.
Ich will dich lieben, achten und ehren
alle Tage meines Lebens.

Der Bräutigam steckt der Braut den Ring an und spricht:
Bräutigam:
Trag diesen Ring
als Zeichen unsrer Liebe und Treue:
Im Namen des Vaters
und des Sohnes
und des Heiligen Geistes.

Danach nimmt die Braut den Ring des Bräutigams und spricht:
Braut:
N.,
vor Gottes Angesicht
nehme ich dich an als meinen Mann.
Ich verspreche dir die Treue
in guten und bösen Tagen,
in Gesundheit und Krankheit,
bis der Tod uns scheidet.
Ich will dich lieben, achten und ehren
alle Tages meines Lebens.

Die Braut steckt dem Bräutigam den Ring an und spricht:
Braut:
Trag diesen Ring
als Zeichen unsrer Liebe und Treue:
Im Namen des Vaters
und des Sohnes
und des Heiligen Geistes.

Hochzeitsjubiläum

Trotz aller Ehemiseren gibt es auch heute Eheleute, die zueinander nach Jahrzehnten sagen können: Es ist gut und ich danke Gott, daß es dich gibt! Liebe ist ein Lebensproezß, der Zeit und Geduld zum Reifen braucht. Liebe „bis der Tod scheidet", lebt von der Größe des Verzeihenkönnens, des Wiedergutseins. „Lieben heißt, die Freiheit des anderen vermehren" (Rainer Maria Rilke).
Alljährlich steht im Kalender der Hochzeitstag. Er sollte nie vergessen

werden. Wenigstens ein „Zeichen" der dankbaren Erinnerung und der Erneuerung der Treue und der Weggemeinschaft sollte diesen Tag hervorheben. Könnte es nicht dann und wann möglich sein, genau am Hochzeitstag sich mehr Zeit füreinander zu schenken und vielleicht jene Kirche zu besuchen, in der vor Jahren, vor Jahrzehnten, die Trauung stattgefunden hat? In früheren Zeiten war es selbstverständlich, an „runden" oder besonderen Hochzeitsjubiläen zur heiligen Messe zu gehen, gemeinsam die heilige Kommunion zu empfangen und im Kreise seiner Kinder und Enkelkinder ein fröhliches Mahl zu feiern. Es gäbe auch heute eine Vielzahl von Hochzeitsjubiläen zu feiern, die zwischen der „grünen Hochzeit" und der „Kronjuwelenhochzeit" liegen.

Die Gesellschaft für deutsche Sprache in Wiesbaden hat eine Liste veröffentlicht, die von Zeit zu Zeit mit neuen Namen ergänzt wird, in der die Bezeichnungen der unterschiedlichen Hochzeitsjubiläen festgehalten sind:

Trauung grüne Hochzeit
nach 1 Jahr papierene baumwollene Hochzeit
nach 5 Jahren hölzerne Hochzeit
nach 6 Jahren Zuckerhochzeit
nach $6^{1}/_{4}$ Jahren zinnerne Hochzeit
nach 7 Jahren kupferne Hochzeit
nach 8 Jahren blecherne Hochzeit
nach 10 Jahren Rosenhochzeit
nach $12^{1}/_{2}$ Jahren Nickelhochzeit
nach 15 Jahren gläserne Hochzeit
nach 20 Jahren Porzellanhochzeit
nach 25 Jahren silberne Hochzeit
nach 30 Jahren Perlenhochzeit
nach 35 Jahren Leinwandhochzeit
nach $37^{1}/_{2}$ Jahren Aluminiumhochzeit
nach 40 Jahren Rubinhochzeit
nach 50 Jahren goldene Hochzeit
nach 60 Jahren diamantene Hochzeit
nach 65 Jahren eiserne Hochzeit
nach $67^{1}/_{2}$ Jahren steinerne Hochzeit
nach 70 Jahren Gnadenhochzeit
nach 75 Jahren Kronjuwelenhochzeit.

LITERATUR: *D. Emeis, Die Ehe christlich leben. Freiburg 1988[5]; G. Götz, Brauchtum im Religionsunterricht. München 1939; H. Koren, Volksbrauch im Kirchenjahr. Salzburg–Leipzig 1934: P. E. Rattelmüller, Bairisches Brauchtum im Jahreslauf. München 1985; A. und H. Rehm, Lebendiges Brauchtum in Werdenfels. München 1995[2].*

Junggesellenabschied

→ Hochzeit

K

Karfreitag

→ Karwoche

Karneval

→ Fastnacht

Karwoche

Die letzte Woche der vierzigtägigen Fastenzeit (Quadragesima), zugleich die letzten Tage vor dem Osterfest, werden Karwoche genannt. Das Wort „Kar" kommt aus dem althochdeutschen „kara" (= Wehklage, Trauer), gotisch „kara", englisch „care" (= Sorge, Besorgnis, Kummer).
Vielen Menschen, auch den meisten Kirchgängern, ist kaum bekannt, daß seit der nachkonziliaren Neugestaltung der kirchlichen Liturgie die Karwoche zwei Abschnitte aufweist: der erste Abschnitt vom Palmsonntag bis einschließlich Mittwoch, der zweite Abschnitt vom Gründonnerstag bis einschließlich Karsamstag, der die Bezeichnung „Österliches Triduum" (Triduum paschale) erhalten hat.
Das österliche Triduum hat einen kirchlichen Brauch des 4./5. Jahrhunderts wieder lebendig werden lassen, der die „drei Tage des Gekreuzigten, Begrabenen und Auferweckten" (triduum crucifixi, sepulti, suscitati) als liturgische Einheit betrachtete. Es wird sicherlich noch geraume Zeit dauern, bis die offiziellen, kirchlich-liturgischen Bezeichnungen auch im Kirchenvolk und darüber hinaus auch in den Medien sich einbürgern. Wer weiß, daß der Osterfestkreis bereits mit dem Aschermittwoch beginnt und bis einschließlich 8. Ostersonntag (= Pfingstsonntag) dauert und daher „die Fastenzeit" (auch „österliche Bußzeit" genannt) wie die Karwoche umfaßt?
In jedem der drei Lesejahre A, B und C werden jeweils zwei der vier neutestamentlichen Passionen vorgelesen. Es ergibt sich damit ein unterschiedlicher, verkündigungstheologi-

scher Doppelklang zwischen der Passionsverkündigung am Palmsonntag und der in allen drei Lesejahren gleichbleibenden Johannespassion:

	Palmsonntag	Karfreitag
Lesejahr A:	Matthäuspassion	Johannespassion
Lesejahr B:	Markuspassion	Johannespassion
Lesejahr C:	Lukaspassion	Johannespassion

Die Passionsgeschichte

Weit über den Kirchenraum hinaus hat die Karwoche auch in den Konzertsälen ein musikalisches Echo erhalten und behalten – durch die gesungene Passion, erinnert sei nur an die berühmte und immer wieder aufgeführte Matthäuspassion von Johann Sebastian Bach. Der Urtext der römischen Liturgie der Karwoche ist die Leidensgeschichte des Neuen Testaments, die bereits im 13. Jahrhundert, verteilt auf mehrere Personen, während der kirchlichen Feier vorgetragen (und später auch in Passionsspielen dramatisiert) wurde. Aus der liturgischen Passionsvorlesung entwickelt sich in der zweite Hälfte des 15. Jahrhunderts die auf mehere Personen und einen Chor aufgeteilte Choralpassion.

Bis zum heutigen Tag unvergeßlich und immer wieder aufgeführt sind die von Heinrich Schütz (1585–1672) und Johann Sebastian Bach (1685–1750) vertonten Passionen. Lebendig geblieben sind auch die Vertonungen des „Stabat mater" von Giovanni Battista Pergolesi (1710–1736), der „Sieben Worte" des gekreuzigten Jesus von Joseph Haydn (1732–1809) oder des „Christus am Ölberg" von Ludwig van Beethoven (1770–1827).

Zum Brauchtum der Karwoche gehört neben dem Kreuzweg der Kalvarienberg, oft verbunden mit der „Heiligen Stiege". Die Anregung dazu ist von Rom ausgegangen, und zwar von der „Heiligen Stiege" (Scala Santa), gegenüber der Lateranbasilika. Kaiserin Helena ließ diese mit 28 Stufen versehene Holztreppe (heute mit Glas verschlossen), über die Jesus nach der Geißelung und Dornenkrönung zu Pontius Pilatus geführt wurde, im Jahre 326, von Jerusalem nach Rom, bringen. Der berühmteste Kalvarienberg in Bayern, der auf das Jahr 1711 zurückgeht und dem eine überbaute „Heilige Stiege" mit 28 Stufen eingegliedert ist, führt hinauf zur steilen Höhe vor dem Alpenpanorama über dem Isartal in Bad Tölz. In der Fastenzeit, vor allem in der Karwoche, ist sie Ziel vieler Beter.

Die „Heilige Stiege", die in Passau um 1624/27 erbaut und überdacht wurde, führt hinauf zur Maria-Hilf-Kirche. Sie will nicht wie die „Heilige Stiege" in Rom an das Leiden Jesu Christi erinnern, sondern soll Meditations- und Gebetsstätte sein, um würdig und innerlich gesammelt zum Gnadenbild zu gelangen.

LITERATUR: O. Kade, *Die älteren Passionskompositionen bis 1663*. Gütersloh 1893; . R. Gerber, *Die deutsche Passion von Luther bis Bach*. In: *Jahrbuch der Luther-Gesellschaft* 13 (1931) 131–152; Chr. Schreiber (Hg.), *Wallfahrten durchs deutsche Land. Eine Pilgerfahrt zu Deutschlands heiligen Stätten*. Berlin 1928.

Palmsonntag

Der Name „Palmsonntag" nimmt Aussagen des Neuen Testaments über den Einzug Jesu in Jerusalem (Mt 21,1–9; Mk 11,1–10; Lk 19, 28–40; Joh 12,12–19) auf; jedoch nur im Johannesevangelium werden „Palmzweige" (Joh 12,13) ausdrücklich erwähnt. Die kirchliche Liturgie hat sehr früh bereits die geschichtlichen Ereignisse des Einzuges Jesu in Jerusalem nachgestaltet. Bereits um 400 gab es eine feierliche Prozession vom Ölberg in die Stadt Jerusalem. Eine Palmprozession ist sehr bald auch in Konstantinopel, dann in Gallien und im 11./12. Jahrhundert auch in Rom nachweisbar.

Auch nördlich der Alpen ist das Brauchtum des Palmsonntags sehr früh bekannt. In der im 10. Jahrhundert aufgezeichneten Lebensbeschreibung des heiligen Bischofs Ulrich von Augsburg († 970) heißt es:

„Darnach segnete St. Ulrich die Palmen; darnach ward ein köstlich Procession von Pfaffen und Laien gehebt mit kreutzen und fanen und dem heiligen evangel, voran pildnuss unsers Herrn auf einem Esel sitzend und jedermann palm in henden tragend". In nicht wenigen bayerischen Museen finden sich holzgeschnitzte *Palmesel* mit dem segnenden Christus, der bei der Palmprozession des Palmsonntags von Ministranten mitgezogen wurde (z. B. ein Palmesel mit Christusfigur aus der Zeit um 1350 im Heimatmuseum in Erding, im Heimatmuseum von Landshut ein lebensgroßes Schnitzwerk aus der Zeit um 1500; einen Ehrenplatz im Bayerischen Nationalmuseum in München hat der um 1470 geschnitzte Palmesel von Ottenstall bei Kempten). Der auf dem Palmesel sitzende Christus wurde meist St. Salvator genannt.

Zunächst war das Vortragskreuz oder auch ein kostbares Evangelienbuch bei der Palmprozession das Symbolzeichen für den einziehenden Christus. Die mittelalterliche Schaufrömmigkeit hat dazu geführt, auf einem geschnitzten und mit Rädern versehenen Esel (Sach 9,9; Mt 21,5; Mk11,2.7; Lk 19,35) einen darauf sitzenden, geschnitzten und bemalten Christus in der Palmprozession mitzuführen und von einer Vielzahl von Gläubigen, ausgestattet mit Palmzweigen, begleiten zu lassen.

In der heutigen Liturgie geht der Palmprozession die Palmweihe außerhalb der Kirche voraus, bei der folgendes Segensgebet gesprochen wird:

*„Allmächtiger, ewiger Gott,
segne diese Zweige, die Zeichen des Lebens und des Sieges,
mit denen wir Christus, unserem König, huldigen.
Mit Lobgesängen begleiten wir ihn in seine heilige Stadt;
gib, daß wir durch ihn
zum himmlischen Jerusalem gelangen,
der mit dir lebt und herrscht in alle Ewigkeit."*

Nach der Besprengung der Palmzweige mit Weihwasser zieht die Palmprozession, an ihrer Spitze das geschmückte Vortragskreuz, begleitet von Ministranten mit brennenden Kerzen, in die Kirche ein. Da originale Palmzweige kaum erhältlich sind, hat man in Deutschland vielfach Zweige vom Buchsbaum, von Tannen, Haselnußstauden, Wacholder oder Weidenkätzchen bei der Palmprozession mitgetragen. Heute werden Weidenkätzchen oft „Palmkätzchen" bezeichnet. In vielen Pfarreien werden Palmbuschen auf langen Stangen getragen. Alkuin (730–804), der Berater Kaiser Karls des Großen, hat von den Palmzweigen beim Christkönigseinzug am Palmsonntag geschrieben: „Die Palme ist ein großes Zeichen deines Triumphes, o König Christus."

Im Salzburger und Berchtesgadener Land werden an langen Stangen (Palmstangen) auch sogenannte „Gschobertbandl" (buntgefärbte Holzspäne gebündelt) bei der Palmprozession mitgetragen. Wie sehr der Volksglaube vom Palmzweig eine vor Krankheit schützende und heilende Wirkung erwartet, bezeugt der überlieferte Spruch:

*„A geweihts Palmzapfl essen,
schützt vorm Fieber."*

Bis zum heutigen Tag ist es Brauch, geweihte Zweige des Palmbuschens hinter das Kreuz im Herrgottswinkel oder geweihte Palmzweige in Felder und Wiesen zu stecken.

LITERATUR: *J. A. Adelmann, Christus auf dem Palmesel. In: Zeitschrift für Volkskunde 63 (1967) 182–200; H. J. Gräf, Palmenweihe und Palmenprozession in der lateinischen Liturgie. St. Augustin bei Kaldenkirchen 1959; H. Heres, Der Palmesel marschiert. In: Charivari 17(1991) Nr. 3, Seite 8–14; D. Opferkuch, Zum Brauchtum des Palmentragens. In: Volkskunst (1989) 58–60; M. Painkofer, Von niederbayerischen Palmeseln. In: Bayerisches Jahrbuch für Volkskunde (1950) 79–85; W. Pfaundler, Der Palmesel in Hall. In: Das Fenster (Innsbruck) 7 (1970) 556–562.*

Gründonnerstag

Mit dem Gründonnerstag (bis einschließlich Karsamstag) beginnt das „Österliche Triduum" (Triduum paschale). Diese Bezeichnung der nachkonziliaren Liturgieerneuerung stellt sicherlich für nicht wenige Christen eine Verstehensbarriere dar, denn an den drei Tagen vor dem Osterfest steht wenig „Österliches", sondern das Leiden und Sterben Jesu und damit die Kreuzestheologie im Zentrum ihres Betens und Betrachtens. Die Bezeichnung „Österliches" Triduum will gewiß anregen, Kreuz und Auferstehung Jesu zusammenzuschauen. Es darf aber nicht zu einer Verdrängung oder Ausblendung der Heilswirklichkeit des letzten Abendmahles und des Kreuzestodes Jesu Christi in der christlichen Meditation kommen.

Der Name „Grün"-Donnerstag hat mancherlei Deutungen erfahren, die jedoch keine allgemeine Anerkennung gefunden haben. Von den bisher vorgelegten Deutungen glaubt man, diesen Namen als „Tag der Greinenden" (der Weinenden, der Büßenden) enträtseln zu können, weil schon unter Papst Innozenz I. († 417) an diesem Tag die Wiederaufnahme der Büßer in die Glaubens- und Eucharistiegemeinschaft nach dem Evangelium erfolgte. Andere Sprachen haben diese Deutungsprobleme nicht; sie sprechen vom „großen Donnerstag". Eine neue Sprachregelung im deutschen Missale spricht vom „Hohen Donnerstag".

Das Hauptthema des Gründonnerstages ist die Erinnerung an die Einsetzung der Eucharistie beim letzten Abendmahl (Coena Domini). Es ist kaum bewußt, daß der Gründonnerstag ein ökumenischer Mahn- und Impulstag ist, nämlich aus der Spaltung der Christenheit an den gemeinsamen Tisch des Herrn zurückzukehren. Die Einsetzung der Eucharistie am Gründonnerstag wird an einem späteren Donnerstag in der Festfeier des Fronleichnamstages wiederum an einem Donnerstag in der zweiten Woche nach Pfingsten nachgeholt. Eine Erinnerung an den Dankesjubel ist das mächtige Läuten aller Glocken zum Gloria, die bis zur Osternacht schweigen. Eine kaum bekannte Deutung des Verstummens der Glocken hat Durandus von Mende (1230–1296) in seinem Werk „Rationale divinorum officiorum" (1.6, c.7, m.5) einer Darstellung der gesamten Liturgie, vorgelegt: Das Schweigen der Glocken deute auf die Flucht und stumme Wortlosigkeit der Apostel, der berufenen Künder des Evangeliums.

An Stelle der Glocken, von denen man sagt, sie seien „nach Rom geflogen", werden bis zur Osternacht hölzerne Klapperinstrumente gebraucht (sogenannte Karfreitagsratschen, Drehratschen, Turmraffeln). Verbreitet ist folgender Spruch, den

Karwoche

die Ratschenbuben mit großer Lautstärke verkünden:

„Wir ratschen, wir ratschen den englischen Gruß,
den jeder katholische Christ beten muß.
Fallet nieder auf eure Knie
und betet drei Vaterunser und das Ave Marie!"

Der Gründonnerstag, auch „Antlaß-Tag" genannt (wegen der Ablaßgewährung für die öffentlichen Büßer und ihre Wiederaufnahme in die Eucharistiegemeinschaft der Pfarrgemeinde; Antlaß = Ablaß), hatte früher in landwirtschaftlichen Gebieten eine besondere Bedeutung. Den an diesem Tag gelegten Eiern, die sogenannten „Antlaß-Eier", wurde eine heilbringende Kraft zugeschrieben und zur Speisenweihe am Ostersonntag aufbewahrt. Von den Altlaß-Eiern sagte man seltsame Geschichten. Sie würden vom Osterhasen (!) gelegt; die bereits vor Ostern gelegten Antlaß-Eier seien eine Bevorzugung und Auszeichnung für besonders „brave" Kinder.

LITERATUR: *H. Moser, Die Pumpenmetten. Ein Beitrag zur Geschichte der Karwochenbräuche. In: Bayerisches Jahrbuch für Volkskunde 1956, 80–98.*

Karfreitag in der Kunst

Frömmigkeits- und Kunstgeschichte bestätigen – gewiß angeregt durch die Kreuzzüge und die Leidenserinnerungen Jesu, die in vielen Reliquien und Kreuzpartikeln in das Abendland kamen –, daß das Leiden und Sterben Jesu bereits in der mittelalterlichen Gotik, vor allem aber in der subjektiv-emotionalen Akzentuierung der Barockkunst dem christlichen Glauben eine tiefe und nachhaltige Prägung gegeben haben. Die Kreuzwegstationen in den Kirchen, wie die Kalvarienberge mit einer Vielzahl von Kapellen, sind ein beredtes Zeugnis dieser Passionsfrömmigkeit. Der blutüberströmte Schmerzensmann, meist mit einer klaffenden Schulterwunde, wird zu einem der beliebtesten Kultbilder dieser Epoche. Ein typisches Beispiel ist die heilige Gertrud von Helfta, die Große (1256–1302), die von den „rosea vulnera" spricht und mit einem sensationellen, heute nur schwer verständlichen Spürsinn von 5456 Wunden Jesu spricht und außerdem 28 430 Bluttropfen aufzählt, die Jesus vergossen hat (vgl. A. L. Mayer, Die Liturgie in der europäischen Geistesgeschichte. Darmstadt 1971, 41).
Mit großer und mitleidender Hingabe wurde der Heiland von „Herrgottsruh" nicht nur während der Fastenzeit besucht und verehrt. Heute noch erinnert die barocke Wallfahrtskirche „Zu Unseres Herrn Ruhe" mit

ihrem breitgelagerten Bau aus dem 18. Jahrhundert östlich der Stadt Friedberg bei Augsburg an diese Form der Passionsfrömmigkeit. Die berühmtesten Künstler der damaligen Zeit haben an der reich ausgestatteten Kirche bei Friedberg mitgearbeitet: von Franz Xaver Feuchtmayer (1705–1764) stammen der Stuckmarmor und die duftigen Stukkaturen, das Kuppelgemälde im Chor (1738) wurde von Cosmas Damian Asam (1686–1738), die Deckenbilder im Langhaus wurden von seinem Meisterschüler Matthäus Günther gemalt.

Der biblische Passionsbericht, vor allem die unzähligen Anstöße, die die abendländische Passionsfrömmigkeit in deutschen Landen durch die Kreuzzüge erhalten hatte, haben die Gestaltung des sogenannten Vesperbildes (Marienklage) der Schmerzensmutter Maria, die sitzend den Leichnam Jesu auf ihrem Schoß hält (Pieta), angeregt. Von 1400 an, vor allem in der Barockzeit wurde das Bild der Mater dolorosa mit ihrem toten Sohn oft theatralisch-pathetisch gestaltet. Es findet sich noch im 20. Jahrhundert auf Kriegerdenkmälern, weil Frauen und Mütter, die ihre Söhne oder Verlobten als Gefallene zu beklagen hatten, gerade von der Schmerzensmutter Trost und Herzensfrieden erflehten.

Berühmt ist die Pieta in der ersten Kapelle des rechten Seitenschiffs (Peterskirche in Rom), die Michelangelo (1475–1564) im Alter von 24 Jahren aus weißem Marmor gemeißelt hat. Kaum bekannt ist das Pieta-Gemälde, das der niederländische Maler Vincent van Gogh (1853–1890), 1889, wenige Monate vor seinem Tod, im Sanatorium Saint-Rémy geschaffen hat (heute im Nationalmuseum Vincent van Gogh, Amsterdam) und über das er in seiner Not und Zerrissenheit seinem Bruder Theo geschrieben hat: „Gerade jetzt, wo ich krank bin, versuche ich etwas zu machen, was mich tröstet und besonders erfreut... Ich bin nicht aus Stein oder Eisen. Ich habe Sehnsucht nach Liebe."

„Um die neunte Stunde... gab Jesus seinen Geist auf" (Mt 27,46.50; Mk 15,34.37; Lk 23,44.46; Joh 19,30). Von den meisten Exegeten und Historikern wird als Todestag Jesu der 7. April des Jahres 30 n. Chr. angegeben. Eine große Erinnerung an den Tod und das Begräbnis Jesu ist das Leichentuch von Turin (4,36 m lang und 1,10 m breit), das wie keine andere Reliquie der Kirchengeschichte im Mittelpunkt von Anerkennung und Kritik stand und von dessen Echtheit nach umfangreichen Untersuchungen mit neuesten Methoden immer mehr Wissenschaftler überzeugt sind.

Über die beiden Stätten der Kreuzigung und der Grablegung Jesu wölbt sich heute in Jerusalem die Grabeskirche (vgl. zur Entstehung, zu den Plateauveränderungen und zur Baugeschichte der Grabeskirche in Jerusalem A. Läpple, Auferstehung. Aschaffenburg 1989, 34–39).

Eine kaum bekannte, kunstgeschichtlich einzigartige Kostbarkeit ist die originale Nachbildung des Heiligen Grabes von Jerusalem, die sich in der Kapuzinerkirche in Eichstätt befindet. Bedenkt man, daß diese Nachbildung nach den geschichtlichen Dokumenten vor dem Jahr 1166 errichtet wurde, dann handelt es sich dabei um eine Erinnerung an die Kreuzzüge, denn sie stammt aus der Zeit zwischen dem zweiten Kreuzzug (1147–1149) und dem dritten Kreuzzug (1189–1197). In diesen Gedächtnisbau sind eingefügt ein Stein aus Jerusalem, ein Kreuzpartikel und ein Stück der Dornenkrone. Die Eichstätter Nachbildung hat deshalb eine einzigartige Bedeutung, weil der Originalbau des Heiligen Grabes in Jerusalem später wiederholt zerstört wurde und heute nur in einer späteren Nachgestaltung in Jerusalem vorliegt. Im Eichstätter Heiligen Grab hingegen dürften wohl die genauen Originalmaße des Heiligen Grabes in Jerusalem vor der Zerstörung erhalten geblieben sein.

Karfreitag in der Liturgie
Die Liturgie greift den biblischen Zeitpunkt der „neunten Stunde" (= 15 Uhr) für die Feier des Leidens und Sterbens Jesu auf. Am Karfreitag wie am Karsamstag feiert die Kirche nach ältester Überlieferung keine Eucharistie. Die Karfreitags-Liturgie umfaßt drei Teile: Wortgottesdienst (mit der Johannespassion: Joh 18,1–19,42) – Kreuzverehrung – Kommunionfeier. Während die deutsche Bezeichnung „Karfreitag" das Denken und Beten zur Trauer anregt, läßt die englische Bezeichnung „Good Friday" (= guter Freitag) etwas von der Dankbarkeit spüren, die Christen gerade an diesem Tag für die Erlösung von Schuld und Sünde und für die Eröffnung einer Zukunft der Freude und des Friedens empfinden. Das Leiden und Sterben Jesu hat den Glauben und die Phantasie der Christen im Barockzeitalter außerordentlich stark und sehr persönlich angesprochen. Der am Kreuz gestorbene Jesus hat gewiß in früheren Jahrhunderten nicht eine Gott-ist-tot-Debatte wie im 20. Jahrhundert ausgelöst. Das katholische Volk war zutiefst erschüttert, daß Jesus wie einer ihrer verstorbenen Angehörigen tot im Grab lag. Gefördert wurden die eifrig besuchten Bußandachten des Leidens und Sterbens Jesu gegen Ende des 15. Jahrhunderts durch viele Prediger, die ein dem heiligen Albert dem Großen zugeschriebenes Wort immer wieder zitierten: „Ein andächtiges Gedächtnis des Leidens (und Sterbens) Jesu Christi bringt

dem Menschen mehr Nutzen, als wenn er ein ganzes Jahr fastet bei Wasser und Brot und viel Gebets verbrächt."

Was in der kirchlichen Liturgie des Karfreitags durch die Johannespassion und die Kreuzverehrung bereits angeklungen war, wurde volkstümlich und dramatisch wie ein bayerisches Komödienspiel „weiterbuchstabiert" und konkretisiert als „Grabesruhe Christi" durch die Errichtung des Heiligen Grabes im Kirchenraum. Ein mächtiger, bühnenartiger Aufbau mit mehreren Kulissen wurde vor dem Hochaltar errichtet. Die Grabnische mit dem holzgeschnitzten Leichnam Jesu war übersät mit einer kaum zählbaren Fülle von Kerzen. Um 1382 hat der Münchener Patrizier Gabriel Ridler eine Stiftung gemacht zur Anschaffung von „Wachs für Kerzen zum Grab Christi". Farbige Glaskugeln, von rückwärts durch Kerzen erhellt, schmückten an der Vorderseite das Heilige Grab. Im 18. Jahrhundert lag im Heiligen Grab der Münchener Michaelskirche ein lebender Mensch. Der letzte, der dieses Werk der Buße übernahm, war der damalige Präsident der Bairischen Akademie der Wissenschaft Graf Anton von Törring-Seefeld (vgl. I. Graßl, Münchner Brauchtum und Leben im 18. Jahrhundert, Beiträge zur Volkskunde der Stadt München. 1940, 51). Wie bedeutsam im Glauben und Leben der Besuch des Heiligen Grabes war, bestätigt die Tatsache, daß in der Münchner Franziskanerkirche das Heilige Grab das ganze Jahr über aufgestellt wurde. Die Klostergärtnerei setzte ihren Stolz darein, mit den schönsten Blumen der Jahreszeit das Heilige Grab zu schmücken. 1577 errichteten die Jesuiten in der Aula ihres Münchner Gymnasiums ein Heiliges Grab, bei dem acht Knaben als Engel verkleidet, Gesänge vorgetragen haben. Bezeichnend war die Verbindung des toten Jesus mit dem eucharistischen Christus, denn hoch über der Grabesnische war in einem hell erleuchteten Kulissenoval eine weiß verschleierte Monstranz mit der konsekrierten Hostie zur Anbetung ausgesetzt.

Das Heilige Grab war auch ein wichtiges Medium und Instrumentarium für das Spektatkel der optisch-theatralischen Auferstehung, früher am Abend des Karsamstags. Während bei der Auferstehungsfeier der Leichnam Jesu nach unten abgesenkt wurde und verschwand, wurde über der Stelle der Monstranz ein gemaltes oder geschnitztes Bild des auferstandenen Christus mit der Osterfahne hochgezogen: „Der Heiland erstand." Gleichzeitig sind mit mächtigem Getöse die aus Holz geschnitzten Grabwächter zu Boden gestürzt. Eine wahrhaftig dramatische und unvergeßliche Katechese – für jung und alt!

Allen Bilderstürmern, liturgischen Puristen und Heilig-Grab-Zerstörern, die im dramatischen Jahrzehnt (1965/75) der Nachkonzilszeit gewirkt und gewütet haben, hat der mit der bayerischen Frömmigkeit einzigartig vertraute Benediktinermönch und Kirchenhistoriker Romuald Bauerreiß, dem eine vielbändige „Kirchengeschichte Bayerns" zu verdanken ist, ins Tagebuch geschrieben: „Es ist ein Zeichen für die historische Unkenntnis mancher maßgeblicher Liturgiereformer, in dem so beliebten Heiligen Grab der Karwoche nur einen barocken oder höchst spätmittelalterlichen Firlefanz zu sehen." In einer Epoche, in der so viel über den „Tod Gottes" geschrieben und diskutiert wird, ist es durchaus nachdenkenswert und eröffnet ungewohnte, theologische Perspektiven, über die Präsenz *und* Gleichzeitigkeit des toten Jesus im Heiligen Grab und des eucharistischen Christus ebenfalls im Heiligen Grab sich in einer Meditation hineinzuwagen!

LITERATUR: *R. Bauerreiß, Pieta Jesu. Das Schmerzensmann-Bild und sein Einfluß auf die mittelalterliche Frömmigkeit. München 1931; W. Krönig, Rheinische Vesperbilder. Mönchengladbach 1967; W. Passarge, Das deutsche Vesperbild im Mittelalter. Köln 1924; F. C. Schneider, Die mittelalterlichen deutschen Typen des Vesperbildes. Rendsburg 1933; Ausstellungskatalog (mit einzigartigen Abbildungen!): Stabat Mater, Maria unter dem Kreuz in der Kunst um 1400. (Ausstellung Salzburg 1. Juni bis 15. September 1970). Salzburg 1970.*

Kirchenmusik

Man braucht gewiß nicht Jesus von Nazaret zu einem Komponisten hochzuspielen, um Kirchenmusik zu begründen, wenngleich (von K. G. Fellerer) im großen Hallel (Ps 113–118) beim letzten Abendmal (Mk 14,26; Mt 26,30) der Anfang des christlichen Kultgesangs gesehen wird. Das Thema der Musik oder der Kirchenmusik stand in der christlichen Glaubensgeschichte dreimal zur Diskussion – zunächst in der Musikkritik einzelner Kirchenväter, vor allem durch Hieronymus (347–419), der in einem Kommentar zu Eph 5,19 die bissigen Worte sich nicht verkneifen konnte: „Das sollen die jungen Leute hören, die in der Kirche, den Dienst des Psalmierens versehen: Für Gott soll man nicht mit der Stimme, sondern mit dem Herzen singen, nicht nach Theatermanier Kehle und Schlund mit Medikamenten schmieren, so daß in der Kirche theatralisch gedrechselte Melodien und Gesänge ertönen" (zitiert bei Thomas von Aquin, S. th. 2/II q 91 a 2 [Utrum in divinis laudibus sint cantus assumendi] 2).

Während des Konzils von Trient (1545/63) gab der damalige Domkapellmeister der römischen Peterskirche Giovanni Pierluigi Palestrina (1525–1594) eine klärende und mutige Antwort, als er seine Missa Papae Marcelli mit der Klarheit der Wortdarstellung und in polyphoner Vollendung komponierte. In der Zeit unmittelbar nach dem Zweiten Vatikanischen Konzil (1962/65) wurde festgestellt, die Kirchenmusik sei „nach dem Wesen der Liturgie und dem obersten Grundsatz der Liturgiereform kaum in Übereinstimmung zu bringen" (K. Rahner/H. Vorgrimler, Kleines Konzilskompendium. Freiburg 1967[2], 48). Auch heute wird vereinzelt die These vertreten: „Unsere heutige Kirchenmusik hat noch lange nicht verstanden, was im Zweiten Vaticanum geschehen ist" (Ernst Tewes).
Es wäre schade, wenn man die Orchestermessen eines Haydn oder Mozart, eines Beethoven oder Bruckner nur noch in Konzertsälen oder auf CD hören könnte, nicht aber in dem Raum und bei dem eucharistischen Heilsereignis, für die sie ad majorem dei gloriam komponiert worden sind. Es gilt, die Intention des Zweiten Vatikanischen Konzils, niedergelegt in Artikel 114 der Konstitution über die heilige Liturgie (Sancrosanctum Concilium) vom 4. Dezember 1963, einzulösen: „Der Schatz der Kirchenmusik möge mit größter Sorge (summa cura) bewahrt und gepflegt werden." Die alten Griechen hatten wohl eine tiefe Ahnung vom Charisma des Musikers, wenn sie sagten, er sei „éntheos", er sei ein in Gott Wohnender, ein von Gott Ergriffener, ein von Gott Begeisterter, ein für Gott Begeisternder. Aristoteles (Politik, 8. Buch) weist im Prozeß der Erziehung und Bildung der Musik eine Sonderstellung zu. In der Vielfalt der Kirchenmusik – gregorianischer Choral, Volksgesang aus dem „Gotteslob", dem Kirchengesangbuch der katholischen Kirche, A-capella-Chor, Orchestermesse, Meßgestaltung mit Volksmusik (Zither, Gitarre, Flöte, Harfe usw.), Jazz-Musik – soll das Volk Gottes in der Vielfalt seiner Altersschichten, seiner Gruppierungen, seiner Ausdrucksmöglichkeiten das „neue Lied" (Ps 32,3; Offb 5,9) der Danksagung anstimmen und damit einstimmen in den Lobgesang der Chöre der Engel und Heiligen (wie es am Schluß der Präfationen heißt).

„Die Kirchenmusik hat ihren Namen nicht daher, weil sie in einem Kirchenraum gesungen wird, sondern davon, daß sie aus dem Innern der Kirche hervorgeht. Die Kirche (als Volk Gottes) ist ihrer Natur nach eine singende Kirche" (Kardinal Friedrich Wetter). Die Antwort des Menschen auf Gottes erlösende Gnade und auf die unverdient geschenkte Freundschaft will nicht mit Worten allein

Kirchenmusik

Kirchenmusik

zum Ausdruck kommen. Wovon das Herz voll, des geht der Mund über. Die Antwortgebung des erlösten Gottesvolkes beginnt im Herzen. Sie will überströmender Jubel werden und, weil das gesprochene Wort nicht genügt, zum Gesang werden. Rainer Maria Rilke (1875–1926) hat in „Die Weise von Liebe und Tod des Cornets Christoph Rilke" (1906) – wenngleich in einem ganz anderen Zusammenhang und doch meisterlich – den musikalischen Jubilus gemeint, als er schrieb:

„Als Mahl begann's.
Und ist ein Fest geworden,
kaum weiß man wie."

Die Aufforderung: „Singt Gott in eurem Herzen Psalmen, Hymnen und geistliche Lieder" (Kol 3,15) hat Aurelius Augustinus (354–430) auf seinem Bekehrungsweg erfahren: „Wie weinte ich bei deinen Hymnen und Gesängen, tief bewegt von den Stimmen seiner lieblich singenden Kirche (suave sonantis ecclesiae)! Die Stimmen drangen in mein Ohr, und in ihrem Strom träufelte die Wahrheit in mein Herz, das Gefühl für Gott taute auf, es flossen die Tränen und mir war wohl dabei" (Confessiones IX 6,14). Verständlich wird daher sein viel zitiertes Wort: „Wer singt, der betet doppelt."

Die Kirchenmusik hat in ihrem Variationsreichtum eine unersetzliche Glaubensbedeutung – für die junge Generation, die Jazz-Messen liebt, wie für die ältere Generation, die am Volksgesang aus dem „Gotteslob" wie auch bei Orchestermessen an liturgischen Festtagen ihre Freude hat. Im gemeinsamen Singen aus dem „Gotteslob" und bei den gemeinsamen Antworten in der Eucharistiefeier wird ganz selbstverständlich eine generationsverbindende Brücke geschlagen. Soll man einem suchenden, musisch begabten Menschen den Eintritt in das Gotteshaus versagen, weil er zunächst nur wegen der angesagten Orchestermesse und mit seiner Partitur kommt, aber in den musikalischen Klängen und Aussagen eine glaubenstherapeutische Zuwendung erfährt und trotz so manchen Ärgers mit der Institution der Amtskirche doch die Verbindung mit Gott nicht abbrechen läßt? Bekennt nicht ein Augustinus über Selbsterlebtes: „…die Wahrheit träufelte in mein Herz, das Gefühl für Gott taute auf."! Gewiß darf Kirchenmusik die Zentralaussage der Eucharistiefeier nicht verdecken, nicht verdrängen. Sie kann aber durch Gottes Gnade zu einem missionarischen Impuls werden, für das „Geheimnis des Glaubens" sich in „actuosa participatio" zu öffnen und ein Ja zum pilgernden Volk Gottes zu sprechen.

Von Kirchenmusik kann nicht gesprochen werden, ohne auch die *Orgel*, die Königin aller Instrumente zur

Verherrlichung Gottes, zu erwähnen. Die wohl bedeutendste Orgelzentrale war Byzanz. Von dort kam 757 die erste Orgel als Geschenk des Kaisers Konstantin V. Kopronymos (741–775) an König Pippin ins Frankenreich. 826 wurde unter Kaiser Ludwig dem Frommen (814–840) die berühmte Aachener Orgel gebaut. Der wohl genialste Meister der Orgel war Johann Sebastian Bach (1685–1750).

Das Zweite Vatikanische Konzil hat in seiner Konstitution über die heilige Liturgie vom 4. Dezember 1962 mit großem Nachdruck geschrieben: „Die Pfeifenorgel soll in der lateinischen Kirche als traditionelles Musikinstrument in hohen Ehren gehalten werden; denn ihr Klang vermag den Glanz der kirchlichen Zeremonien wunderbar zu steigern und die Herzen mächtig zu Gott und zum Himmel emporzuheben" (Art. 120). „Die Kirchenmusiker mögen… sich bewußt sein, daß es ihre Berufung ist, die Kirchenmusik zu pflegen und deren Schatz zu mehren" (Art. 121).

Bei der Feier und Festlichkeit der kirchlichen Liturgie ist die Orgel ein unersetzliches Instrument. Der durch Orgel und Musik gestaltete Sonntagsgottesdienst will gewiß in erster Linie der Verherrlichung Gottes dienen. Er soll aber auch dem Atemholen der Seele dienen und dem Menschen über Arbeit und Beruf hinaus den Blick freihalten und bestärken für Sinn und Ziel seines Daseins. Es sollte nachdenklich machen, daß mit dem Namen „Sonntag" auch die Feier und Bedeutung des Sonntags im heutigen Sprachgebrauch „Wochenende" abhanden zu kommen scheint. „Es gibt nicht nur eine Säkularisation von Kirchen und Klöstern, sondern auch eine Säkularisation der Zeiten, der Wochen und Tage" (Rudolf Graber). Vgl. die Orgelweihe im „Benediktionale" (1981) Nr. 32 (S. 166–171).

Patronin der Kirchenmusik ist seit dem Ende des Mittelalters die *heilige Cäcilia*, deren liturgisches Fest am 22. November gefeiert wird. Sicherlich freut sich die heilige Cäcilia im Himmel über dieses schöne Patronat, obwohl unbekannt ist, ob sie eine gute Sängerin gewesen ist oder ob sie je ein Musikinstrument gespielt hat. Sie lebte und starb als christliche Märtyrerin in Rom zwischen 170 und 185 unter der Regierung des römischen Kaisers Marc Aurel (161–180) oder seines Nachfolgers, des römischen Kaisers Commodus (180–191). Ihre Grabstätte, wohin ihre Reliquien 821 unter Papst Paschalis I. gebracht worden sind, ist in der römischen Kirche San Cecilia in Trastévere (an der Piazza S. Cecilia). Unter dem dortigen Hauptaltar ist die eindrucksvolle Marmorstatue der Heiligen zu bewundern, angefertigt von dem Bildhauer Stefano Maderno (1576–1616).

LITERATUR: *H. J. Burbach, Studien zur Musikanschauung des Thomas von Aquin, Regensburg 1966; K. G. Fellerer (Hg.), Geschichte der katholischen Kirchenmusik. Kassel I (1972), II (1976); R. Graber, Religion und Kunst in Musica sacra und Liturgiereform nach dem II. Vatikanischen Konzil. Regensburg 1968; F. Haberl, Zur Theologie der Kirchenmusik. In: Musica sacra 91 (1971) 213-219; W. Kurzschenkel, Die theologische Bestimmung der Musik. Trier 1971; Th. Maertens, Heidnisch-jüdische Wurzeln der christlichen Feste. Mainz 1965; J. Overath, Magna gloria Domini. Altötting 1972; J. Ratzinger, Theologische Probleme der Kirchenmusik. In: Internationale katholische Zeitschrift 9 (1980) 148-157; Ders., Das Fest des Glaubens. Einsiedeln 1981, 86-111 (Zur theologischen Grundlegung der Kirchenmusik); E. Schadel, Musik als Trinitätssymbol. Einführung in die harmonikale Metaphysik. Frankfurt/M -Berlin-Bern-New York-Paris-Wien 1995. K. Weimann, Das Konzil zu Trient und die Kirchenmusik. Leipzig 1919.*

Kirchweihfest

Der Brauch, den Festtag eines religiösen Gebäudes, das an einem ganz bestimmten, geschichtlich und dokumentarisch nachweisbaren Tag für die Gottesverehrung feierlich geweiht wurde, alljährlich zu begehen, ist bereits im Alten und Neuen Testament als Jahresgedächtnis der Weihe des Tempels von Jerusalem bezeugt (1 Makk 4,36-61; 2 Makk 10, 1-8; 1 Kön 8, 1-66; Ez 43,1-45,25; Esra 6, 1-22; Joh 10,22). Auch die Römer feierten die Einweihung ihrer Tempel als natalis templi (als Geburtstag des Tempels).

Mit Beginn der christlichen Epoche unter Kaiser Konstantin wurde das Weihegedächtnis der in Palästina erbauten Kirchen (in Bethlehem und Jerusalem) alljährlich festlich begangen, wie dem um 400 n. Chr. in Form eines Brieftagebuches niedergeschriebenen Pilgerbericht der Aetheria (Peregrinatio ad loca sancta) zu entnehmen ist. In Rom ist das Kirchweihfest ab 5. Jahrhundert nachweisbar. Jede erbaute Kirche hatte ihr eigenes Kirchweihdatum und daher auch ihre dadurch festgelegte, traditionelle Kirchweihfeier, die bisweilen auch am Festtag des Kirchenpatrons begangen wurde.

Das religiöse Kirchweihfest wurde auch im außerkirchlichen Rom mit- und weitergefeiert – mit Festessen in der Familie (wo der Festbraten mit den Kirchweihnudeln nicht fehlen durfte) oder mit Vereinsfesten und einer Kirchweihdult (z. B. Bartolomä-Dult in Landshut). Der Name „Dult" leitet sich her von dem lateinisch-kirchlichen Wort und Begriff „indultum", das dokumentarisch belegte

Ablaßgewährung bedeutet. Welche hohe Bedeutung in München-Haidhausen die „Auer Dult" mit dem alten Graffel, dem Türkischen Honig und dem Bärendreck im Leben und in der Erinnerung noch in den zwanziger Jahren hatte, geht aus der Antwort eines Haidhauser Buben auf die Frage, worauf er sich am meisten freue, hervor: „Auf das Christkindl und auf die Dult."

Zum Kirchweihfest eines Ortes wurde den Gläubigen nach vorgeschriebenen Riten und Gebeten die Gewinnung von Ablässen ermöglicht, die meist für Verstorbene „aufgeopfert" wurden. Die mehrtägige Kirchweihdult wurde später oft mit einem Jahrmarkt verbunden, an dem meist fliegende Händler ihre Waren anboten, Rosse und Vieh meist mit Handschlag verkauft und gekauft wurden. Die Meßfeier des Kirchweih- bzw. Patroziniumsfestes hat den großen Jahrmärkten die Bezeichnung „Messe" gegeben, so daß heute noch von der „Buchmesse" oder von der „Automobilmesse", von der „Handwerksmesse" gesprochen wird. Bereits 1329 ist das Wort „Messe" für Jahrmarkt in Frankfurt am Main nachweisbar.

Die Lateran-Basilika in Rom, auch San Giovanni in Laterano genannt, hat durch ihre Bezeichnung als Papst-Kathedrale „mater et caput omnium ecclesiarum urbis et orbis" (Mutter und Haupt aller Kirchen der Stadt Rom und des Erdkreises) im Laufe der Liturgiegeschichte eine durchaus sinnvolle Koordinierung aller, an verschiedenen Tagen gefeierten Kirchweihfeste veranlaßt. Der Weihetag von San Giovanni in Laterano war seit alters her auf den 9. November angesetzt. Um die geschichtliche und geistliche Präzedenz der Papst-Kathedrale zu respektieren, wurde für alle geweihten Kirchen in vielen Diözesen ein gemeinsames Weihefest angesetzt – und zwar am Sonntag nach dem 9. November (festum dedicationis ecclesiae), heute am 3. Sonntag im Oktober. Viele Gemeinden haben ihren „guten Brauch" festgehalten, indem sie den Gedächtnistag ihres Kirchenpatrons als ihr Kirchweihfest begehen.

Das Kirchweifest hat seit dem Ende des Mittelalters eine immer größere Bedeutung im kirchlichen wie vor allem im weltlichen Bereich erlangt. Daß das kirchliche Fest der Kirchweih da und dort recht unreligiös ausartete, belegen die in Bayern gebrauchten Ausdrücke „Eß-, Freß-, Saufkirwe". Eine Pastoralverordnung des Erzbischofs von Mainz Friedrich K. Joseph von Erthal vom 23. März 1781 schrieb vor, es solle am Kirchweihmontag „ein Seelenamt für die verstorbenen Stifter und Wohltäter, für die verstorbenen Pfarrer, Eltern, Freunde und Verwandten und für alle im Herrn verstorbenen Pfarrgenossen" gefeiert und auch ein

Friedhofbesuch durchgeführt werden.

Vom Jahrmarkt, der mit dem Kirchweihfest verbunden war, erhielt dieser Festtag je nach Landschaften unterschiedlich Bezeichnungen, die jedoch von einer gemeinsamen Sprachwurzel abstammen: Kirmes, Kilbe, Kirbe, Kirta. Es wurde unter großer Beteiligung der Dorfgemeinschaft der Kirchweihbaum auf dem Marktplatz aufgestellt und die weißgelbe Kirmesfahne am Kirchturm gehißt. Der Kirchweihtanz lockte jung und alt. Wie heute noch in der letzten Stunde des Faschingsdienstags der Fasching symbolisch begraben wird, so hat es früher auch das „Begraben der Kerb" mit Trauerreden und geheuchelten Tränen gegeben.

Wer das Kirchweih-Brauchtum erhalten und aktivieren will, wird Kirche und Wirtshaus, Gebet und Lebensfreude nicht auseinanderreißen. Er wird aber um die christlichen Prioritäten Sorge tragen. Nur dann, wenn diese erkannt und erneuert werden, kann eine wirklich fröhliche Kirmesfeier gehalten werden, die Leib und Seele zusammenhält und auch in einer multikulturellen Gesellschaft ihren respektierten Platz haben wird.

LITERATUR: *H. Kirchhoff, Urbilder des Glaubens.* München 1988; *D. Stiefenhofer, Geschichte der Kirchweihe vom 1. bis 7. Jahrhundert.* München 1909; *L. A. Veit/L. Lenhart, Kirche und Volksfrömmigkeit im Zeitalter des Barock.* Freiburg 1956.

Krankenpflege

Die Menschen der griechischen und römischen Antike standen unter dem Druck eines geheimnisvollen, antlitzlosen und grausamen Schicksals, dem sie sich ausgeliefert fühlten. Die aufregende und faszinierende Neuigkeit für die antiken Völker war die frei- und frohmachende Botschaft eines neuen Gottesbildes, von dem Jesus Christus, gesprochen hatte. Sie hörten Botschaft von der „Güte und Menschenfreundlichkeit Gottes" (Tit 3,4), durch die sie die Befreiung vom Schicksalsdruck der Existenzangst erhofften. Jesus, der Christus, wurde verkündet als der alleinige „soter" (= Retter, Heilbringer), als der psychosomatische Retter schlechthin. Jesus stellte den bisherigen Heilsgott Asklepios, den Homer in seiner „Ilias" als den „unvergleichlichen Arzt" gepriesen hatte, mit seinem Wirken in den Schatten. Jesus ist der neue Asklepios, der Heiler aller Krankheiten. Das später oft zitierte Wort

> „Medicus curat,
> Christus sanat."

(der Arzt kuriert, Christus heilt) markiert überdeutlich das Ende der griechischen und römischen Heilgötter und das neue Zeitalter des Arztes Jesus, dem die cura animae (die Seel-Sorge) wie die cura corporis (Leib-Sorge) übertragen ist, weil er die personifizierte Güte und Menschenfreundlichkeit Gottes ist.

Jesus Christus hat den Menschen die Angst vor dem blinden Schicksal, die Angst vor den oft unversöhnlich und sich rächend vorgestellten Göttern genommen.

Einen ganz neuen Blick auf Gott und seine Schöpfung hat Jesus Christus erschlossen. Eine verblüffende und schockierende Antwort auf die damalige Deutung von Krankheiten gibt er, als er vom Blindgeborenen sagt: „Weder er noch seine Eltern haben gesündigt, sondern das Wirken Gottes soll an ihm offenbar werden... Ich bin das Licht der Welt" (Joh 9,3.5).

Jesus hat den Gesunden wie den Kranken ein neues Atmen, ein beglückendes Aufatmen, geschenkt. Er hat den Kranken und Behinderten, den Pestkranken und Aussätzigen, die man weit von Märkten und Städten aussetzte, eine neue Würde, ein neues Selbstgefühl gegeben und ihren Familienangehörigen die große Sorge und Verantwortung für ihre Kranken und Behinderten ans Herz gelegt. Jesus „heilte (nicht nur) alle Krankheiten" (Mt 4,23). Gerade die Kranken hat er mit einer unerhörten Auszeichnung bedacht und beschenkt, weil Jesus sich mit dem Kranken geradezu identifiziert: „... ich war krank, und ihr habt mich besucht... Was ihr für einen meiner geringsten Brüder getan habt, das habt ihr mir getan" (Mt 25,36.40). Jesus hat seinen Aposteln und seiner Heilsgemeinde die Diakonie der Armen und Kranken anvertraut und ihnen die Vollmacht gegeben, „alle Krankheiten und Leiden zu heilen" (Mt 10,1).

Jesus Christus hat seiner Kirche neben der Verkündigung des Wortes und der Spendung der Sakramente einen ausdrücklichen Sendungsauftrag des körperlichen Heilungsdienstes gegeben, der weithin in Vergessenheit geraten ist und heute ausschließlicher Bereich der Medizin und der Psychiatrie geworden ist: „Geht hinaus in die ganze Welt und verkündet das Evangelium allen Geschöpfen ... Die Kranken, denen sie die Hände auflegen, werden gesund werden" (Mk 16,15.18). Im Matthäusevangelium ist dieser Heilungsauftrag noch umfassender und staunenerregender: „Geht und verkündet: Das Himmelreich ist nahe. Heilt Kranke, weckt Tote auf, macht Aussätzige rein, treibt Dämonen aus!" (Mt 10,7–8).

In die Heilungssorge und Krankenfürsorge der jungen Christenheit ist nicht weniges eingegangen, was im damaligen Umfeld der alttestamentlich-biblischen (Ex 22,20–26) wie auch der griechisch-römischen Medi-

Krankenpflege

zin praktiziert wurde. So hat es im Alten Testament bereits Musiktherapie gegeben, wenn es im ersten Buch Samuel heißt: Sooft ein böser Geist „Saul überfiel und quälte, nahm David die Zither und spielte darauf. Dann fühlte sich Saul erleichtert, es ging ihm wieder gut, und der böse Geist wich von ihm" (1 Sam 16,14.23). Im Neuen Testament ist von einem biblischen „Lourdes" die Rede, denn der Teich Betesda in Jerusalem war eine von „vielen Kranken, darunter Blinde, Lahme und Verkrüppelte" (Joh 5,3), besuchte und geradezu belagerte Gnadenstätte, an der dem Heilung geschenkt wurde, der als Erster nach dem „Aufwallen des Wassers" (Joh 5,7) in den Teich hinabstieg. Die in den griechischen und römischen Raum sich ausbreitende Kirche wurde auch mit der antiken Heilkunde vertraut. Tertullian nannte die Heilkunst die Schwester der Philosophie (medicina soror philosophiae). Christen kannten die Namen, die Werke und die Erfolge der großen Ärzte der Antike: Diogenes von Apollonia (Hauptwerk „Über die Natur des Menschen"), Hippokrates (seine beiden Hauptwerke „Über die Knochenbrüche" und „Über die Einrenkung der Gliedmaßen"), Alkmaion von Kroton (der die erste Vivisektion durchgeführt hat) und den in Rom wirkenden Arzt Galenos (129–201 n. Chr.). Über die Jahrhunderte hinweg wurde der „Eid des Hippokrates" (460–377 v. Chr.) mit seinen aktuell gebliebenen Aussagen ernstgenommen:

„…Was das Heilverfahren betrifft, so werde ich die notwendigen Kuren nach bestem Wissen und Gewissen einfach und gerecht unternehmen. Ich werde mich nie verführen lassen, Gift herzugeben oder gefährlichen Rat zu erteilen. Ich werde nichts unternehmen, um die Leibesfrucht abzutreiben oder Empfängnis zu verhüten.
Ich werde mein Leben und meine Kunst heilig halten. Ich werde ein Haus nur dann betreten zum Wohl der Kranken und gerecht einen jeden behandeln …Möge ich ein glückliches Leben, eine gesegnete Zukunft in Ausübung meiner Kunst erreichen, wenn ich diesem Schwur die Treue halte".

Bis zum heutigen Tag ist der Äskulapstab (Schlangenstab), der ursprünglich in der Hand des Asklepios Zeichen der antiken Heilkunst war, Zeichen der Ärzte und der Apotheker geblieben.
Was in der humanistisch-menschenfreundlichen Heilkunst der Antike bereits praktiziert wurde, konnte im christlichen Glauben eine schöpfungstheologische, christologische und eschatologische Motivierung und Vertiefung erfahren. Der kranke und heilungsuchende Mensch ist im christlichen Gott einem barmherzigen, menschenfreundlichen Gott be-

gegnet. Jesu selbst hat ihn ermuntert: „Alles, um was ihr in meinem Namen bittet, werde ich tun, damit der Vater im Sohn verherrlicht wird. Wenn ihr mich um etwas in meinem Namen bittet, werde ich es tun" (Joh 14,13–14; vgl. Mt 21,22; Joh 15,7).

Der unverwechselbar christliche Akzent der heilungsuchenden Kranken kommt dadurch zum Ausdruck, daß die Kranken und ihre Angehörigen zu den Grabstätten der Märtyrer pilgerten und dort die als Heilige verehrten Märtyrer, um ihre Fürbitte in Leid und Krankheit anflehten. Aurelius Augustinus (350–430), Bischof der nordafrikanischen Stadt Hippo, berichtet, daß vor allem mit dem Eindringen des Stephanuskultes in Nordafrika (zu Beginn der 5. Jahrhunderts) die Auflegung oder Berührung von Reliquien dieses urchristlichen Erzmärtyrers (vielbesucht war das Stephanusheiligtum in Calama) viele Gebetserhörungen und Heilungen (Blindenheilungen, Teufelsaustreibungen) bewirkte. Augustinus legte diesen Heilungen außerordentlichen Wert bei (vgl. De civitate Dei XXII 8, wo er über 25 wunderbare Heilungen aufzählt).

Mit dem christlichen Glauben kam die neue Ehrfurcht vor der Schöpfung Gottes zu den Völkern Europas. Den germanischen Stämmen ist Jesus Christus ein Heilender, ein „Heilant" (althochdeutsch), ein „Heliand" geworden. Dem berühmten, aus dem niedersächsischen Raum (Werden/Ruhr) stammenden und im Stabreim abgefaßten Frühwerk der deutschen Literatur, hat sein Herausgeber Johann Andreas Schmeller (1785–1852) den Titel „Heliand" (1830) gegeben.

Dem germanischen Wissen um die Heilkraft der Kräuter wurde eine neue religiöse Tiefe und Gottverbundenheit zuteil. Nicht wenige Heilgeheimnisse der Natur bis hin zum richtigen Zeitpunkt des Holzfällens bei abnehmenden oder zunehmendem Mond oder bei der Anwendung des Mondkalenders im täglichen Leben sind bei Bauern, Holzfällern, Förstern und Schreinern bis zum heutigen Tag bekannt geblieben und beachtet worden. (vgl. J. Paunegger – Th. Poppe, München 1995, 188–197).

Hildegard von Bingen (1098–1179), die heute eine unerhörte Renaissance weit über den christlich-kirchlichen Raum hinaus, vor allem in der Esoterik erlebt, konnte daher schreiben: „...in den Kräutern und Blumen und Bäumen, in allen Lebewesen sind gewisse Geheimnisse Gottes eingeborgen, die kein Mensch, geschweige eine andere Kreatur, wissen und spüren kann, es sei ihnen denn von Gott eingegeben." Gerade bei diesem Weltverständnis und der Einbindung des Menschen als Mikrokosmos im Makrokosmos der Welt, kommt die heilende Hand Gottes mitten in der Schöpfung dem gebrechlichen,

Krankenpflege

leidenden und kranken Menschen zu Hilfe.

Angesichts der gegenwärtigen „Hildegard-Renaissance" ist man verblüfft, was heute in den Schriften dieser großen Mystikerin und Naturforscherin an psychosomatischem Heilwissen gefunden wird: Hinweise zu Rheuma, für eine Ernährungslehre für Leib und Seele, für Heilfasten und Umweltkrankheiten, Entgiftung des Körpers, für eine Pflanzenapotheke, zu der Heilkraft der Edelsteine und Metalle. In einer Epoche, in der es keine kommunalen Krankenhäuser und Behindertenstätten gegeben hat, stellte die christliche Familie „das Pflegepersonal" für kranke Angehörigen, vor allem für seine geistig oder körperlich Behinderten. Von vielen Klosterapotheken mit ihren reich bestückten Kräutergärtlein haben die Christen der Umgebung die Medizin und auch Ratschläge für ihre Krankenpflege und christliche Sterbehilfe erhalten.

Wie spät in Märkten und Städten Apotheken gegründet wurden, belegt eines von vielen Beispielen: In Dachau wurde die erste Apotheke 1803 eröffnet. Sie wurde, wie der Chronist berichtet, als „eine wahre Wohltat" empfunden. Weil aber „die Viecher wichtiger waren als die Leut", gingen die Geschäfte, wie ein dickes Schuldenbuch mit vielen Eintragungen bestätigt, über ein halbes Jahrhundert denkbar schlecht.

Viele familiäre Erfahrungen und Kenntnisse gerade über Heilkräuter, wann sie zu pflücken und wie sie anzusetzen sind, sind von Generation zu Generation weitergegeben und verfeinert worden. Zunehmend hat es Gründungen von männlichen wie fraulichen Orden gegeben, die ihre Patres, Ordensbrüder und Ordensschwestern für die Krankenpflege ausgebildet und ihre Hospitale für die Ärmsten der Armen geöffnet haben. Man hat diesen ersten, ordenseigenen Krankenhäusern, die nicht mit staatlichen Subventionen und nicht durch die Abrechnung durch Krankenkassen unterstützt wurden, den bezeichnenden Ehrentitel „Hôtel Dieu" (Hotel Gottes) gegeben.

Eine neue Dimension hat die christliche Pflege- und Heilkunst vom 12. Jahrhundert an erreicht, als die hochstehende, arabisch-islamische Medizin von Spanien aus die abendländisch-christliche Medizin und Krankenpflege bereicherte. Ohne Zweifel hat die mittelalterliche Schaufrömmigkeit gerade bei den germanischen Völkern einen Wandel der Einstellung vom Objektiv-Sakralen dann zum Subjektiv-Psychologischen ausgelöst. Man war geradezu „versessen", Reliquien zu sehen, zu berühren, in kleinen Amuletten mit sich zu tragen, weil man heilbringende Wirkungen erhoffte. Mit dieser Schau- und Berührungsfrömmigkeit konnten sich bewußt oder unbewußt magische Vorstellungen und Praktiken einschleichen, und zwar gerade durch Devotionalien und Medaillen, die vor allem an Wallfahrtsorten unter das pilgernde Volk kamen. Es gab hochgeweihte und hochbegehrte „Gweichtl" und „Mitbringsel" von Wallfahrten: Münzen mit dem Bild des heiligen Antonius von Padua (um gestohlene oder verlegte Gegenstände wieder zu bekommen), Anastasiusmedaillen (gegen Kopfschmerzen), das Ulrichkreuz (Schutz vor Ungeziefer), das Valentinkreuz (gegen Epilepsie), das Taukreuz (als Pestamulett), das doppelbalkige Scheyrerkreuz (bei Besessenheit und schweren Ungewittern), die Benediktusmedaille und den Benediktussegen (Schutz vor Zauberei, Verhexung und Teufelsanfechtung).

Nicht wenige Christen tragen auch heute einzelne oder mehrere solcher Medaillen mit sich – an einem Kettchen um den Hals oder in ihrem Geldbeutel. So mancher, der lautstark gegen die magische Frömmigkeit wettert, trägt heimlich mit sich seine „Gweichtln" oder seine heiligen Medaillen. Man kann ja nicht wissen...!

In Zeiten ohne kommunale Krankenhäuser, als viele kranke Menschen in Städten und Dörfern zum „Bader" gingen, in dessen Familientradition seltsame und doch erfolgreiche Heilpraktiken weitergegeben und verfeinert wurden, war es neben den Klöstern mit ihren Apotheken christliche Bürgerverantwortung, Spitäler zu errichten und diese großzügig mit Geld- und Naturalstiftungen auszustatten. So gab es – um nur ein Beispiel zu nennen – in der Stadt München bereits im Mittelalter eine stattliche Reihe religiös-caritativer Einrichtungen wie das um 1250 errichtete Heilig-Geist-Spital und zwei außerhalb der Stadt, am Gaststeig und bei dem damaligen Dorf Schwabing, errichtete Leprosenhäuser, die dem Patronat des heiligen Nikolaus unterstellt waren.

Unter Verwendung schriftlicher Unterlagen, die für die Jahre 1780/81 Lorenz Westenrieder 1748–1829) hinterlassen hat, erstellte Peter Pfister (München) eine recht bemerkenswerte Zusammenstellung für das Heilig-Geist-Spital. Im Spital lebten damals 300 bis 400 Personen beiderlei Geschlechts, abgeteilt in drei Klassen oder Pfründen mit jeweils getrennten Zimmern. Außerdem befand sich „daselbst eine öffentliche Kindsstube, wo die armen oder verlassenen Frauenzimmer unentgeltlich aufgenommen und nach der Entbindung etliche Tage gepflegt werden. Auch werden da die Findlinge oder ganz verlassene Kinder angenommen, und wenn sie etwas größer geworden nach dem Waisenhaus gebracht". Als dritte Einrichtung befand sich im ausgedehnten Spitalbereich „ein Haus, wo die Wahnsinnigen verpflegt werden", in

Krankenpflege

der Sprache der Zeit, ein „Narrenhaus". Darin befanden sich „ganze und halbe Narren", im Jahr 1780 14 männliche und 5 weibliche Personen. In den Pfründner-Abteilungen lebten im gleichen Jahr 47 Männer und 184 Frauen verschiedenen Alters. In den Kindbettstuben wurden 1781 insgesamt 6 arme verheiratete und 73 ledige Frauen entbunden. 36 Knaben und 41 Mädchen wurden glücklich und gesund geboren, 3 Kinder (ledige Mütter) wurden unglücklich entbunden und sind gestorben. Im Findelhaus befanden sich 1780 49 männliche und 19 weibliche Kinder. Als neue Findelkinder verzeichnete man im Jahr 1781 40 Knaben und 19 Mädchen. 1780/81 sind 28 männliche und 22 weibliche Findelkinder gestorben.

Man muß sich stets vor Augen halten, daß zu der Zeit in allen Schichten der Bevölkerung Geburt und Tod zu Hause sich vollzogen, daß die Kindbettstuben deshalb für arme und für ledige Mütter der unteren sozialen Schichten als unentgeltliche Hilfe eingerichtet waren. Gleichzeitig diente das Spital der Ausbildung von Badern und Hebammen für Stadt und Land. Diese Personen dienten der medizinischen Betreuung breitester Kreise und erwarben sich durch Ausbildung und vor allem lebenslange Erfahrung oft beträchtliche Kenntnisse, die im Erfolg hinter den wenigen in medizinischen Universitätsfakultäten geschulten Ärzten nicht zurückstanden. 1780/81 befanden sich am Heilig-Geist-Spital etwa 10 Badergesellen und 18 Frauen zur Ausbildung. Ohne das Dienstpersonal und ohne Kindbetterinnen unterhielt das Spital damals 350 Personen.

Erst 1907 wurde für das reichlich überalterte Heilig-Geist-Spital der Münchner Bürgerstiftung ein Neubau am Dom-Pedro-Platz errichtet. Während die Spitalkirche mit ihrem Turm als heutige Heilig-Geist-Pfarrkirche noch steht, ist auf der freien Fläche des abgerissenen Heilig-Geist-Spitals der heute vielbesuchte Viktualienmarkt eingezogen.

Viel zuwenig bekannt ist die Heilig-Geist-Bewegung, die vom Mittelalter an das Brauchtum der christlichen Krankenpflege immer wieder inspirierte und staunenswerte soziale Einrichtungen hervorbrachte. Die Ordensgemeinschaft der „Brüder des Heiligen Geistes" (wegen der Taube als Heilig-Geist-Symbol auch „Taubenbrüder" genannt) wurde getragen und unterstützt von der damaligen Bürger- und Bauernfrömmigkeit. Diese fühlte sich unter dem Impuls des Heiligen Geistes, des Geistes der Wahrheit und der Liebe, zu einer

Christliches Brauchtum findet seinen Ausdruck im künstlerischen Handwerk.
*Das **Ewige Licht**, Ausdruck des christlichen Glaubens an die Gegenwart Christi im Altarsakrament.*

Am Karfreitag schweigen die Glocken. Bis zur Osternacht werden sie durch hölzerne Klapperinstrumente, sogenannte **Karfreitagsratschen**, *ersetzt.*

Ostereier – *im Osterbrauchtum der Familien von besonderer Bedeutung.*

Vielzahl von Heilig-Geist-Spitälern ermutigt und in die Pflicht genommen. Aus der langen Liste der Heilig-Geist-Spitäler eine kleine Auswahl (mit Angabe des Gründungsjahrs):

1233 Heilig-Geist-Hospital in Nördlingen,
1236 Bürgerhospital vom Heiligen Geist in Mainz,
1240 Heilig-Geist-Hospital in Ulm,
1293 Hôtel Dieu du Saint-Esprit in Tornerre,
1329 Heilig-Geist-Hospital in Stralsund,
1330 Heilig-Geist-Hospital in Ingolstadt,
1337 Heilig-Geist-Spital in Rothenburg an der Tauber,
1339 Heilig-Geist-Spital in Nürnberg,
1367 Heilig-Geist-Spital in Treysa,
1383 Heilig-Geist-Spital in Dinkelsbühl,
1385 Heilig-Geist-Spital in Erfurt,
1417 Heilig-Geist-Spital in Braunau am Inn,
1448 Heilig-Geist-Spital in Ravensburg,
1468 Heilig-Geist-Spital in Frankfurt am Main,
1625 Heilig-Geist-Spital in Augsburg.

Sein tiefstes Geheimnis entfaltet das Weihrauchkorn, wenn es auf die Kohleglut im **Weihrauchgefäß** *gelegt wird und verbrennt.*

Exemplarisch wurde das christliche Brauchtum in vielen europäischen Ländern angeregt und motiviert durch Johannes von Gott (1495–1550). Man hat ihn damals für verrückt erklärt, als er die Forderung verkündete: „Jeder Kranke soll sein eigenes Bett haben." Entgegen allen Widerständen gründete er in der Lucena-Gasse Nr. 10 in Granada 1539 sein erstes Hospital. Neben Kranken haben dort Bettler und Obdachlose, körperlich wie geistig Behinderte und verhaltensgestörte Menschen, Witwen und Waisen kostenlose Unterkunft, ärztliche Versorgung und leibliche Verpflegung erhalten.

Gleichzeitig gründete er den Krankenpflege-Orden der „Barmherzigen Brüder", der heute weltweit in seinem Geiste und unter Einbeziehung der neuesten ärztlichen Erkenntnisse den Kranken- und Heilungsauftrag Jesu vollbringt. Nicht wenige Anstöße hat der Orden der Barmherzigen gerade durch jene, die in ihren Krankenhäusern gepflegt und geheilt worden sind, dem christlichen Brauchtum der häuslich-familiären Krankenpflege und der Sterbebegleitung gegeben.

Hingewiesen werden muß gewiß auch auf Sebastian Kneipp (1821–1897), den Pfarrer von Wörishofen, dem dieser Ort wegen seiner Wasserkuren (Hydrotherapie) Weltberühmtheit verdankt. Bezeichnend ist sein Ausspruch: „Die Natur ist die

Krankenpflege

beste Apotheke." Als katholischer Priester hat er die medizinischen Konsequenzen aus der biblischen Schöpfungstheologie gezogen, wenn er sagte und praktizierte: „Der liebe Gott hat so weise in seiner Schöpfung gesorgt, daß nicht ein Kräutlein ohne Nutzen ist." Er hat zu den heilenden Pflanzen hingeführt und machte aufmerksam auf die Wirkung von Luft, Sonne und Wasser.

Das christliche Brauchtum, gerade der familiären Krankenpflege, lebt und ist motiviert von schöpfungstheologischen, christologischen und eschatologischen Impulsen. Die Welt der Schöpfung mit ihrer Vielfalt der Blumen und Kräuter, mit Sonne, Luft und Wasser ist für den Christen ein einzigartiges Angebot des Schöpfergottes. Gerade diese ganzheitliche Sicht ist typisch für das christliche Schöpfungsverständnis wie für die von Gott eingesenkten Heilungskräfte der Schöpfung.

Christliches Brauchtum der Krankenpflege bedeutet, daß nicht nur eine Kerze vor einem Gnadenbild angezündet wird. Mit dem Kranken flehen die Angehörigen, Bekannten und Nachbarn jene „Spezialheiligen" um Fürbitte an, mit denen die gläubige Überlieferung Heilung und Hilfe bei ganz bestimmten Erkrankungen verbindet. Weil in jedem Kranken und Notleidenden Christus gefunden und gepflegt wird, wird so Krankenpflege zur mystischen Christusbegegnung: „Was ihr für einen meiner geringsten Brüder getan habt, das habt ihr mir getan" (Mt 25,40).

Wenn Heilung nicht geschenkt wird, nehmen sich die Angehörigen mehr als bisher Zeit, dem Kranken auf seiner letzten Lebensstrecke zur Seite zu stehen. Gerade diese Geborgenheit im Umsorgtsein und im Gebet seiner Angehörigen befähigt den unheilbar Erkrankten und Sterbenden, „das Zeitliche zu segnen", d. h. sein Leiden und Sterben zum Segen für seine Hinterbliebenen werden zu lassen. Eines der größten Geschenke, das Christen sich einander geben können, ist die Zusicherung und das tröstliche Wissen: Ich sterbe nicht allein! Ich bin in meiner letzten Stunde nicht einsam! Gewiß brauchen wir moderne Krankenhäuser. Aber niemand wünscht sich sein Lebensende in einem total computerbetreuten Sterbezimmer.

Wenn heute soviel von der Bedeutung des „positiven Denkens" gesprochen und geschrieben wird, dann ist es gerade diese Geborgenheit in der Nähe und im Gebet der Angehörigen, letztlich das Wissen um den gütigen und barmherzigen Gott, die das viel zitierte „positive Denken" des Christen letztlich begründen.

Noch eine allerletzte, in den gegenwärtigen Diskussionen kaum angesprochene Tröstung gibt das vom christlichen Jenseitsglauben getragene Krankenbrauchtum. Für jeden Christen gibt es nicht zuletzt ein unerhörtes und beglückendes Zukunftsereignis: Das Jenseits. Der Himmel kennt keine Krankheit und kein Leid.

Es gilt für ihn, was die Prophetie der johanneischen Apokalypse ausspricht: „Es wird keine Trauer, keine Klage, kein Schmerz mehr sein. Denn was früher war, ist vergangen … Seht, ich mache alles neu." (Offb 21,4–5).

LITERATUR: *W. Chrobak, Johannes von Gott. Hirte – Abenteurer – Krankenhauspionier. München 1995; G. Fichtner, Christus als Arzt. Ursprung und Wirkungen eines Motivs. Berlin – New York 1982; S. Flam – L. Kroeber – H. Seel, Die Heilkraft der Pflanzen. Stuttgart 1949⁷; V. E. Frankl, Die Sinnfrage in der Psychotherapie. München 1988; S. Godwin, Musik und Spiritualität. Bern – München – Wien 1989; A. Graßl, Westenrieders Briefwechsel mit einer Darstellung seiner inneren Entwicklung. München 1934; I. Graßl, Münchener Brauchtum und Leben im 18. Jahrhundert. Beiträge zur Volkskunde der Stadt. München 1940; R. Guardini, Der Heilbringer in Mythos, Offenbarung und Politik. Stuttgart 1946; B. Hanssler, Die religiöse Idee der mittelalterlichen Heilig-Geist-Spitäler. In: Arzt und Christ 4 (1958) 104–105; D. Jetter, Das europäische Spital. Von der Antike bis 1800. Köln 1986; M. Kawohl, Heilkräfte der Musik. Ein Leitfaden mit vielen Anwendungsbeispielen. Freiburg 1989; Ch. Lichtenthaeler, Die Eid des Hippokrates. Ursprung und Bedeutung. Köln 1984; W. Nigg, Ein Heiliger aus schlechtem Holz. Johannes von Gott. München 1955²; J. Paunegger/T. Poppe, Vom richtigen Zeitpunkt. München 1995; H. Perne, Getröstete Einsamkeit. Limburg 1981; G. Riedel, …meinte Sebastian Kneipp. Ernstes und Heiteres vom Wunderdoktor. Buxheim o. J.; H. Schadewaldt, Asklepios und Christus. In: Die Medizinische Welt 18 (1967) 1755–1761; H. Schippers, Schlüsselbegriffe um „Heil" und „Heiligkeit" bei Hildegard von Bingen. In: Arzt und Christ 19 (1973) 1–15; L. Westenrieder. Beschreibung der Haupt- und Residenzstadt München. München 1783; J. Zellinger, Augustin und die Volksfrömmigkeit. München 1933; M. Zohary, Pflanzen der Bibel. Stuttgart 1983; Katalog „Kunst des Heilens. Aus der Geschichte der Medizin und Pharmazie" (Ausstellungskatalog: Kartause Gaming vom 4. Mai bis 27. Oktober 1991). Wien 1991.*

Krankensalbung

→ Sterbe- und Bestattungskultur

Kräutersegnung

Das Fest der Aufnahme Marias in den Himmel (15. August) wird in der abendländischen wie in der morgenländischen Kirche seit alters her als das Hauptfest aller Marienfeiern begangen. Was seit Jahrhunderten in der Theologie und Verkündigung, in der Kunst, im Rosenkranzgebet („Der dich, o Jungfrau, in den Himmel aufgenommen hat" – „Der dich, o Jungfrau, im Himmel gekrönt hat") und in einer Vielzahl von Kirchenpatrozinien (Mariä Himmelfahrt) als Glaubensgut mitgeglaubt wurde, ist erst am 1. November 1950 mit dem apostolischen Schreiben „Munificentissmus Deus" des Papstes Pius XII. (1939–1958) als verbindlicher Glaubenssatz verkündet worden: „Es ist eine von Gott geoffenbarte Glaubenswahrheit, daß die unbefleckte, immer jungfräuliche Gottesmutter Maria nach Vollendung ihres irdischen Lebenslaufes (expleto terrestris vitae cursu) mit Leib und Seele zur himmlischen Herrlichkeit aufgenommen wurde."

Zahllose Berichte über den Tod, das Begräbnis und das leere Grab Marias sind in einer Vielzahl außerbiblischer Apokryphen wie auch in Texten der Kirchenväter überliefert. So stammt aus dem 4. oder 5. Jahrhundert ein apokrypher Bericht über den Tod und die Himmelfahrt Marias (Transitus Mariae), der irrtümlicherweise dem Bischof Melitto von Sardes († vor 190) zugeschrieben wurde. In der arabischen Fassung findet sich im 4. Kapitel jene später oft aufgegriffene, weitererzählte und ausgeschmückte Episode über den Apostel Thomas, der beim Tod Marias als einziger Apostel nicht anwesend war. Drei Tage verspätet kam er in Jerusalem an und bat Petrus, im Tal Josaphat jene Stätte sehen zu dürfen, „in der der Leib Marias bestattet wurde; sonst kann ich nicht glauben" (zitiert aus: Henri Daniel-Rops, Die apokryphen Evangelien des Neuen Testamentes. Zürich 1985[2], 107). Eine unverkennbare Parallelität und Nachbildung der neutestamentlichen Textstelle Joh 20, 19–29, in der ebenfalls der Apostel Thomas bei der Ersterscheinung Jesu nicht anwesend war (Joh 20,24) und seinen Glauben von der Berührung der Wundmale des Auferstandenen abhängig machte (Joh 20,25), ist in dieser apokryphen Erzählung zu erkennen.

Von Johannes von Damaskus (um 650–750) wird berichtet, daß Thomas, der wiederum zu spät kam den Leib der verstorbenen Gottesmutter Maria sehen und verehren wollte. Als die Apostel das Grab öffneten, war das Grab leer, nur die Tücher, in die Marias Leib eingehüllt war, lagen im Grab und strömten einen einzigartigen Duft aus. Spätere Erzähler haben aus dem Grab einen mächtigen Sarkophag aus Marmor werden lassen, der übervoll war von duftenden Blumen. Egid Quirin Asam (1692–1750) hat im Hochalter der niederbayerischen Benediktiner- und Wallfahrtskirche in Rohr eine bis zum Äußersten gesteigerte, dramatische Darstellung der Himmelfahrt Marias gestaltet – einen einzigartigen Bühnenaltar der Rokokozeit, der ohne die apokryphe Überlieferung kaum denkbar ist (vgl. dazu Sir 24,17–34; Hld 3,6)! Bei den Germanen war das Sammeln von Kräutern ein Stück ihrer kosmisch-magischen Frömmigkeit. Die Verwendung von Heilkräutern war verbunden mit der Anrufung ihrer Götter. Seit dem 9. Jahrhundert wurde das Marienfest bereits mit der Kräuterweihe verbunden, wobei immer wieder in kirchlichen Verlautbarungen auf den unterschwellig vorhandenen, heidnisch-germanischen Kräuterglauben, den es zu bekämpfen galt, Bezug genommen wurde. Die Volksfrömmigkeit hat dogmatisch unbelastet die Blumenliebe Marias besungen und Maria zur „Königin der Blumen", zur „Beschützerin der Feldfrüchte", zur „Traubenmadonna" erhoben. Bezeichnend ist ein Winzerspruch aus dem Jahr 1581:

„Der klare Tag und Sonnenschein,
der Himmelfahrt Mariä rein,
bedeutet vil des gueten Wein,
dabey man mag offt fröhlich sein."

Maria wurde als „Kornmutter" verehrt, wie das Gnadenbild aus dem 15. Jahrhundert „Muttergottes im Ährenkleid" in Piding im Rupertiwinkel belegt.

Die Kräuterweihe am Fest der Aufnahme Marias in den Himmel ist ein heute wieder lebendig werdendes Brauchtum, das starke Wurzeln in der Landbevölkerung hat, aber auch von jenen Menschen wieder neu aufgegriffen wird, die sich sorgen um die zunehmende Zerstörung der Schöpfung (Umweltschutz). Es war früher Brauch, 77 Kräuter zu sammeln und in den Kräuterbüschel einzubinden. Die genaue Zahl wie auch die Auswahl der Pflanzen sind heute nach Landschaft und Ort verschieden. Um den Mittelpunkt, den die Königskerze (Verbascum thapsiforme) bildet, werden zwischen 7 und 9 „Grundkräuter" gebunden. Im bayerischen Raum werden folgende neun Grundkräuter in den Kräuterbuschen, der zur Weihe in die Kirche getragen wird, eingebunden: Sonnwendkraut, Tausendguldenkraut, Meisterwurz, Wermut, Schafgarbe, Wohlmut, Pfefferminze, Kamille und Holler.

Der Priester spricht – meist nach der Predigt oder vor dem letzten Schlußsegen – folgende Segensworte bei der Kräuterweihe am „Kräutlfrauentag" oder „Buschfrauentag" (Benediktionale 1978, S. 65): „Lasset uns beten. Herr, unser Gott, du hast Maria über

Kräutersegnung

Kräutersegnung

alle Geschöpfe erhoben und sie in Himmel aufgenommen. An ihrem Fest danken wir dir für alle Wunder deiner Schöpfung. Durch die Heilkräuter und Blumen schenkst du uns Gesundheit und Freude.
Segne diese Kräuter und Blumen. Sie erinnern uns an deine Herrlichkeit und an den Reichtum deines Lebens. Schenke uns auf die Fürsprache Mariens dein Heil. Laß uns zur ewigen Gemeinschaft mit dir gelangen und dereinst einstimmen in das Lob der ganzen Schöpfung, die dich preist durch deinen Sohn Jesus Christus in alle Ewigkeit.
Amen."
Nach diesen Segensworten werden die Kräuter und Blumen mit Weihwasser besprengt. Wegen der Kräuterweihe wurde der Festtag Mariä Himmelfahrt früher auch „Maria Kräuterweihe", „Mariä Würzweihe" oder auch „Kräuterbuschtag" genannt.
Mit den am Fest Mariä Himmelfahrt geweihten Kräutern verband der Volksglaube eine erstaunliche Heil- und Segenskraft. Man steckte sie in den Herrgottswinkel der „guten Stube", vermischte sie dem Vieh unter das Futter. Für Kranke wurden geweihte Kräuter bei der Bereitung des Tees beigegeben. In den zwölf Rauhnächten (rauh, rauch = in Fell gekleidete Dämonen) zwischen Weihnachten und Dreikönig ging der Bauer mit seiner Familie und dem Gesinde mit einer rauchenden Glutpfanne,

auf die auch Teile des Kräuterbuschens gelegt worden waren, durch Haus, Stall und Ökonomiegebäude, um sie zu segnen und um sie vor Blitz und Ungewitter, vor Naturkatastrophen und rätselhaften Verwünschungen und Verhexungen zu bewahren.
Die Kräutersegnung am Fest Mariä Himmelfahrt ist in erster Linie ein Dankfest für die Heilkräuter mit schöpfungstheologischer Motivation, die der Schöpfer-Gott Mensch und Tier geschenkt hat. Was heute reichlich sakularisiert Naturschutz und Umweltschutz genannt wird, ist für den gläubigen Christen Sorge und Verantwortung wie auch Freude und Dankbarkeit für die Schöpfung. Was manchen nur ein germanischer Brauch zu sein scheint, der so etwas wie eine „christliche Taufe" erhalten hat, könnte aus der Überzeugung und Anregung des christlichen Glaubens ein Dank- und Verantwortungsfest für die Schöpfung werden! Daß mit dem Fest Mariä Himmelfahrt auch der Blick „nach drüben" verbunden ist und damit die Bildworte Himmel, Jenseits, neuer Himmel und neue Erde mit ihrem Wirklichkeitsgehalt lebendig werden läßt, kann gerade in einer Zeit, in der das Jenseits geleugnet oder die esoterische Lehre von der Reinkarnation aufgegriffen wird, ein Nachdenken über Sinn und Ziel des menschlichen, des gesamten kosmischen Daseins in Gang setzen.

Frauendreißiger

An Mariä Himmelfahrt, dem „Großen Frauentag" (15. August) beginnt der sogenannte „Frauendreißiger", der den Zeitabschnitt über das Fest Mariä Geburt (8. September), den „Kleinen Frauentag", hinaus bis zum 13. September umfaßt, den Tag vor dem Fest der Kreuzerhöhung. In nicht wenigen Marienwallfahrtsorten wird der „Frauendreißiger" durch tägliche marianische Andachten, oft mit Predigten ausgezeichnet. In der Zeit des „Frauendreißigers" werden von Familien oder Pfarrgemeinden aus der Vergangenheit übernommene oder selbst abgelegte Verlöbnisse in Form von Wallfahrten zu benachbarten Marienwallfahrtsorten eingelöst. Nach den festlichen, da und dort auch sehr lauten Tagen in den Sommermonaten Juli und August – mit seinen Fahnenweihen, Orts- und Vereinsjubiläen, mit seinen Volks- und Stadelfesten – setzt mit den Septembertagen des „Frauendreißigers" eine Zeit der Ernte, der Besinnung und des Rückblicks ein, die mit den kürzer werdenden Tagen hinführt zur „staaden Zeit" im November und Dezember.

LITERATUR: *St. Bleissel, Geschichte der Marienverehrung in Deutschland während des Mittelalters (Neudruck). Darmstadt 1972; A. Franz, Die kirchlichen Benediktionen im Mittelalter. Freiburg i. Br. 1909; V. von Geramb, Sitte und Brauch in Österreich. Graz 1948; M. Höfler, Der Frauendreißiger. In: Zeitschrift für österreichische Volkskunde 18 (1912) 133 ff.; H. Kirchhoff, Christliches Brauchtum im Jahreskreis. München 1990; A. Läpple, Maria in der Glaubensverkündigung. St. Ottilien 1988; J. Pascher, Kräuterweihe an Mariä Himmelfahrt. In Anzeiger für die Seelsorge (1968) 326 ff.; H. Sieg, Gottessegen der Kräuter. Berlin 1953; L. Vischer, Ein Hexenbrauch. In: Bayerische Hefte für Volkskunde 4 (1917) 13 ff.*

Kreuz

Es gibt religiöse Zeichen, die in ihrer unterschiedlichen Bedeutung weltweit verstanden werden – der siebenarmige Leuchter (Zeichen des Judentums), das Kreuz (Zeichen des Christentums), der Halbmond (Zeichen des Islams).

Mit der Ausbreitung des Christentums und seiner Botschaft: Der Gekreuzigte ist auferstanden! wurde die Kreuzigung Jesu von Nazaret auf Golgota außerhalb der damaligen Mauern der Stadt Jerusalem unter dem römischen Prokurator Pontius Pilatus weltweit bekannt. Es ist des Nachdenkens wert, warum ausgerechnet eines der grausamsten Folterwerkzeuge zu einem weltbekannten, religiösen Zeichen werden konnte. Von Anfang an stand das Kreuz im

Kreuz

Zentrum der Kritik, wie es bereits der Apostel Paulus ausgesprochen hat. Das Kreuz mit dem gekreuzigten (crucifixus) Jesus war „den Juden ein Ärgernis, den Heiden eine Torheit" (1 Kor 1,23). Im Dritten Reich versuchte man das Christenkreuz durch das Hakenkreuz zu verdrängen. Stürmische und kontroverse Debatten über das Kreuz in Schulräumen Bayerns wurden durch das Urteil des Ersten Senats des Bundesverfassungsgerichts vom 16. Mai 1995 (1 BVerfG 1087/91; veröffentlicht am 10. August 1995) ausgelöst, nicht zuletzt deshalb, weil „die negative Religionsfreiheit" (als Minderheitengrundrecht) vor staatlichen Eingriffen stärker geschützt ist als das Grundrecht der positiven Religionsfreiheit.

Wie aber sind Kreuz und Kreuzigung in das Strafregister der Justiz gelangt? Hinrichtungen am Kreuz waren bereits im 6. vorchristlichen Jahrhundert im Perserreich bekannt. Übernommen wurde die Kreuzigungsstrafe durch Alexander den Großen (336–323 v. Chr.) und später von den Römern, die als Besatzungsmacht diese Strafe vor allem für Schwerverbrecher und Revolutionäre in Palästina einführten. Das hebräische Wort „thalah" (= erhöhen, aufhängen) wurde für die Kreuzigungsstrafe verwendet (vgl. Dtn 21,22–23; Joh 8,29; 10,26–27). In schrecklicher Erinnerung war im Zeitalter Jesu die Massenkreuzigung von 2000 jüdischen Widerstandskämpfern die Quintilius Varus an den Ausfallstraßen Jerusalems im Jahre 4 v. Chr. durchführen ließ, wie der jüdische Schriftsteller Flavius Josephus in seinem Werk „Jüdischer Krieg" (Bellum Iudaicum) berichtet.

Das lateinische Wort „crux" (= Kreuz) ist im Althochdeutschen „chruci, chriuzi" und im Mittelhochdeutschen „kriuce, kriuze" nachgebildet worden. Das Kreuz hat im Laufe der Jahrhunderte seine ursprüngliche Bedeutung weithin verloren und ist in neuen Variationen lebendig geblieben – bis hin zum Eisernen Kreuz, zum Roten Kreuz, zum goldenen Schmuckkreuz am Halskettchen. Das Kreuz hat in der Kunst (der gekreuzigte Christkönig der Romanik und der blutüberströmte Leidenschristus der Gotik) wie in der christlichen Liturgie und Frömmigkeit (Altarkreuz, Bischofskreuz, Kreuzpartikel als Berührungsreliquien) eine vielfältige Gestaltung erfahren.

Es existieren unterschiedliche Kreuzformen, u. a. das lateinische Kreuz (mit Querbalken und einem längeren Längsbalken), das griechische Kreuz (mit zwei gleichlangen Armen), das erzbischöfliche Kreuz (mit zwei Querbalken), das päpstliche Kreuz (mit drei Querbalken). Nur kurz hingewiesen sei auf das Gabelkreuz, jene Kreuzform, die Anna Katharina Emmerick (1774–1824) in ihren Leidens-

visionen sah; das Jerusalemer Kreuz, bestehend aus einem großen Kreuz mit vier in den Feldern zwischen den Kreuzbalken angebrachten, kleineren Kreuzen.
Das Kreuz war eingestickt in das Banner des Heiligen Römischen Reiches Deutscher Nation, wie es für den Beginn des 13. Jahrhunderts Wolfram von Eschenbach (1170–1220) in seinem unvollendeten Epos „Willehalm" bestätigt. Wie das Kreuzzeichen eingeschätzt wurde, bekundete bereits Tertullian (160–220), der versicherte, das Kreuzzeichen beruhe auf apostolischer Überlieferung.
In der Gegenwart ist nicht nur unter Ästheten, sondern auch unter seriösen Theologen eine harte Kreuzdiskussion in Bewegung geraten: Was ist das für ein despotisch-masochistischer Gott, der den grausamen Weg der Kreuzigung seines menschgewordenen Gottessohnes wählt, um den Menschen Befreiung von Schuld und eine gute Zukunft zu schenken?
Die juristisch-politische Argumentation zielt auf eine wichtige und sicherlich auch notwendige Klärung, die in das demokratische Bewußtsein zu heben ist: Ist das Kreuz mit seinem Gekreuzigten (crucifixus) nur Symbol der abendländischen Kultur und Tradition, Allgemeingut des christlich-abendländischen Kulturkreises oder ist das Kreuz Symbol einer ganz bestimmten, christlichen Glaubensüberzeugung und daher mehr als ein Gegenstand der bürgerlich-moralischen Folklore „aus der guten alten Zeit"? Ist das Kreuz ein Kultzeichen mit einem spezifischen Glaubensbezug und mit ganz bestimmten Glaubensinhalten? Wenn die Klärung dieser fundamentalen Fragen durch das Kruzifix-Urteil des Bundesverfassungsgerichts weit hinein in das deutsche Volk, bei Christen wie bei Atheisten, vordringt, haben sich die teilweise heftigen Debatten als wichtig und als bedeutsam für die Zukunft erwiesen – für unseren Staat und ganz gewiß auch für das Kreuz als christliches Glaubens- und Friedenszeichen.

LITERATUR: *W. Bösen, Der letzte Tag des Jesus von Nazaret. Was wirklich geschah. Freiburg 1994; W. Fricke, Standrechtlich gekreuzigt. Prozeß Jesu. Frankfurt 1986; A. Läpple, Das Kreuz. Zeichen des Widerspruchs und des Heils. Aschaffenburg 1983; K. Nientiedt, Das Kreuz mit dem Kreuz. In: Herder-Korrespondenz. 47 (1993) 109–111; D. Sölle, Leiden. Stuttgart – Berlin 1976³; E. Stauffer, Jerusalem und Rom im Zeitalter Jesu Christi. Bern 1957; E. Stauffer, Jesus. Gestalt und Geschichte. Bern 1957.*

Kreuzwegandacht

In der Urgemeinde von Jerusalem blieben die Stätten des Leidens und Sterbens Jesu bekannt und wurden dankbar und betend oft besucht. Die vier Evangelisten des Neuen Testaments konnten deshalb aus dem Gedächtnis und der lebendig gebliebenen Überlieferung der Urkirche bei der Niederschrift ihrer Evangelien fundamentale Informationen schöpfen. Vor allem die Stätten, die an das Leiden und Sterben, an die Auferstehung Jesu und seine Erscheinungen erinnerten, blieben Orte der Verehrung, die immer wieder aufgesucht wurden. Zu ihnen zählten vor allem der Saal der Paschafeier und Abendmahls auf dem Berg Sion (Mk 14,15), der Ölberg jenseits des Kidronbaches (Mk 14,26; Mt 26,36; Joh 18,1–2), die Häuser des Prozesses Jesu in Jerusalem und der Leidensweg Jesu von Jerusalem zum Berg Golgota (Joh 19,17) außerhalb der Stadt Jerusalem. Die heutige Form der Kreuzwegandacht mit 14 Stationen, die im Abendland mit dem beginnenden 16. Jahrhundert sich einbürgerte, hat rückwirkend die Gestaltung des Kreuzweges in Jerusalem – Via dolorosa – beeinflußt und festgelegt. Erst in der Mitte des 18. Jahrhunderts wurde durch die Ablaßkongregation 1731 und 1743 die Kreuzwegandacht mit 14 Stationen als Norm vorgeschrieben, nachdem es in den Jahrhunderten vorher große Schwankungen zwischen 7 (Siebenzahl der römischen Stationskirchen) und 43 Stationen (in Monte Sacro in Varallo) gegeben hat.

Die katholischen Niederlande dürfen als das eigentliche „Vaterland der Kreuzwege" gerühmt werden. Berühmt ist der Kreuzweg mit sieben Stationen, den Adam Krafft (1460–1509) geschaffen hat (heute im Germanischen Museum in Nürnberg). Von vielen Pilgern in Würzburg hinauf zum „Käppele" wird begangen der Kreuzweg mit lebensgroßen Figuren (begonnen 1767), die J. P. Wagner gestaltet hat. Neben dem Kalvarienberg in Tölz wird auch jener Kreuzweg mit Kapellen viel besucht, der von Partenkirchen hinaufführt zur Wallfahrtskirche Sankt Anton. Unvergeßlich ist für viele Heimatvertriebene aus Schlesien das Werk des Daniel Paschasis Osterberger von Osterberg, der Ende des 17. Jahrhunderts den kleinen Ort Albendorf in der Grafschaft Glatz in ein „schlesisches Jerusalem" verwandelte. Es ist (wie Otto Kuss schreibt) „die umfassendste Nachahmung der heiligen Stätten Palästinas und des Sinai, die es in Europa gibt. In nahezu 100 Kapellen und Stationen ist das Leben und Leiden Jesu dargestellt; der erhöht liegenden majestätischen Kirche gegenüber, welche zugleich den Tempel repräsentiert, erhebt sich jenseits der Dorfstraße der Kalvarienberg, und überall – auf den Wegen des Dorfes, bei den Gehöften der kleinen Bauern, den Häusern der Handwerker und Herbergenwirte, auf den Feldern und Wiesen – sind gegenwärtiges, alltägliches Leben und die Erinnerung an die heiligen Geheimnisse unmittelbar und in unbefangener Frömmigkeit miteinander verbunden" (O. Kuss, Auslegung und Verkündigung. Bd. II. Regensburg 1967, 236; in diesem Werk findet sich auch ein viel zuwenig bekannter Kreuzweg des aus Schlesien vertriebenen Neutestamentlers mit einer lesenswerten Einführung S. 235–274).

Jedem Lourdes-Pilger wird der Kalvarienberg mit dem Kreuzweg in Erinnerung bleiben, der sich auf der Anhöhe des Espélugues über der Basilika befindet und sich über eine Gesamtlänge von 1,5 km in einem von Bäumen bewachsenen Gelände erstreckt. Geschaffen wurden die 14 bronzenen, zwei Meter hohen Gruppen mit insgesamt 115 Figuren von dem Pariser Künstler Raffl; eingeweiht wurde dieser Kreuzweg am Samstag, 14. September 1912, durch Kardinal Lucon aus Reims.

Für die Verbreitung der Kreuzwegandacht haben sich von Anfang an die Franziskaner eingesetzt, die heute noch die „Wächter vom Heiligen Grab" sind und in Jerusalem die „Kustodie des Heiligen Landes" verwalten.

Die heutige Wegstrecke des Kreuzwegs, den die Jerusalempilger gehen, entspricht nicht in allen Einzelheiten dem historischen Schmerzensweg Jesu. Im Lauf der Jahrhunderte wurde Jerusalem wiederholt zerstört und wiederaufgebaut; nicht wenige Straßenzüge haben Änderungen erfahren. Über dem Pflaster, das Jesus betreten hatte, liegt heute meterhoher Schutt. Von den vierzehn, heute üblichen Kreuzwegstationen, die sich erstmals in einer 1584 in Köln erschienenen „Beschreibung Jerusalems" finden, sind neun – nämlich die 1., 2., 5., 8., 10., 11., 12., 13. und 14. – der Heiligen Schrift entnommen. Die übrigen gehen meist auf apokryphe Überlieferungen zurück. Die letzten fünf Stationen befinden sich in der Grabeskirche von Jerusalem.

Die Kreuzwegandacht hat vor allem im deutschen Sprachgebiet einen mächtigen Widerhall gehabt. Sie war die (Ersatz-)Pilgerfahrt der „kleinen Leute", gewiß auch der Analphabeten, die die historischen Stätten des Lebens und des Sterbens Jesu in Palästina nicht besuchen konnten. Diese geistliche Pilgerfahrt beim Schreiten von einer zur nächsten Kreuzwegstation konnte durchaus glaubwürdiger und Christus näher sein als die Wirren und Aufregungen, die in früheren Jahrhunderten mit einer Fahrt ins Heilige Land verbunden waren.

Neben den Grundgebeten (Glaubensbekenntnis, Vaterunser und Ave Maria) und dem Rosenkranz gehört die Kreuzwegandacht zum „Brevier des Laien". Kaum eine Kirche die nicht einen Kreuzweg mit vierzehn, holzgeschnitzten, aus Keramik oder Stein gefertigten Bildtafeln hat! Heute wird oft eine 15. Station angefügt, die das Leiden mit der Auferstehung Jesu Christi verbindet: Jesus ist am dritten Tag von den Toten auferstanden. Immer wieder klingt in der Kreuzwegandacht wie ein meditativer, gleichbleibender Kontrapunkt das Wechselgebet auf:

Vorbeter: Wir beten dich an, Herr Jesus Christus, und preisen dich.
Alle: Denn durch dein heiliges Kreuz hast du die Welt erlöst.

1. Station: Jesus wird zum Tode verurteilt (Mt 27,24; Mk 15,15; Lk 23,25; Joh 19,16)
2. Station: Jesus nimmt das Kreuz auf seine Schultern (Mt 23,31; Mk 15,20; Lk 23,26; Joh 19,17)
3. Station: Jesus fällt zum ersten Mal unter dem Kreuz
4. Station: Jesus begegnet seiner Mutter
5. Station: Simon von Cyrene hilft Jesus das Kreuz tragen (Lk 23,26)
6. Station: Veronika reicht Jesus das Schweißtuch
7. Station: Jesus fällt zum zweiten Mal unter dem Kreuz
8. Station: Jesus begegnet den weinenden Frauen (Lk 23,22–31)
9. Station: Jesus fällt zum dritten Mal unter dem Kreuz
10. Station: Jesus wird seiner Kleider beraubt (Mt 27,35; Mk 15,34; Lk 23,34; Joh 19,23–24)
11. Station: Jesus wird an das Kreuz genagelt (Mt 27,35; Mk 15,24; Lk 23,33; Joh 19,18)
12. Station: Jesus stirbt am Kreuz (Mt 27,50; Mk 15,37; Lk 23,46; Joh 19,30)
13. Station: Jesus wird vom Kreuz abgenommen und in den Schoß seiner Mutter gelegt (Mt 27,59; Mk 15,46; Lk 23,53; Joh 19,38)
14. Station: Der heilige Leichnam Jesu wird in das Grab gelegt (Mt 27,60–61; Mk 15,46–47; Lk 23,53–55; Joh 19,42)

Sinn der Kreuzwegandachten ist das meditative „Mit-Wandern" mit Christus, wie dies vor allem bei den Kalvarienbergen mit den vierzehn

Stationskapellen äußerlich nachvollziehbar wird. „Die Verehrung des Leidens Jesu ist der Liebe des christlichen Herzens entsprungen, das beseligt und zugleich beschämt sich immer wieder lebendig vor Augen zu stellen suchte, was alles es Gott sich hat kosten lassen, um sein Geschöpf zu retten und ihm die Herrlichkeit des Himmels wieder zu erschließen. Der Beter suchte aus dem schweren Wege Jesu dabei für sein eigenes Leben zu lernen und die einzelnen Stationen vor allem nach ihrem Sinn für die Bewältigung der täglichen Aufgaben zu befragen. Im Kreuzweg hat der schlichte Christ mit gutem Recht die Hohe Schule evangelischer Lebens- und Leidensweisheit gesehen" (O. Kuss).

Die bloße Erinnerung und Vergegenwärtigung der historischen Ereignisse ist bei der Kreuzwegandacht nicht das Entscheidende. Es geht zutiefst um geistig-geistliche „Gleichzeitigkeit", indem christliche Existenz verstanden, gelebt und erlitten wird „in und mit und durch Christus", wie es der Apostel Paulus ausgesprochen hat: „Nicht mehr ich lebe, sondern Christus lebt in mir" (Gal 2,20). Der Kreuzweg steht unter der neutestamentlichen Motivation: Handelt wie Christus... denkt wie Christus... lebt, wirkt und leidet mit Christus! Der Kreuzweg Jesu ist immer neu zu konkretisieren und weiterzubuchstabieren in das Leben, in die Nöte und Probleme einer Epoche, eines Menschenlebens. Mit einem verkürzten Kreuzweg (mit nur vier Stationen) können auch Kinder dem leidenden Christus begegnen. Die Kreuzwegandacht ist alles andere als imposante Schaufrömmigkeit mit gemütsvoller, nostalgischer Erinnerung. Die Kreuzwegandacht will als „Weg", den man von Station zu Station geht, die Wanderung des Einzelchristen wie des pilgernden Gottesvolkes unter die kühne, ja paradoxe Herausforderung stellen: „Ich freue mich in den Leiden, die ich für euch ertrage. Für den Leib Christi, die Kirche, ergänze ich in meinem irdischen Leben das, was den Leiden Christi noch fehlt" (Kol 1,24).

LITERATUR: *C. Baumann-Oelwein, Das Heilige Kreuz von Polling. In: Charivari 20 (1994) Nr. 12, Seite 6; A. Grillmeier, Der Logos am Kreuz. München 1956; R. Guardini, Der Kreuzweg unseres Herrn und Heilands. Mainz 1919 (Erstauflage); E. Kramer, Kreuzweg und Kalvarienberg. Kehl/Straßburg 1957; A. Läpple, Das Kreuz. Zeichen des Widerspruches und des Heils. Aschaffenburg 1983; E. Roth, Der volkreiche Kalvarienberg in Literatur und Kunst des Spät-Mittelalters. Berlin 1958; K. H. Schelkle, Die Passion Jesu in der Verkündigung des Neuen Testaments. Heidelberg 1949; J. Scheuber, Der Kreuzweg unseres Herrn in der Kunst. München 1923; R. Schneider, Das Kreuz in der Zeit. Der Kreuzweg und die sieben Worte am Kreuz. Freiburg 1959 (Neuauflage).*

Kreuzzeichen

Zwischen zwei Kreuzzeichen verläuft christliches Leben mit einer Vielzahl von Selbstbekreuzigungen – dem ersten, feierlichen Kreuzzeichen bei der Taufspendung und dem letzten Kreuzzeichen über dem Grab eines Verstorbenen. Das Kreuzzeichen „ist das heiligste Zeichen, das es gibt" (Romano Guardini).
In der deutschen Sprachgeschichte wie in den politischen Ereignissen des deutschen Volkes hat das Kreuz paradoxe Seltsamkeiten erfahren. Es scheint wahrhaftig ein Kreuz mit dem Kreuz zu sein. Harmlos ist die Bezeichnung „Straßenkreuzung" oder „Straßenkreuzer". Die Gegenüberstellung „Hauskreuz" (für eine ungute Person) und „kreuzfidel" weist auf polare Erlebnisse hin. Die Redensart „zu Kreuze kriechen" entlarvt eine erzwungene Haltung oder das Eingeständnis, auf falscher Fährte gewesen zu sein. Mit militärischen Ehren hat das „Eiserne Kreuz" zu tun, während das „Hakenkreuz" ungute Erinnerungen der deutschen Geschichte weckt. Die Formulierung „sich bekreuzigen" weist hin auf die Selbstbekreuzigung, meist im Zusammenhang mit einem liturgisch-sakramentalen Segen.
Im Alten Testament gab es verschiedene Heilszeichen, die als Hinweise auf das Christuskreuz des Neuen Testamentes gesehen werden: die Kupferschlange an einer Stange (Num 21,8–9; Joh 3,14), der wunderwirkende Stab des Mose (Ex 14,16; 17,5). Die Kreuzigung war in der römischen Justiz Strafe der Schwerverbrecher, Sklaven, Hochverräter und Revolutionäre. Sie ist von den Persern übernommen worden. Über freie römische Bürger durfte sie nicht verhängt werden. Der gekreuzigte Christus ist „für Juden ein empörendes Ärgernis, für Heiden eine Torheit" (1 Kor 1,23). Das Zeichen des Kreuzes hat im Denken und Glauben, aber auch in der Frömmigkeit und Kunst einen bemerkenswerten Prozeß durchlaufen; vom Todes- und Sklavenzeichen hin zum Sieges- und Trostzeichen. Der gekreuzigte Christus konnte nur deshalb in seiner Schmach und Hilflosigkeit dargestellt werden, weil der Gekreuzigte auferstanden ist (Gal 6,14; Eph 2,16). Der Auferstandene trägt die Wundmale seiner Kreuzigung, die Identitätszeichen des Auferstandenen mit dem Gekreuzigten sind. Ohne die Auferstehung Jesu Christi hätte das Kreuz weder in der Frömmigkeit noch in der Kunst eine Geschichte gehabt. Nur wegen der Auferstehung Christi konnte der tägliche Anblick eines Gekreuzigten „verkraftet", konnte das Kreuz gegenüber den Marmorgestalten der griechischen und römischen Kunst ausgehalten und weltweit zum Zeichen des Friedens und der Zukunft werden.

Kreuzzeichen

In den Zeiten der ur- und frühchristlichen Christenverfolgungen waren an Stelle des Kreuzes Darstellungen von Taube, Fisch, Schiff oder Anker verdeckte Erkennungszeichen der christlichen Gemeinde. Schon um die Mitte des 2. christlichen Jahrhunderts war die häufige Selbstbekreuzigung üblich, und zwar als Segensgeste oder zur Abwehr des Bösen. Durch ein Kreuzzeichen kann man den Teufel vertreiben (Vita Pachomii altera 18) und wurden Krankheiten geheilt (Augustinus, De civitate Dei 22,8: Heilung von Brustkrebs). Das Kreuzzeichen mache alle Amulette überflüssig, meinte Johannes Chrysostomus.

Wie wird das Kreuzzeichen recht gemacht? Mit dem Daumen der rechten Hand macht man sich oder einem anderen auf die Stirn ein einziges Kreuzzeichen. Damit stellt man sich oder einen Menschen, wie etwa Eltern ihre Kinder auf dem Weg zur Schule, unter den Schutz Gottes. So mancher, der in den Krieg ziehen mußte, zu einer schweren Operation ins Krankenhaus gebracht wurde oder in ein anderes Land auswanderte, hat das Kreuzzeichen der Eltern, meist verbunden mit dem Weihwasser, als Reise- und Segenszeichen, oft als letztes Liebes- und Glaubenszeichen empfangen.

Seit dem 6. Jahrhundert ist das sogenannte große oder „lateinische" Kreuzzeichen bekannt, das während der (früher in lateinischer, heute in der Landessprache gefeierten) heiligen Messe gemacht wird. Der betende Christ stellt sich gleichsam unter die überströmende Gnade des Kreuzes Christi, indem er zunächst mit der rechten Hand die Stirn und dann die Brustmitte (senkrechter Kreuzbalken) berührt, um dann noch von der linken zur rechten Schulter gleichsam den waagrechten Kreuzbalken zu ziehen. Dieses große Kreuzzeichen ist das liturgische Kreuzzeichen, mit dem der Christ sich bei allen gottesdienstlichen Feiern bekreuzigt. Nur an einer einzigen Stelle der Meßfeier gibt es seit dem 11. Jahrhundert ein anderes, das sogenannte „kleine" Kreuzzeichen, das stehend auf Stirn, Mund und Brust mit dem Daumen der rechten Hand unmittelbar vor der Lesung des Evangeliums gemacht wird.

Das Kreuzzeichen als das heiligste Zeichen des christlichen Glaubens bedarf, gerade weil es sooft gemacht wird, einer besonderen Sorgfalt und Verinnerlichung, damit es nicht zur schlampigen, nichtssagenden Geste, „weil es so Brauch ist", verkommt.

Jede persönliche Bekreuzigung steht und lebt in der Fortsetzung jenes Kreuzzeichens, das bei der Taufe im Namen des Vaters und des Sohnes und des Heiligen Geistes über das Leben eines Christen erstmals gemacht worden ist. Jedes Kreuzzeichen ist erinnernde und bestätigendes Bekenntnis zur Taufe und damit zur Kirche als Gemeinschaft der getauften Glaubenden wie auch entschiedenes Zeugnis des Christenseins. Mit Bedacht langsam und groß gemacht umspannt das Kreuzzeichen den ganzen Menschen, seine Gedanken (Bekreuzigung der Stirn), seine Worte (Bekreuzigung des Mundes), sein Herz (Bekreuzigung der Brustmitte). Nichts sei ausgeschlossen von der Heil und Heilung schenkenden Gnade des gekreuzigten und auferstandenen Christus. Die Berührung der linken und der rechten Schulter beim sogenannten großen lateinischen Kreuz kann, das Sinnbild das waagerechten Kreuzbalkens aufgreifend, zu dem Gedanken anregen: Die Menschen, die rechts und links an meinem Lebensweg stehen, sind meiner Sorge und Verantwortung anvertraut.

Der Christ hat Weggefährten und Zeitgenossen, Mitleidende und Mitbetende – in seinem Volk, in seiner Kirche. Christ ist man nicht allein, sondern immer nur mit anderen und für andere. Damit wird im Kreuzzeichen die individuelle wie die soziale Grundstruktur angesprochen, der sich der Christ immer wieder und immer umfassender stellen muß – gestärkt und bezeichnet im Namen des Vaters und des Sohnes und des Heiligen Geistes.

LITERATUR: *F. J. Dölger, Beiträge zur Geschichte des Kreuzzeichens. In: Jahrbuch für Antike und Christentum (Münster) 2 (1959) 15–29; E. Dinkler, Kreuzzeichen und Kreuz. In: Jahrbuch für Antike und Christentum 5 (1962) 93–112; O. Nussbaum, Das Brustkreuz des Bischofs. Mainz 1964; A. Läpple, Das Kreuz. Zeichen des Widerspruchs und des Heils. Aschaffenburg 1982; E. Dinkler, Signum crucis. Aufsätze zum Neuen Testament und zur christlichen Archäologie. Tübingen 1967.*

Krippe

Im Alten Testament (1 Kön 5,6; 2 Chr 9,25; 32,28; Ijob 6,5; 39,9; Spr 14,4; Jes 1,3; Joel 1,17) und im Neuen Testament (Lk 2,7.12.16; 13,15) ist unter dem Stichwort „Krippe" (hebräisch: „ebus"; griechisch: „phatne"; lateinisch: „praesepium") zunächst ein Einzelstück, nämlich ein Trog aus Stein oder ein aus Holzbrettern gefertigter Barren gemeint, in dem Rind und Esel ihr Futter finden. Neutestamentliche Hinweise auf die „Krippe" finden sich nur im Lukasevangelium, und zwar viermal. Viel zuwenig bekannt sind aus der Reliquien- und Frömmigkeitsgeschichte „Erinnerungsstücke", die mit der neutestamentlichen Geburts- und Kindheitsgeschichte Jesu in Verbindung gebracht werden. In der römischen Basilika Santa Maria Maggiore werden Holzteile der Krippe Jesu von Bethlehem gezeigt. Eine kostbare Urne umschließt unter Glas einige längere Holzteile, die am ersten Weihnachtsfesttag in einer feierlichen Prozession auf den Hochaltar übertragen und nach der Vesper wieder in die Confessio in der Sakristei zurückgebracht werden. Diese Holzteile sollen unter Papst Zacharias (741–752) um 750 hierher gebracht worden sein.

Wie groß das Interesse der deutschen Kaiser für „Erinnerungsstücke" des Lebens Jesu war und wie sehr Christus- und Marienreliquien als Bestätigungs-, Legitimations- und Schutzzeichen reichspolitisch „verstanden" und ausgelegt wurden, bestätigt die Reliquiensammlung im Dom zu Aachen. Das älteste Reliquienverzeichnis stammt aus der Zeit des deutschen Kaisers Karls des Großen (768–814). Die Reliquien werden heute im Münster zu Aachen im sogenannten Marienschrein (vollendet 1236) aufbewahrt. Darunter befinden sich auch „Windeln Jesu" (Lk 2,7.12), die über Rom (Basilika Santa Maria Maggiore) um 800 nach Aachen gekommen sind. In der Pilgermesse im Dom zu Aachen (anläßlich des 89. Katholikentages in Aachen vom 3.–15. September 1986) wurde beim Zeigen der „Windeln Jesu" nach der Verlesung von Lk 2,10–12 den Gläubigen zugerufen: „Wir verehren das Zeichen der Menschwerdung unseres Herrn Jesus Christus."

Weitere „Erinnerungsstücke" an die neutestamentliche Geburts- und Kindheitsgeschichte Jesu (und gewiß auch an die außerbiblischen Apokryphen) werden im Dom zu Köln gezeigt, und zwar die „Reliquien der Drei Könige" (Mt 2,1–12) im Dreikönigsschrein (gefertigt von Nikolaus von Verdun, begonnen 1181, vollendet 1220). Unter dem Stauferkaiser Friedrich I. Barbarossa (1152–1190) kamen die Reliquien als Beutestücke aus Mailand am 23. Juli 1164 nach Köln. Die drei Goldkronen auf rotem Grund im oberen Drittel des Wappens des „hilligen Köln" (sancta Colonia) erinnern heute noch an diese geschichtlichen Zusammenhänge (vgl. A. Läpple, Reliquien. Verehrung – Geschichte – Kunst. Augsburg 1990, 87–98).

In welchem seltsamen hohen Rang Christus- und Marien-„Erinnerungsstücke" im spätmittelalterlichen Glauben standen, belegen Kuriositäten ausgerechnet aus der Schloßkirche zu Wittenberg, die durch den Thesenanschlag Martin Luthers (1517) und durch das Luthergrab bekannt geworden ist. Der Landesherr Luthers, Kurfürst Friedrich III., der Weise (1463–1525), war ein sehr engagierter Reliquiensammler. Seine Schloßkirche zu Wittenberg war nicht nur Universitätskirche, sondern auch Ausstellungsraum seiner umfangreichen Reliquiensammlung, für die Lucas Cranach der Ältere

Krippe

(1472–1553) im Jahr 1509 einen bebilderten „Baedecker" der Wittenberger Heiltumssammlung herausgegeben hat. Darin finden sich u. a. recht zweifelhafte „Erinnerungsstücke" aus der Geburts- und Kindheitsgeschichte Jesu: „... fünf Stücke von der Milch der Jungfrau Maria... drei Stücke von der Krippe Jesu... zwei Stücke von der Kammer (in Nazaret), darin Maria durch den Engel (Gabriel) gegrüßt wurde... ein Stück von der Wiege (Jesu), zwei Stück vom Heu."

Im Laufe der christlichen Glaubens- und Frömmigkeitsgeschichte haben Wort und Bedeutung „Krippe" (als Einzelstück) eine bemerkenswerte Ausweitung wie auch eine katechetisch-pastorale Impulsgebung als „Krippen-Ensemble" bis hin zur sogenannten „Jahreskrippe" erfahren. Entscheidende Anregungen hat die Krippenfrömmigkeit durch Franziskus von Assisi (1181–1226) erhalten. Er hat den Blick des christlichen Glaubens hingewendet auf die Menschheit, auf die Geschichtlichkeit, auf den Erdgeruch der palästinensischen Heimat des gekreuzigten Jesus. Er liegt damit genau im geistes- und kunstgeschichtlichen Trend jener Wende, die sich von der romanischen Kunst (mit dem Christkönig am Kreuz) hin zur gotischen Epoche (mit dem erbarmenden Jesus und dem gekreuzigten Jesus) vollzogen hat. Franziskus von Assisi hat Weihnachten 1223 im Wald von Greccio (im Rietital der zerklüfteten Sabiner Berge) mit lebendigem Ochs und Esel feiern lassen. In einem Brief hat er etwa zwei Wochen vor dem Fest seinen großen Weihnachtswunsch, ein franziskanisches Bethlehem zu feiern, in die Worte gefaßt: „...ich möchte die bittere Not, die er (Jesus) schon als kleines Kind zu leiden hatte, wie er in eine Krippe gelegt, an der Ochs und Esel standen und wie er auf Heu gebettet wurde, so greifbar als möglich, mit leiblichen Augen schauen." Über der Krippe wurde das Weihnachtshochamt gefeiert, das Franziskus, der nicht Priester war, als Diakon mitfeierte. Franziskus hielt auch die Weihnachtspredigt. Thomas von Celano hat seine Beschreibung dieses weihnachtlichen Gottesdienstes in Greccio, wo heute ein Kloster wie ein Schwalbennest an steiler Felswand errichtet ist, mit den Worten abgeschlossen: „... ein jeder kehrte in seliger Freude nach Hause zurück."

Ausgerechnet in der Aufklärungszeit – Immanuel Kant (1724–1804) hat sie im Buchtitel „Die Religion innerhalb der Grenzen der bloßen Vernunft" (1793) treffsicher beschrieben – bricht sich eine intensive Volksfrömmigkeit Bahn. Sie ist gekennzeichnet durch die Verehrung der Kindheit und des Herzens Jesu, knallige Devotionalienbildern des Jesusknaben, eine beglückende Fülle neugeschaffener Weihnachtslieder und

Volksmusikstücke wie auch der Gestaltung von Krippen.
In und seit dieser Zeit kommt es zu einer kühnen „Vergegenwärtigung" des Geburtsereignisses Jesu. Der biblische Bericht wird „weitererzählt". Er wird hineinbuchstabiert und konkretisiert in das Hier und Heute. Jesus, der Weltenheiland, hat so in den Krippendarstellungen der Christenheit die palästinensische Enge weltoffen überschritten. Das Ereignis von damals ist zwar in seinem geschichtlichen und biblischen Ursprung vertraut, aber es kommt zu einer schöpferischen Neubegegnung. Auf diese Weise verwenden für die Krippen-Architektur neapolitanische Krippenbauer antike Säulen aus ihrem spätantiken Umfeld. In Tirol und in Südbayern wird die heimische Bauernstube, sogar mit dem Herrgottswinkel und dem dort hängenden Kreuz, zum Ort des Heilsereignisses.

Auch *soziologische* Grenzüberschreitungen und Kühnheiten werden in Krippendarstellungen sichtbar: Man hält sich meist nicht mehr an die biblische Kostümkunde, sondern steckt die Krippenpersonen in die heimische Tracht. Maria trägt in bayerischen Krippen das festliche Schnürmieder, während Joseph mit einer ledernen Bundhose ausgestattet ist. Selbst völkisch-rassische Gesichtspunkte werden bedeutungslos, wenn etwa das Jesuskind in afrikanischen Krippen als lachendes Negerkind oder in fernöstlichen Darstellungen mit Schlitzaugen uns entgegenschaut.

Die *topographische* Vergegenwärtigung zeigt sich in der Gestaltung der Landschaft und des Hintergrundes der verschiedenen Krippendarstellungen. So verwenden die Krippenbauer des Werdenfelser Landes als Hintergrund jene malerische Gebirgskette vom Waxenstein über die Zugspitze und Alpspitze bis hin zur Dreitorspitze, wie sie von Garmisch-Partenkirchen aus von Touristen und Sportlern gesehen und bestaunt wird.

In der Krippengeschichte wird Glaubensgeschichte als Interpretations- und Aneignungsgeschichte erkennbar, die mit immer neuen Vergegenwärtigungen und heimischen Varianten das existentielle Ja des Glaubens bekundet.

LITERATUR: *R. Berliner, Die Weihnachtskrippe. München 1955; G. Bogner, Das große Krippen-Lexikon. Geschichte, Symbolik, Glaube. München 1981; B. Roßbeck, Bildersprache der Weihnachtskrippen. In: Charivari 19 (1993) Nr. 12, Seite 68–72; O. Kastner, Die Krippe. Linz 1964; T. Schulz-Dornburg, Das Heilige Comödi-Spiel mit den Figuren der Barock-Krippe des Klosters Reutberg. Reutberg 1987; A. Läpple, Weitergabe des Glaubens durch religiöses Brauchtum. In: Der Bayerische Krippenfreund Nummer 277 (September 1991)*

S. 3–11; A. Läpple, Krippenarbeit als Meditation. In: a. a. O. Nummer 266 (Dezember 1988) S. 3–11; A. Rehm, Krippen aus drei Jahrhunderten. Garmisch-Partenkirchen 1991; U. Pfistermeister, Barockkrippen in Bayern. Stuttgart 1984; W. Fanderl, Schwanthaler Krippen. Rosenheim 1974; T. Schulz-Dornburg, Die Krippenfiguren von Frauenwörth. Weißenhorn 1982.

Krippenlegung

Als religiöse Ouvertüre wird der Christmette immer häufiger eine Krippenlegung vorangestellt. Es handelt sich dabei um eine liturgieergänzende Weihnachtsfrömmigkeit, die sich wohl erst im 20. Jahrhundert entwickelt hat. Ein Passauer Ritus aus dem unter Bischof Sigismund Felix Freiherr von Ow-Felldorf (1855–1936) herausgegebenen Rituale von 1930 zeigt dieses auf.
Die Krippenlegung vor der Meßfeier in der Heiligen Nacht dürfte aus oft recht unzulänglichen Krippen- und Hirtenspielen als liturgisch und religionspädagogisch geläuterte und verantwortbare Form hervorgegangen sein. Anregungen dazu sind meist von kleineren Pfarrgemeinden von musisch begabten Laien (Lehrern, Organisten, Musikanten, Krippenbauern und Schnitzern) und Pfarrern ausgegangen.

Zur Krippenlegung bewegte sich durch das Hauptportal eine feierliche Prozession. An der Spitze war ein Ministrant mit dem Vortragskreuz, begleitet von zwei Ministranten mit Leuchtern. Dann folgten Schulkinder mit brennenden Kerzen. Ein weißgekleidetes Mädchen trug ein hölzernes oder aus Wachs gestaltetes Jesuskind auf den Händen. Nach den Ministranten mit dem Weihrauchfaß beschloß der Priester, angetan mit dem Meßgewand (oder Rauchmantel), die Prozession. Nach drei Stationen der Verehrung, begleitet von Weihnachtsliedern, wurde das Jesuskind in die mit Stroh gefüllte Krippe vor dem Hochaltar gelegt. Zum Abschluß dieser liturgieergänzenden Feierlichkeit wurde gemeinsam das „Stille Nacht" gesungen. Diese Vorfeier der Krippenlegung ging mit dem vom Priester angestimmten Gloria in die Christmette über.
Als guter Brauch hat sich bewährt, unmittelbar nach der Legung des Jesuskindes in die Krippe jenen altehrwürdigen Text vorzulesen oder vorzusingen, der im Martyrologium Romanum sich findet. Es empfiehlt sich dabei jener neu erarbeitete und erprobte Text mit Berücksichtigung des heutigen Geschichtsverständnisses, wie ihn Theodor Maas-Ewerd (Eichstätt) vorgelegt hat.

„Im Anfang schuf Gott die Welt.
Milliarden Jahre waren vergangen, seit

unsre Sonne und die Erde entstanden, Millionen Jahre, seit Leben sich regte auf der Erde und der Mensch ins Dasein trat, viele Tausende von Jahren, seit Stämme, Völker und Kulturen sich bildeten, zweitausendundfünfzehn Jahre seit Abrahams Geburt, tausendfünfhundertundzehn Jahre, seit Mose das Volk Israel aus Ägypten geführt hatte, tausendundzweiunddreißig Jahre seit der Salbung des David zum König, in der fünfundsechzigsten Jahrwoche nach Daniels Weissagung, in der hundertvierundneunzigsten Olympiade, siebenhundertzweiundfünfzig Jahre nach der Gründung Roms, im zweiundvierzigsten Jahr der Regierung des Oktavianus Augustus, da Friede war in der ganzen Welt, da wollte Jesus Christus, ewiger Gott und Sohn des ewigen Vaters, die Welt durch seine rettende Ankunft heiligen. Er war empfangen vom Heiligen Geist, und nach neun Monaten wurde er zu Bethlehem im Lande Juda aus Maria, der Jungfrau, geboren. Wir feiern die Geburt unsres Herrn Jesus Christus in unserem armen Fleisch."

Eine ausgezeichnete und leicht singbare Vertonung dieser Neufassung findet sich bei J. Seuffert (Hg.), Neues Werkbuch zum Gotteslob. Lesejahr B. Freiburg–Basel–Wien 1990, 228–230.

Krippenlegung

— L —

Leichenmahl

→ Sterbe- und Bestattungskultur

Leonhardi-Fahrt

Viele Jahrhunderte lang zählten neben den Heiligen Wendelin, Isidor und Notburga der heilige Florian (4. Mai), vor allem der heilige Leonhard (6. November) zu den am meisten angerufenen und verehrten Bauernheiligen. Freskenbilder des *heiligen Florian* schmücken heute noch viele Bauernhäuser. Oftmals ist auch eine Inschrift angebracht:

„Heiliger Ritter Florian,
nimm um unser Haus und unsern Hof dich an!
Lösch das Feuer der Sünde.
daß es nit tut brinnen,
daß wir dem ewigen Tode entrinnen!"

Der heilige Florian war der immer wieder angerufene Feuerpatron. Er wurde am 4. Mai 304 in Ufernorikum im Ort Lauriacum (Lorch in der Nähe von Wels) mit einem Stein um den Hals von der dortigen Brücke in die Enns geworfen und ertränkt. Seine Reliquien werden heute im oberösterreichischen Chorherrenstift St. Florian hochverehrt. In einem Gebetbuch „Florianibüchlein" des Jubiläumsjahres 1904 findet sich ein Hymnus, dessen erste Strophe lautet:

„Sankt Florian, an deinem Grab
Erscheinen wir hienieden,
Schau gnadenreich auf uns herab,
Erbitte uns den Frieden."

In Dankbarkeit wurde dem heiligen Florian in Bad Reichenhall ein St.-Florian-Brunnen auf dem Florianiplatz (errichtet 1895 zum Dank für die Bewahrung der 29 Häuser beim großen Stadtbrand des Jahres 1834) gestiftet. Auch in Partenkirchen gibt es einen ähnlich gestalteten Floriansplatz mit einem prächtigen Floriansbrunnen.

Über Sankt Florian steht in der bäuerlichen Frömmigkeit und im überlieferten Brauchtum die Gestalt des *heiligen Leonhard*. Eduard Stemplinger nennt ihn in seinem „Immerwährenden Bayerischen Kalender" (Rosenheim, 1973) geradezu den „Bayerischen Herrgott". Leonhard, der Patron der Gefangenen, Kranken und auch der Wöchnerinnen, vor allem der große Fürsprecher und Helfer in allen Anliegen des bäuerlichen Lebens, zählt auch zu den „vierzehn Heiligen".

Wer aber weiß, daß wohl vom 12. Jahrhundert an die Leonhardi-Wallfahrt nach Inchenhofen (Landkreis Aichach-Friedberg, Diözese Augsburg) die älteste und berühmteste Leonhard-Wallfahrt in ganz Europa war und daß Inchenhofen neben Jerusalem, Rom und Santiago de Compostela so manches Jahrhundert der viertgrößte Wallfahrtsort der Christenheit gewesen ist!

Die Nachrichten über Leben und Wirken des heiligen Leonhard im 6. Jahrhundert sind äußerst spärlich und legendär eingefärbt. Er dürfte von Remigius (436-533), dem Bischof von Reims, getauft worden sein. Er entschied sich für den geistlichen Beruf und empfing ebenfalls von Remigius die Bischofsweihe. Er fühlte sich aber der Leitung einer Diözese nicht gewachsen und zog sich als Einsiedler zurück (St.-Léonard-de-Noblat bei Limoges). In dem dort entstandenen Kloster wurde er Abt. Ein besonderes Prägezeichen seiner Seelsorge war die Hilfe und Sorge für Gefangene. Vor allem bemühte er sich für die Eingliederung der entlassenen Gefangenen in die Gesellschaft und in das Berufsleben. Er verschaffte ihnen Ackerland, ließ die Entlassenen in Landwirtschaft und Viehzucht unterrichten, so daß sie ihren Lebensunterhalt selbst beschaffen konnten und fähig waren, Familien zu gründen und ortsansässig zu werden. Daher wird der mit einem schwarzen Abtgewand bekleidete, heilige Leonhard von der christlichen Kunst oft mit Ketten in den Händen dargestellt.

Heute noch feiert Saint-Léonard-de-Noblat, etwa zwanzig Autominuten östlich von Limoges entfernt, seinen Patron, dessen Reliquien in der dortigen romanischen Kirche liegen, mit einem kuriosen Reiterspiel. An diesem Ort machten früher auf einem alten Pilgerweg nach Santiago de Compostela die Jakobspilger Station. Mitglieder der Leonhard-Bruderschaft feiern in einer wahrlich außergewöhnlichen Weise ihren Schutzpatron. Schon vor dem zweiten Novembersonntag haben sie auf dem Stadtplatz eine hölzerne Miniaturburg errichtet mit der französischen Trikolore auf einem höchsten Turm. Nach dem sonntäglichen Festgottesdienst wird diese Kleinburg gesegnet. Dann aber beginnt das seltsame Ereignis des Reiterspiels. Die auf einem hohen Pfahl aufgerichtete Miniaturburg wird von Berittenen mit Holzknüppeln und Beilen zertrümmert. Besonders begehrt sind die anfallenden Späne und Holzsplitter als Glücksbringer für Mensch und Tier. Das lautstarke Debakel, dem am Nachmittag ein fröhliches Essen und Trinken folgt, dauert eine gute Stunde. Es steht alljährlich unter dem typisch französischen Motto: „Dem Wohl Frankreichs und zum Segen Leonhards." Was wird wohl der heilige Leonhard über das ihm zur Ehre angefallene Kleinholz im Himmel dazu sagen?

Erst im 16. Jahrhundert wurden die Gefangenenketten zu Viehketten umgedeutet. Der „Kettenheilige" Leonhard wird auch als jener Fürsprecher angerufen, der von den verschiedenen „Ketten" der Sünde und Schuld, unbeherrschten Leidenschaften und Vermessenheit lösen und befreien soll. Votivgaben, die an Wallfahrtsorten des heiligen Leonhard gestiftet wurden, waren früher meist aus Metall gefertigte Ketten, wie auch die älteste, kleine Leonhardstatuette in Inchenhofen, eingefügt in einen Pfeiler der Kirche, aus Schwermetall gemacht ist. Auch eiserne Tierfiguren waren als Votivgaben beliebt. Überliefert ist auch, daß am Leonhardfest früher die Wallfahrtskirchen mit Ketten umspannt waren. Erst später wurden aus rotem Wachs gegossene Votivgaben (Arm, Bein, Hirnschalen, Vieh oder Pferd) als Verlöbnisse geschenkt.

Der Bauernheilige Leonhard ist schließlich für alle Nöte in Haus und Hof, in Familie und Stall immer wieder angerufen worden, vor Geburten der Bauersfrau wie bei Schweinepest, bei Maul-, Klauen- und Lungenseuche der Tiere: Leonhard war der „Bauernherrgott".

In Inchenhofen entstand ab 1458 unter dem Zisterzienserabt Paul Herzmann der Leonhardi-Ritt, der ursprünglich in der Kirche um den Hochaltar durchgeführt wurde. Der Entwurf des barocken Hochaltars wird Egid Quirin Asam (1692–1750) zugeschrieben, dessen Bruder Mitglied des Ordenskonvikts von Inchenhofen war. Nach dem Verbot des Rittes in der Kirche kam es am kirchlichen Festtag des heiligen Leonhard (6. November) zu drei Umritten um die Wallfahrtskirche und zur Segnung der Gespanne, Rösser und Reiter beim dritten Umritt.

Im oberbayerischen Voralpenland gibt es heute noch viele Orte mit Leonhardi-Fahrten u. a. in Bad Tölz, in Kreuth, in Fischhausen am Schliersee. Vor allem die Gespanne mit den geschmückten und reichbemalten Wagen, in denen Frauen in schmucker Tracht sitzen, ziehen das Interesse der Zuschauer, vor allem der Fotografen auf sich.

In der Mitte des 20. Jahrhunderts war eine unverkennbare Flaute der Leonhardsverehrung – gewiß bedingt durch die voranschreitende Technisierung der landwirtschaftlichen Betriebe und die gleichzeitige Abschaffung der Pferdehaltung – festzustellen. Das neue Interesse an Pferden, bestätigt durch viele neue Gestüte und die Freude, ein eigenes Pferd in einem Bauernhof unterstellen zu können, um am Wochenende damit reiten zu können, hat auch zu einer Wiederbelebung der Leonhardi-Fahrten geführt, wie die wachsenden Zuschauerzahlen belegen. So manches Herz schlägt höher und verspürt ein Stück Himmel auf Erden, wenn vor der Leonhardi-Fahrt bei der Meßfeier zu Ehren des heiligen Leonhard nach der Wandlung der Andachtsjodler erklingt.

LITERATUR: *A. Richlers, Wie's in Bayern der Brauch ist. Feste und Bräuche durchs Jahr und durchs Leben in Altbayern, Franken und Schwaben. München 1994; H. Höllerl, Wallfahrt zum hl. Leonhard von Inchenhofen. In: Charivari 17 (1991) Nr. 11, S. 22–27; G. Kapfhammer, Brauchtum in den Alpenländern. München 1977; E. Marckgott/L. Altmann, Die St.-Laurenz-Basilika zu Enns-Lorch. München–Zürich 1978; F. Trenner, Der heilige Florian. Regensburg 1981.*

Lichtmeß

Die Spuren eines Festes am 40. Tag *nach* dem Geburtsfest Jesu (25. Dezember) führen zurück in die Christengemeinde von Jerusalem, wo es im 4. Jahrhundert eine liturgische Feier „Hypapante" (= Begegnung) gab. Es handelt sich um die Erinnerung an die „Begegnung" Jesu im Tempel von Jerusalem (Lk 2,21–38) mit dem alttestamentlichen Charismatiker Simeon (Lk 2,25–27) und mit der Prophetin Anna (Lk 2,36–38). Es ist zutiefst das Begegnungsfest zwischen dem im Alten Testament verheißenen und menschgewordenen Maschiach (= Messias = Christos = Gesalbter) und dem Volk Israel, deren Repräsentanten Joachim und Anna sind. Zugleich öffnet sich diese Begegnung weit über das alttestamentliche Gottesvolk hinaus zu allen Völkern und Nationen der Erde. Der menschgewordene Sohn Gottes wird im Benedictus-Hymnus Simeons gepriesen „Licht der Erleuchtung für die Heiden und Ruhm für sein Volk Israel" (Lk 2,32). Die Kirche ist Glaubens- und Begegnungsgemeinschaft von Juden und Heiden, wie es der Apostel Paulus (Röm 3,9.29; 9,24; 1 Kor 12,13; Eph 3,6) ausgesprochen hat.

Unter Kaiser Justinian (527–565) wurde dieses Fest auch in Rom gefeiert, und zwar zunächst vierzig Tage

Lichtmeß

nach dem Epiphaniefest (6. Januar), später vierzig Tage nach dem in der Westkirche gefeierten Weihnachtsfest (25. Dezember).
Der Hinweis im Hymnus des Simeon, daß Jesus „Licht der Erleuchtung für die Heiden" (Lk 2,32) ist, hat die seit dem 5. Jahrhundert in Jerusalem bezeugte, seit dem 7. Jahrhundert auch im Abendland nachweisbare Lichterprozession angeregt. Seit dem 10. Jahrhundert wird in Rom die Kerzenweihe vollzogen (Jes 9,1–6). Das ursprünglich christologische Fest wurde im Laufe der Zeit zu einem Mariengedenktag: Mariä Reinigung – Purificatio Mariae (im Anschluß an Ex 13,2; Lev 12,4–8; Lk 2,22–24) – Mariä Lichtmeß. Die Liturgiereform nach dem Zweiten Vatikanischen Konzil hat dem Lichtmeßtag wieder seine ursprünglich christologische Akzentuierung zurückgegeben: Darstellung des Herrn – Hypapante, Begegnung des Herrn mit allen Menschen, die eines guten Willens sind. Die am 2. Februar in einem Weihkorb mitgebrachten und in der Kirche geweihten Kerzen werden vom christlichen Volk als „hochgeweiht" geschätzt. So manche Sterbekerze ist an diesem Festtag geweiht worden. Besonders geschätzt sind die schwarzen Wetterkerzen, die bei Sturm und Gewittern in Häusern und Wohnungen entzündet werden und zum Bittgebet vor Blitz und Ungewitter aufrufen. Beliebt waren die sogenannten „Pfennigliachtln", die früher wirklich einen Pfennig (heute etwa 15 Pfennig) gekostet haben. Es waren kleine, meist farbige Kerzen aus dünnem Wachsstrang, die eine ganze Rosenkranzlänge gebrannt haben, vorausgesetzt, man hat nicht zu langsam gebetet.
Bei der Kerzenweihe am Fest Darstellung des Herrn (2. Februar) wird folgendes Gebet gesprochen:

„Lasset uns beten! – Gott, du Quell und Ursprung allen Lichtes, du hast am heutigen Tag dem greisen Simeon Christus geoffenbart als Licht zur Erleuchtung der Heiden.
Segne + die Kerzen, die wir in unseren Händen tragen und zu deinem Lob entzünden. Führe uns auf dem Weg des Glaubens und der Liebe zu jenem Licht, das nie erlöschen wird. Darum bitten wir durch Christus, unseren Herrn."

Die große Hochschätzung der geweihten Kerzen wie auch des Berufsstandes der „Lebzelter, Metsieder und Wachszieher" in einer Zeit, da es noch nicht das elektrische Licht gab, ist heute kaum vorstellbar. Nicht nur in den Kirchen, auch in den Wohnungen der Adeligen und der Familien aus dem gehobenen Bürgerstand wurden Kerzen verwendet, etwa bei festlichen Gastmählern im fürstlichen Hof. Ärmere Volksschichten mußten sich mit dem Kienspan oder mit einer rauchenden Öllampe begnügen. Um das Jahr 1600 war der Preis für ein Pfund Wachs zehnmal so hoch als die gleiche Menge Fleisch. Die Bedeutung des Handwerks der Wachszieher läßt sich heute noch an den mächtigen, mit Kasein- oder Temperafarben verzierten Votivkerzen wie an den meist aus rotem Wachs gestalteten Votivgaben (z. B. Nachbildungen der inneren Organe) an älteren Wallfahrtsorten (Altötting, Andechs oder in der Wieskirche bei Steingaden) erkennen. Beim einfachen Volk waren jene kunstvoll und farbig verzierten Wachsstöcke besonders geschätzt, die am Lichtmeßtag geweiht und an Patenkinder, Freundin oder Braut oder auch an das Gesinde eines Bauernhofes verschenkt wurden. Niemand hätte in früherer Zeit einen geschenkten hochgeweihten Wachsstock verschenkt!

Bis in das 20. Jahrhundert war der Lichtmeßtag in bäuerlichen Gegenden der Einstands- oder Ausstandstag der bäuerlichen Dienstboten oder „Ehhalten", wie sie sehr bezeichnend früher auch genannt worden sind, weil sie zum Hof und zur Familie ihres Bauern gehalten und mit ihrer Arbeit das Ganze zusammengehalten haben. Wenn am Lichtmeßtag mit dem Feierabendläuten die „Bauernangst" eingeläutet wurde, schlug für den Bauern die Stunde, den Jahreslohn herauszurücken. Weil Knechte und Mägde durch Maschinen ersetzt und Lohnabsprachen nicht mehr mündlich oder durch Handschlag, sondern durch Tariflisten ersetzt wurden, hat der Lichtmeßtag seine frühere Bedeutung verloren.

LITERATUR: *E. Blandine, Kerzenlichter. Zürich 1966; C. und L. Hansmann, Viel Köstlich Wachsgebild. München 1959; Wachszieher und Lebzelter im alten München. Sammlung Ebenböck (Ausstellungskatalog 1981/82). München 1981.*

Luzia

Das Fest der heiligen Luzia (13. Dezember) – ihr Name bedeutet „die Lichtvolle, die Strahlende" – erinnert an das zwanzigjährige Mädchen, das um 286 in Syrakus (Sizilien) geboren wurde und in ihrer Geburtsstadt wohl 304 in der von Kaiser Diokletian angeordneten Christenverfolgung als Märtyrerin gestorben ist. Die Reliquien der Stadtpatronin von Syrakus haben ihre letzte Ruhestätte in der Kirche Ss. Geremia e Lucia in Venedig gefunden.

Die Ausstrahlung des Luzia-Kults über ganz Europa bis hinauf in das protestantische Schweden ist erstaunlich. Dort wird heute noch der Luzia-Tag besonders festlich in der Öffentlichkeit wie in den Familien begangen: Die Luzia-Braut, bekleidet mit einem langen weißen Gewand, trägt auf ihrem Haupt einen Kranz mit brennenden Kerzen.

Auch in Deutschland, im bayerischen Fürstenfeldbruck, gibt es ein lebendiges Luzia-Brauchtum. Entstanden ist das sogenannte „Lichterschwemmen" am Luzia-Tag im Jahr 1785, als Fürstenfeldbruck am 13. Dezember, dem liturgischen Festtag der heiligen Luzia, von einer Hochwasserkatastrophe bedroht war. In höchster Not wandten sich die Bürger an die Tagesheilige Luzia um Fürbitte und Hilfe. Nach unerwarteter Rettung gelobten sie, alljährlich am Luzia-Tag der Heiligen besonders zu gedenken.

Neuere Forschungen haben ergeben, daß die Bürger von Fürstenfeldbruck damals das schlechte Gewissen gedrückt hat. Denn es gab bereits früher schon ein Luzia-Brauchtum, über das in einem Brief vom 18. Februar 1706 der Bischof Johann Franz Ecker von Kapfing und Liechteneck (1695–1727) schrieb, „daß papieren Häusl samt einem Licht auf die Amper gesetzt und dann herabgelassen werden". Der Brauch des Luzienhäuschenschwemmens dürfte entweder verboten worden oder in Vergessenheit geraten sein. Die Wasserkatastrophe ausgerechnet am Luzia-Tag des Jahres 1785 dürfte die Bürger von Fürstenfeldbruck an das in Vergessenheit geratene Brauchtum erinnert haben. Nach der Errettung aus der Flutkatastrophe wurde der alte Brauch mit neuer Begeisterung wiederaufgenommen. Nach den Wirren des Dritten Reiches und des Zweiten Weltkrieges kam es 1949 wieder zur Einführung des heutigen Brauches.

Mit großem Eifer und ererbter Sachkenntnis basteln Kinder in vielen Wochen mit ihren Eltern, auch im schulischen Zeichenunterricht durch ihre Kunsterzieher angeleitet, sogenannte Luzienhäuschen aus Pappdeckeln oder dünnen Holzbrettern. Oft sind diese Luzienhäuschen Nachbildungen des Elternhauses, die mit bunten Farben bemalt und mit großen Fensteröffnungen versehen werden. Im Innern dieser Luzia-Häuschen wird eine brennende Kerze befestigt.

In einer Lichtfeier am Spätnachmittag des 13. Dezember in der katholischen Pfarrkirche St. Magdalena in Fürstenfeldbruck werden oft Hunderte von Luzia-Häuschen gesegnet und dann zur benachbarten Amperbrücke gebracht, wo sie in der einbrechenden Dunkelheit auf den Wellen der Amper abwärts treiben. So manche Träne der Kinder fließt, wenn ihr kostbares, selbstgebasteltes Luzia-Häuschen in der Dunkelheit verschwindet.

Das zunächst mit dem Namen „Luzia" (Lichtträgerin) begründete Brauchtum des Lichterschwemmens kann im Advent einen größeren Deutungshorizont öffnen. In der

Finsternis von Schuld und Versagen leuchtet ein Licht! Die Luzia-Lichter sind Vorboten der Ankunft dessen, der von sich sagte: „Ich bin das Licht der Welt" (Joh 8,12). Eine altdeutsche Formulierung spricht von der „giperahta naht", von der „leuchtenden Nacht". Lichter im Dunkel zeigen Wege der Hoffnung auf. Sie öffnen die Perspektive für das Ereignis der Weihnachtszeit: Christ, der Retter ist da! „Das Volk, das im Finstern sitzt, sieht ein großes Licht" (Joh 9,1; vgl. Jes 60,1; Ps 36,10).

Das Leben ist das große Abenteuer der Hoffnung mit vielen Überraschungen, Enttäuschungen und Rückschlägen zum Licht.

LITERATUR: *G. Kapfhammer, Lichterschwemmen in Fürstenfeldbruck. Göttingen 1972.*

M

Maiandacht

Der Lobpreis Marias hat bereits im Neuen Testament eingesetzt, als im Magnifikat (Lk 1,46–55) die Urkirche im gemeinsamen Dankgebet mit Maria sich verbunden wußte und daher mit Maria sprechen konnte: „Der Mächtige hat Großes an mir getan" (Lk 1,49). In der Marienverehrung hat sich die Zukunftsverheißung Marias erfüllt: „Von nun an preisen mich selig alle Geschlechter" (Lk 1,48).

In der spätmittelalterlichen Frömmigkeit erhielt Maria als Mutter der Barmherzigkeit eine herausragende Stellung im christlichen Fürbittgebet. Hochverehrt waren marianische Reliquien; erwähnt sei nur der Marienschrein (vollendet 1236) im Dom zu Aachen mit den Erinnerungszeichen des Gewandes und Stoffgürtels Marias.

In der Barockzeit, die einerseits gekennzeichnet war durch den Rationalismus und Empirismus der philosophischen Aufklärung und anderseits – im Gegenzug dazu – das Subjektiv-Emotionale in Kunst und Frömmigkeit zu erfahren versuchte, erlebte die Marienfrömmigkeit eine einzigartige Hochblüte. „Die Maiandacht" im heutigen Verständnis ist ein Kind der barocken Frömmigkeit. Nachweisbar haben die Kamillianer (ein von dem italienischen Priester Camillo de Lellis 1582 gegründeter Priesterorden) erstmals im Monat Mai 1784 in ihrer Klosterkirche in Ferrara unter großem Zustrom der Gläubigen allabendlich „Maiandachten" mit Gesängen und Gebeten gehalten.

In deutschen Landen verband sich das marianische Anliegen der „Maiandachten" seit längerer Zeit mit dem Brauch des Wettersegens und dem sogenannten „Maigebet" um gute Witterung. Je mehr der sogenannte „Wettersegen", meist mit einem Kreuzpartikel in der Zeit zwischen dem Fest Kreuzauffindung (3. Mai) und dem Fest Kreuzerhöhung (14. September) erteilt, eine eigenständige Position meist in Verbindung mit der sonntäglichen Meßfeier erhielt, um so mehr öffnete sich der Frömmigkeitsraum für eine eigenständige „Maiandacht", die allabendlich im Monat Mai gehalten und an den Sonntagen auch mit einer eigenen Maipredigt ausgestattet wurde.

In Deutschland wurde die erste Maiandacht im Jahr 1841 im Kloster der Guten Hirtinnen in München-Haidhausen gehalten. 1843 folgten ihrem Beispiel die Servitinnen in der vielbesuchten Münchner Herzogspitalkirche. Die erste *Pfarrkirche* in Deutschland, in der durch Pfarrer Carl Stumpf 1845 die Maiandacht eingeführt wurde, war St. Ludwig in der Nähe der Münchner Universität. Diese neue Andacht fand eine so begeisterte Aufnahme, daß 1847 der Münchner Erzbischof Karl August Graf von Reisach (1846–1856) selbst die Sonntagspredigten in der Maiandacht von St. Ludwig übernahm. Innerhalb weniger Jahre konnte sich die Maiandacht in fast allen Diözesen durchsetzen: 1842 Aachen, 1844 Regensburg, 1847 Breslau und Rottenburg, 1850 Köln und Münster, 1851 Mainz, 1852 Paderborn, Osnabrück und Speyer (vor 1855 Trier), 1855 Eichstätt und Passau, 1858 Augsburg, Freiburg und Würzburg. Mit großer Begeisterung schallte durch ganz Deutschland das Standardlied der Maiandachten, das in alle Diözesan-, Gesang- und Gebetbücher aufgenommen wurde. Es wurde von Guido Görres (1805–1852) im Jahr 1842 getextet, sicherlich beeinflußt durch den romantischen Dichter Clemens von Brentano (1778–1843); die Melodie schuf 1845 der aus der Benediktinerabtei Einsiedeln stammende P. Anselm Schubiger (erstmals veröffentlicht in „Marienrosen", Einsiedeln 1845). Die erste Strophe dieses Liedes, das in das nachkonziliare katholische Gebet- und Gesangbuch *nicht* mehr aufgenommen wurde, lautet:

„Maria, Maienkönigin,
wir kommen, dich zu grüßen;
o holde Freudenspenderin,
sieh uns zu deinen Füßen."

Die Maiandacht, vom katholischen Volk, von alt und jung zahlreich und freudig besucht, hat sich zur bedeutendsten Andachtsform im „marianischen Jahrhundert" entwickelt, das zwischen 1850 (Dogmatisierung der Unbefleckten Empfängnis Marias am 8. Dezember 1954 durch Papst Pius IX.) und 1950 (Dogmatisierung der Aufnahme Marias in den Himmel am 1. November 1950 durch Papst Pius XII.) anzusetzen ist.

In einem apostolischen Mahnschreiben „Marialis cultus" (Über die Marienverehrung) vom 2. Februar 1974 hat Papst Paul VI. vorsichtig, aber unüberhörbar auf Fehlformen der Marienverehrung hingewiesen und angemahnt, „die bisher gebräuchlichen Formen und Andachtsübungen

Maiandacht

zur Verehrung der seligen Jungfrau mit Umsicht zu erneuern". Gerade in der Zeit nach dem Zweiten Vatikanischen Konzil wurde die Spannung zwischen dem eucharistischen Kult (Aussetzung des Allerheiligsten) und dem marianischen Anliegen deutlich gespürt, indem ernsthaft nachgedacht wurde, ob bei einer Maiandacht Monstranz oder Ziborium zur Verschönerung und Feierlichkeit der Maiandacht ausgesetzt werden oder ob der Gebetsrhythmus entschieden von der Marienverehrung zur Anbetung des eucharistischen Christus (per Mariam ad Jesum) hinführt.

Die auf dem Zweiten Vatikanischen Konzil (1962/65) aufgezeigte Gesamtperspektive der Mariologie (Maria auf dem Pilgerweg des Glaubens – Mitwirkung Marias mit und im Mitwirken des Heiligen Geistes – Maria im Mysterium Christi und der Kirche) wie auch die gewachsene und sich verstärkende Sensibilität und Feinfühligkeit für den rechten Zusammenklang von marianischer und eucharistischer Frömmigkeit haben (nach einer anfänglichen Krise und Verunsicherung) der Maiandacht neue Impulse gegeben.

Die theologisch und liturgisch neugestaltete Maiandacht, die auch die Kirchenjahranliegen der Oster- oder Pfingstzeit einbezieht, hat heute wegen ihres Anfangs in den beginnenden Abendstunden mit recht profanen Schwierigkeiten sich auseinanderzusetzen: mit der Zeitfrage (späte Heimkehr vom Arbeitsplatz), vor allem aber mit dem Freizeitangebot, insbesondere mit dem Fernsehprogramm. Bei der Übertragung eines Fußballspiels hat die Maiandacht nicht nur bei der jungen Generation meist die schlechtere Position. Die theologisch richtige Gewichtung der Mariologie im Gesamt des christlichen Glaubens wie auch die abwechslungsreiche Gestaltung der Maiandachten werden gewiß einen Weg in die Herzen und in den Glauben vieler Christen öffnen und der Maiandacht den Weg in die Zukunft der christlichen Glaubensgeschichte bereiten.

Marienplatz – Mariensäule

Die Marienverehrung der kirchlichen Maiandachten hat auch – vor allem in Bayern – das Stadtbild und die Hauptplätze nicht weniger Märkte und Städte geprägt. Bis zum heutigen Tag haben sich die Namen „Marienplatz" (z. B. in München, Freising) erhalten, an den häufig das Rathaus angrenzt und nicht selten durch eine hochragende Mariensäule geschmückt ist. So wurde am 7. September 1638 unter dem bayerischen Kurfürsten Maximilian I. (1573 – 1651) als ein öffentliches Denkmal

*Die **Osterkerze** vermittelt eine zur Meditation anregende Vielfalt christologischer Deutungen.*

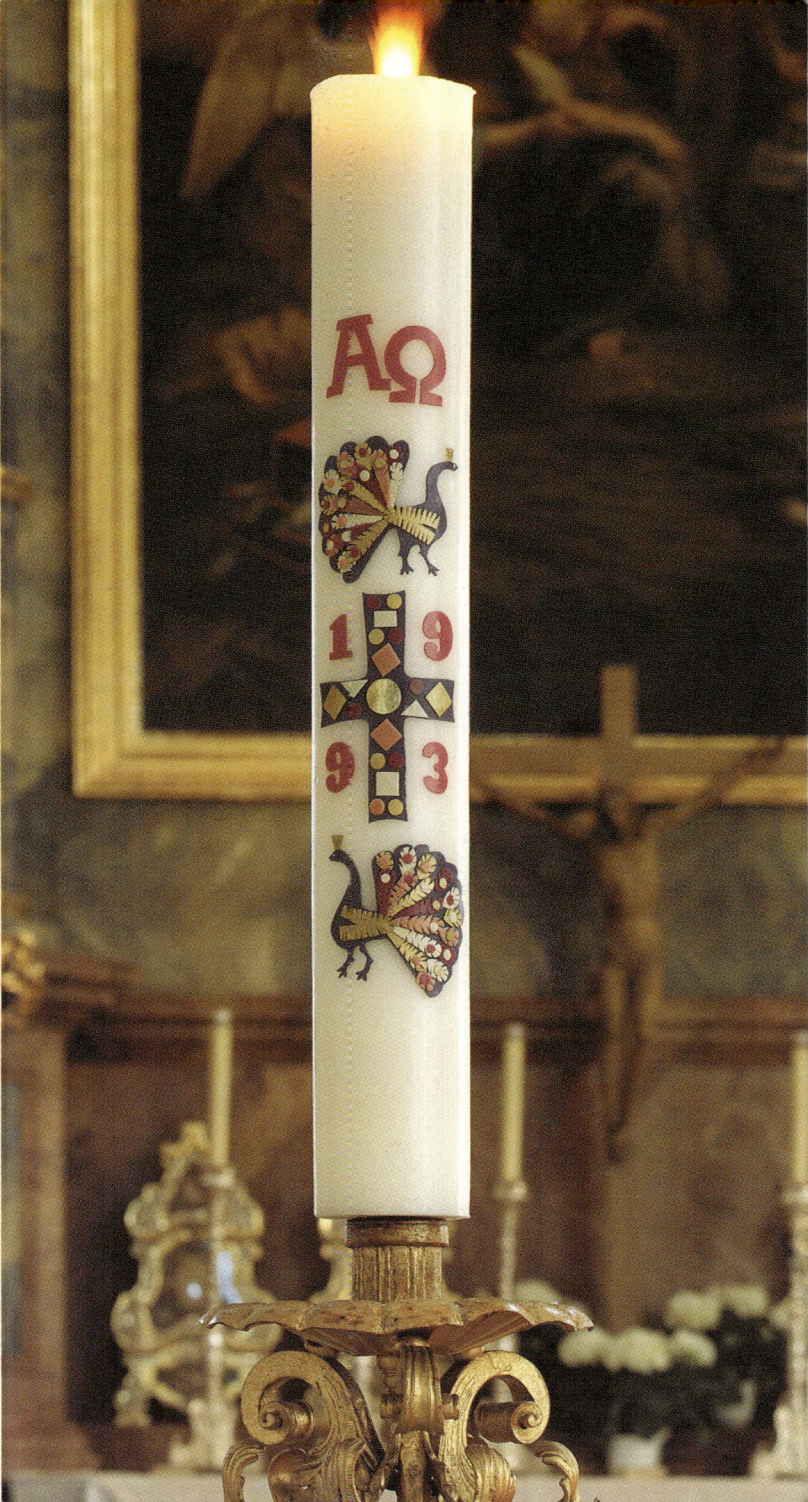

Vornehmlich im Salzburger und oberbayrischen Raum ist in Frauenklöstern durch die Kunstfertigkeit des Wachsbossierens das **Fatschenkind** *entstanden.*

Grundlegende Anregungen zur **Herz-Jesu-Verehrung** *finden sich in der mittelalterlichen Frauenmystik bei Mechthild von Hackeborn und Gertrud der Großen.*

in Erfüllung eines Gelübdes (monumentum publicum ex voto) die Marienstatue, die früher auf dem Hauptaltar der Frauenkirche stand, auf eine hohe Säule aus rotem Marmor gesetzt und durch den Freisinger Bischof Veit Adam von Gepeckh (1618–1651) eingeweiht. Kaum bekannt ist, daß der Jesuitendichter Jakob Balde (1604–1668), der 1638 als Hofprediger in München wirkte, drei lateinische Oden auf die Mariensäule gedichtet hat.

Während des Zweiten Weltkrieges wurde die Marienfigur von der Marmorsäule genommen und unter dem südlichen Turm der Frauenkirche aufbewahrt. Unter dem Münchner Oberbürgermeister Karl Scharnagl wurde sie am 18. November 1945 wieder auf ihren Platz mitten in den Trümmern der von Bomben schwer getroffenen Stadt unter dem Segen des Münchner Erzbischofs Kardinal Michael von Faulhaber zurückgebracht. Nachdem während des Baues der U-Bahn 1967 nochmals die Mariensäule abgetragen wurde und das Marienbild wiederum in die Frauenkirche zurückkam, wurde sie am 8. Dezember 1970 auf die Mariensäule des Marienplatzes zurückgebracht und eingeweiht durch Kardinal Julius Döpfner, der damals die heute noch weiterklingenden Worte gesprochen hat: „… Da droben auf der Säule steht die Frau mit der Krone. Wir grüßen sie mit gläubiger Überzeugung als die verherrlichte Königin. Und doch möchten wir gerade auf diesem Hauptplatz unserer Stadt zu ihr sagen: Steige herab, Mutter, lege Krone und Zepter ab und gehe mit uns hinein in die Straßen, die von hier auseinandergehen, hin zu den Menschen, die gerade in der gegenwärtigen Entwicklung der Gesellschaft der Liebe, des Verstehens, der Mitmenschlichkeit, eben der Mütterlichkeit so sehr bedürfen."

Hausaltar

In nicht wenigen Familien war es früher guter Brauch, in der Ecke des Wohnzimmers oder unter dem Herrgottswinkel während des Marienmonates Mai auf einem weißgedeckten Tisch ein Maialtärchen zu errichten: ein Marienbild oder eine Marienstatue – ein ehrwürdiges Erbstück oder von einem Marienwallfahrtsort mitgebracht – stand, umgeben von Kerzen und frischen Blumen (z. B. Flieder). Jedes einzelne Familienmitglied konnte dort seine persönlichen Gebete verrichten. Meist versammelte sich dort am Samstag, der der Muttergottes geweiht ist, die ganze Familie. Dann wurden die Kerzen angezündet und aus dem Diözesangebetbuch eine Marienandacht gehalten.

Das Osterlicht wird nach der Feier der Osternacht in windgeschützten **Osterlaternen** in die Häuser und Wohnungen mitgenommen.

Die marianische Hausfeier wurde umrahmt von gemeinsam gesungenen Marienliedern, begleitet auf der Gitarre oder mit dem Klavier. Familienfeier im Mai, das ist Kirche im kleinen, die wichtige Anstöße und lebenslange Erinnerungen für die Weitergabe des Glaubens und des Brauchtums von einer Generation zur nächsten Generation vermittelt.

Maibaum

Der Monat Mai kennt über den kirchlichen Bereich hinaus noch einige interessante Bräuche: Maifeiern – Maibaum(-stehlen) – Mayenstecken – Maitanz. Die Entstehung der mit der Aufstellung des Maibaums zusammenhängenden Bräuche ist meist den Teilnehmern kaum bekannt. Immer wieder hört man die gleiche Auskunft: „Weil's a alter Brauch ist und weil's uns freut." Sie könnten als sehr altes römisches oder germanisches Fruchtbarkeitssymbol mit Wachstumsriten im beginnenden Frühling zusammenhängen. Es gibt aber auch andere Entstehungsursachen, wie z. B. in Pöcking am Starnberger See, wo die Aufstellung des Maibaums auf den Abschluß des 30jährigen Krieges mit seinen Schrecken und Krankheiten zurückgeht und als erster Ausdruck des Lebens, der Gesundheit, der Freude und des Friedens zu werten ist.

Die Aufstellung des Maibaums erfolgt durch einen eigenen Maibaum- und Burschenverein entweder am Vorabend (30. April) oder am 1. Mai nach der Messe in der Pfarrkirche. Der Maibaum, meist ein fast 40 m hohes, mit Fahnen und Bildern geschmücktes Pracht- und Traditionsexemplar, wird unter der kundigen Leitung und unter lautem Anfeuern eines gewählten „Maibaumaufrichters" und oft unterstützt durch die Klänge der örtlichen Blaskapelle mit hölzernen oder metallenen „Scheren" aufgerichtet. Nach dieser schweißtreibenden Arbeit winkt als Lohn eine gehörige Menge eigens gebrauten Maibocks. Max Dingler, der bayerische Heimatforscher, hat den knappen Vers gedichtet, der beim Spektakel der Maibaumaufrichtung gesprochen wurde:

„Maibaum, steh auf,
zum weißblauen Himmi zoag nauf,
daß ins zu jeglicher Zeit,
d' Hoamat gedeiht."

Die Entstehung des bayerischen Maibaums hat eine wechselvolle Geschichte. In einer polizeilichen Verordnung aus dem Jahr 1657 wird „das Mayenstecken der jungen Gesellen und Mägde ein unflätig und unchristlich Ding" genannt, es müsse „dem zwar uralt, aber zu nichts als zum bloßen Burger- und Bauernlust dienenden Gebrauch des Maybaumschlags Einhalt geboten werden".

Der wohl früheste Hinweis auf einen Ortsmaibaum findet sich im Antiquarium der Münchner Residenz, und zwar auf dem von Hans Donauer um 1950 gemalten Ortsbild von Starnberg.

LITERATUR: R. Baumann, *Evangelisches Marienlob heute*. Rottweil 1969; W. Beinert, *Heute von Maria reden*. Freiburg 1977[4]; R. Graber, *Die marianischen Weltrundschreiben der Päpste in den letzten hundert Jahren*. Würzburg 1954[2]; A. Kall, *Kirchenjahr und Brauchtum*. München 1988; A. Läpple, *Maria in der Glaubensverkündigung*. St. Ottilien 1988; Ders., *Reliquien. Verehrung – Geschichte – Kunst*. Augsburg 1990; R. Schimmelpfennig, *Die Geschichte der Marienverehrung im deutschen Protestantismus*. Paderborn 1952; P. Schmidt, *Maria und das Magnifikat*. In: Catholica 29 (1975) 230–246; K. Schreiner, *Maria. Jungfrau, Mutter, Herrscherin*. München–Wien 1994; . A. Veit/L. Lenhart, *Kirche und Volksfrömmigkeit im Zeitalter des Barock*. Freiburg 1956.

Marterl

→ Wallfahrt

Martinstag

Von der reichen Fülle des Brauchtums, das früher mit dem Martinstag (11. November) verbunden war, sind heute nur noch kleine Splitter bekannt: die berühmte Martinsgans und der Martinszug in den Abendstunden, bei dem meist hoch zu Roß ein als heiliger Bischof gekleideter Martin mitreitet, der von zahlreichen Kindern mit Lichtlaternen und Lampions begleitet wird. Wie aber kommt die Gans zum heiligen Martin? Wer weiß, warum der Faschingsauftakt im Rheinland ausgerechnet am 11. November, dem Martinstag, angesetzt ist und warum den Faschingsgesellschaften ein Elferrat vorsteht, der noch erinnert an den 11. November, den Namenstag des heiligen Martin?

Zunächst einige Daten zum Leben: Martin ist um 316 in Sabaria (Steinamanger) im heutigen Ungarn geboren worden. Seit seinem 15. Lebensjahr gehörte er zur Gardekavallerie des römischen Kaisers Konstantin (285–337), die in Gallien ihre Heimatkaserne hatte. Mit 18 Jahren – so erzählt eine Legende – hatte er, der noch kein Christ war, zur frostigen Winterszeit mit einem frierenden Bettler seinen wärmenden Militärmantel geteilt.

Kurze Zeit später empfing der nach Gallien zurückgekehrte Martin in

Amiens die Taufe. Während eines Feldzuges gegen die Alemannen bat er 356 um seinen Abschied vom Militär, um nur im Dienste Christi zu wirken. Er wurde Schüler des heiligen Bischofs Hilarius von Poitiers (315–367), der in religiös turbulenter Zeit gegenüber den Arianern die dogmatische Lehre vom Gottmenschen Jesus Christus verfochten hat. Im Jahr 371 wurde Martin zum Bischof von Tours an der Loire gewählt. Mit dem Ereignis seiner Bischofswahl verbindet sich die Erzählung, Martin habe sich in einem Gänsestall versteckt, um einer möglichen Wahl zu entgehen. Durch das Geschnatter der Gänse sei jedoch sein Aufenthalt verraten worden. Martin muß ein überzeugender und glaubwürdiger Bischof gewesen sein, der Gebet, Seelsorge und Caritas zu verbinden wußte. Am 8. November 397 ist er in Candes an der Loire, einer Pfarrei seines Bistums, gestorben.

Bereits mit seinem Tod begann überraschend eine Welle der Verehrung, so daß Bischof Martin innerhalb der Heiligen eine Sonderrolle eingeräumt wurde. Er ist nämlich der erste christliche Heilige, der als Nicht-Märtyrer zur Ehre der Altäre erhoben wurde. Mit ihm beginnt jene Vielzahl von Heiligen, die unter der Bezeichnung „Bekenner" (confessor) in den kirchlichen Kalendarien geführt werden. Außerdem stieg er im Frankenreich unter dem Frankenkönig Chlodwig (481–511) zum „Nationalheiligen" auf. Im kirchlichen wie im politischen Leben stellte über viele Jahrhunderte hinweg der Martinstag eine wichtige Markierung dar. Am 11. November begann die Vorbereitungszeit auf Weihnachten, die früher sechs Adventssonntage umfaßte. Der Martinstag war Winteranfang und Jahresbeginn, an dem Zins- und Pachtzahlungen fällig waren. Am gleichen Tag wurde auch den Hirten wie dem Gesinde der Jahreslohn ausbezahlt.

In manchen überlieferten Bauernregeln und Wettersprüchen, vor allem im süddeutschen Raum, ist die Erinnerung an das mit dem Martinstag endende Bauernjahr wie auch an den Winteranfang und an die anfallenden Pachtzahlungen lebendig geblieben.

„Kommt Martini heran,
hat der Bauer das Dreschen getan."

„Der heilige Martin
tuts Feuer in Kamin."

„Sankt Martin ist ein guter Mann,
er bringt die Bratgans uns heran."

„Sankt Martin ist ein harter Mann
für den, der nicht bezahlen kann."

Zu den am Martinstag fälligen Naturalabgaben gehörte auch die Martinsgans, die zum Höhepunkt des opulenten Festmahls gegessen wurde. Nach dem Martinstag begann die sechswöchige Advents- und Bußzeit, in der Fleischgenuß strengstens untersagt war. Oft wurde ein Martinsamt als Dankgottesdienst für die Ernte und für die in die Ställe gesund zurückkehrenden Tiere gefeiert. Zum Termin des Martinstages mußten auch die wichtigsten Arbeiten in Hof und Feld abgeschlossen sein.

Man kann sich durchaus der Frage stellen: Wird das Brauchtum des Martinstages lebendig bleiben? Es bedarf sicherlich einer guten Vorbereitung und einer anregenden Bastelarbeit, um den abendlichen Martinszug zum Erlebnis werden zu lassen, und zwar nicht nur für die mitziehenden Kinder und Jugendlichen. Gerade die Kinder, Jugendgruppen der Pfarrgemeinden und heimatverbundenen Vereine können Wegbereiter eines religiös und auch karitativ anregenden Martinsbrauchtums werden!

LITERATUR: *St. Martin. Lieder, Bilder, Texte zum Martinstag. Freiburg i. Br. 1977; F. Fischer, St. Martin feiern. Düsseldorf 1995; N. Henrichs, Kult und Brauchtum im Kirchenjahr. Eine kulttheologische und brauchtumsgeschichtliche Untersuchung für Schule und Seelsorge. Düsseldorf 1967; H. Hetzel, Martin – ein Heiliger der Nächstenliebe. In: Praedica Verbum 1994, 623–628.*

Morgengebet

Um realistisch vom Morgengebet zu reden und es zu reaktivieren, sollte man sehr nüchtern darüber nachdenken, *wann* und *wie* für viele Menschen von heute der Morgen beginnt. Der Wecker wird meist so spät gestellt, daß alles Notwendige gerade noch erledigt werden kann und die Arbeitsstätte in letzter Minute erreicht wird.

In der alltäglichen Hektik vieler Menschen von heute ist das Morgengebet ein Stör- und ein Verzögerungsmoment!

Es scheint das Morgengebet im gemütlichen Postkutschenzeitalter eher Platz zu haben als in einer Zeit, da Wohnung und Arbeitsstätte nicht mehr im gleichen Haus sind. Es wurde bereits „Die McDonaldisierung der Gesellschaft" (Buchtitel von George Ritzer, Frankfurt a. M. 1995) und die damit verbundene Rationalisierung im Sinne von Effizienzsteigerung und Produktionskontrolle vorgestellt, in der das Morgengebet als unproduktiv und unnötig erscheint.

Das Morgengebet heute und sicherlich noch mehr in Zukunft läßt sich kaum mit dem Hinweis, „weil es Brauch war", begründen und wieder einführen. Es bedarf, weil es ein sehr *persönliches* Gebet ist, einer persönlichen Stellungnahme und Entschei-

Morgengebet

dung, in der der Frage nicht auszuweichen ist: Was hat Gott mit meinem Leben, mit meinen Entscheidungen zu tun? Was bedeutet Gott in meinem Leben?

Man soll sehr nüchtern und ehrlich registrieren, wie am Morgen eines Arbeitstages mit jeder Minute gerungen wird. Nicht wenige kommen erstmals am Morgen zur Ruhe, wenn sie als Pendler auf der Fahrt mit der Bahn, im Großstadtverkehr in der U- oder S-Bahn ihren gewohnten Sitzplatz eingenommen haben. Während andere dann zur Zeitung greifen, könnte wirklich „mitten in der Welt" Platz sein und man sich Zeit nehmen für ein kurzes Gespräch mit Gott.

Es könnte ein kurzes Gebet aus der Erinnerung der Kindheits- und Jugendzeit sein, als man noch selbstverständlich und problemlos mit Gott reden konnte.

O Gott, du hast in dieser Nacht
so väterlich für mich gewacht.
Ich lob und preise dich dafür
und dank für alles Gute dir.

Bewahre mich auch diesen Tag
vor Sünde, Tod und jeder Plag.
Und was ich denke, red und tu,
das segne, lieber Vater du.

Beschütze auch, ich bitte dich,
o heiliger Engel Gottes, mich.

Maria, bitt an Gottes Thron
für mich bei Jesus, deinem Sohn,
der hochgelobt sei allezeit
von nun an bis in Ewigkeit.
Amen.

Gott, Vater im Himmel,
ein neuer Tag hat angefangen;
du schenkst ihn mir.
Ich freue mich und danke dir,
daß ich ihn leben darf.

Zeige mir heute,
was recht und was unrecht ist!
Hilf mir, gut zu sein!

Oft kann aber auch *ein einziger Satz* aus der Heiligen Schrift, aus den Schriften von Heiligen, wie auch von Schriftstellern unserer Zeit, eine ganz neue Möglichkeit erschließen, mit Gott zu reden.

„Meiner Ansicht nach ist es
ein und dasselbe:
das Gebet aufgeben und
den Weg zu Gott verlassen."
  Teresa von Avila 1515–1582

„Herr, ich weiß nicht,
um was ich beten soll…
Ich weiß nicht,
was ich beten soll…
Bete du in mir!"
  Francois Fénelon 1651–1715

*„Herr, dir in die Hände
sei Anfang und Ende,
sei alles gelegt!"*
　　　　Eduard Mörike 1804–1875

*„Es gab nur einen wahren Christen –
und der ist am Kreuz gestorben."*
　　　　Friedrich Nietzsche 1844–1900

*„Schon der Wunsch zu beten,
ist ein Gebet."*
　　　　Georges Bernanos 1888–1948

*„Wenn mich jemand fragen würde,
womit Beten anfange,
würde ich antworten:
Daß man Stille lernt."*
　　　　Romano Guardini 1885–1968

*„Ablehnen zu beten,
heißt ablehnen,
sich von Gott lieben zu lassen."*
　　　　Gabriel Marcel 1889–1973

*„Was morgen ist,
auch wenn es Sorge ist,
ich sage: Ja!"*
　　　　Wolfgang Borchert 1921–1947

Beten ist mehr als Worte machen. Es heißt leben, denken, entscheiden, in der Gegenwart Gottes und bedenken: Was erwartet Gott gerade am heutigen Tag ausgerechnet und nur von mir? Es geht darum, in hektischer und fast total verplanter Zeit, Zeit zu haben für Gott. Das Morgengebet – oft nur ein Stoßgebet, ein schweigendes Sichversenken: Rede, Herr, ich höre!

LITERATUR: *H. U. von Balthasar, Das betrachtende Gebet.* Einsiedeln 1965; *G. Greshake/G. Lohfink, Bittgebet. Testfall des Glaubens.* Mainz 1978; *K. Hemmerle, Dein Herz an Gottes Ohr.* Freiburg 1987[2]; *C. S. Lewis, Du fragst mich, wie ich bete.* Einsiedeln 1976; *A. Louf, In uns betet der Geist.* Einsiedeln 1964; *R. Walter (Hg.), Sich auf Gott verlassen. Erfahrungen mit Gebeten.* Freiburg i. Br. 1987[2].

Muttertag

Der Muttertag (am zweiten Sonntag im Monat Mai) wie der Vatertag (am Fest Christi Himmelfahrt) haben im familiären Leben einen so festen Platz, daß man ihn für einen ganz alten Brauch hält. Es mag daher viele überraschen, daß der Muttertag erst im 20. Jahrhundert „eingeführt" wurde und daß sein Geburtsland der amerikanische Bundesstaat Westvirginia ist.
Die Entstehungsgeschichte des Muttertags ist die Geschichte der Amerikanerin Anna Jarvis. Nach dem frühen Tod ihres Vaters zog sie mit ihrer Mutter und der blinden Schwester Elsionore nach Philadelphia, und arbeitete in einem Versicherungsunternehmen. Sie heiratete

nicht, um sich ganz ihrer Mutter und ihrer blinden Schwester widmen zu können. Überraschend starb die überalls geliebte Mutter am 9. Mai 1905, dem zweiten Sonntag im Monat Mai.

Anna Jarvis hatte an ihre zu früh verstorbene Mutter eine sehr gute Erinnerung. Ihre Mutter war Mittelpunkt und Herz der Familie, stets hilfsbereit und überall beliebt und geschätzt.

Müßten nicht alle Mütter so sein? Müßte nicht von allen Müttern der Friede und die Versöhnung für die ganze Welt ausgehen? Müßten nicht gerade die Mütter, die in Kriegen, Revolutionen und Unfällen ihre Söhne verlieren, die großen Mahnerinnen für den Frieden und die Völkerversöhnung sein? Sollte es nicht so etwas wie einen „Freundschafts- und Danktag der Mütter" geben, wie Anna Jarvis es erstmals formulierte? Am 10. Mai 1908 wurde erstmals in einer Methodistenkirche von Philadelphia ein Muttertag-Gottesdienst gefeiert – und zwar am zweiten Sonntag im Monat Mai, an dem die Mutter von Anna Jarvis gestorben war. Bereits am 8. Mai 1914 unterschrieb der amerikanische Präsident Thomas Woodrow Wilson (1856–1924) einen vom amerikanischen Kongreß einstimmig beschlossenen Erlaß, nach dem jeweils am zweiten Sonntag im Mai der Muttertag zu begehen sei. Daß der Muttertag weltweit gefeiert wird, hat Anna Jarvis, die am 24. November 1948 starb, noch erleben dürfen.

Der Muttertag wurde ideologisch vereinnahmt, als man während des Dritten Reiches glaubte, kinderreiche Mütter mit dem neuen Orden des Mutterkreuzes auszeichnen zu müssen. Der Muttertag sollte nicht mit einem Schmucktelegramm oder mit einem bestellten und abgegebenen Blumenstrauß „abgehakt" werden. Er sollte daran erinnern, was die Mutter und mit ihr oft auch die Großmutter für die ganze Familie einfühlsam für jedes einzelne Familienmitglied gewesen ist – Heimat und Geborgenheit, Zeugnis des Glaubens und der Treue, Beispiel für christliche Hoffnung und Gebet und Tapferkeit in Leid und Trauer.

Der Anfang eines Gedichtes von Friedrich Wilhelm Kaulisch (1827–1881) faßt die Bedeutung der Mutter für jeden einzelnen zusammen.

*„Wenn du noch eine Mutter hast,
So danke Gott und sei zufrieden."*

Es ist eine gütige Fügung, daß der Muttertag alljährlich auf den zweiten Sonntag im Mai fällt, in dem katholische Christen in vielen Frömmigkeitsformen, etwa der Maiandachten, der Mutter Jesu, gedenken. In der Mutter Jesu leuchtet das Bild der eigenen Mutter auf, werden deren Sorgen und Gebete, deren Mahnungen und auch Tränen lebendige Erinnerung. Denken wir auch nur an jene vielen Mütter in den Hungergebieten dieser Erde, die ihren sterbenden Babys nur noch die Augen schließen können.

In Maria stehen alle Frauen und Mütter, die glücklichen wie die Verzweifelnden, in der Perspektive des Muttertages. Wer die Hand an die Wiege legt, bewegt die Weltgeschichte. Menschsein heißt, eine Mutter haben und unter dem Segen, unter den Gebeten, unter den Tränen der Mutter stehen. Auf den Segen ihrer Mütter können die Menschen heute mehr denn je nicht verzichten.

Namenstag

In vielen Kreisen der Bevölkerung hat die Geburtstagsparty die Feier des Namenstages verdrängt. Neugeborene erhalten zwar bei der Taufe den Namen eines (einer) Heiligen. Kaum jedoch erfahren sie, wer dieser (diese) Heilige war, in welchem Jahrhundert er lebte und was das Besondere und Heiligmäßige in seinem Leben und Wirken gewesen ist.

Im Laufe der christlichen Glaubensgeschichte läßt sich vom 13. Jahrhundert an eine sich deutlich steigernde Heiligen- und Reliquienverehrung feststellen, die auch eine wachsende Bedeutung des persönlichen Namenspatrons bewirkte.

Der im Auftrag des Konzils von Trient (1545/63) 1566 herausgegebene „Römische Katechismus" (Catechismus Romanus. Zweiter Teil, zweites Hauptstück Nr. 76) schreibt über die Bedeutung des Taufnamens, „daß der Getaufte durch die Gleichheit mit dem Namen eines Heiligen zur Nachahmung der Tugend und Heiligkeit angeregt werde und daß er gewiß auch seinen Namenspatron anruft und durch dessen Fürbitte hofft, er möge ihm bei der Verwirklichung eines gottgefälligen Lebens beistehen".

Walter Nigg (1903–1988) hat durch einen Buchtitel „Die Heiligen kommen wieder" (Freiburg i. Br., 1973) da und dort die Meinung geweckt und begünstigt, es käme in unserer Zeit zu einer Neubegegnung der Heiligen mit uns Erdenpilgern. Vielleicht stellt man genau das Gegenteil als heilsgeschichtliche Realität fest: Nicht die Heiligen kommen wieder zu uns Menschen, denn sie haben sich von uns Menschen nie entfernt. Es muß wohl richtiger heißen: Wir Menschen kommen mit einem neuen Interesse, mit einem neuen Vertrauen wieder zu den Heiligen!

Es mag viele Gründe geben für dieses neue Interesse. Über eine neue Wachheit und Sensibilität für die Geschichte hinaus ist es sicherlich in erster Linie der Versuch einer existentiellen Orientierung und Sinnsuche, Menschen „mit Fleisch und Blut" zu begegnen, die nicht selten aus der großen Drangsal kommen (Offb 7,14) und doch zu einem glücklichen, weil geglückten Leben fähig waren. Die Feier des Namenstages benötigt über manche Jahre hinweg viele kleine Stufen und Einübungen. Es ist empfehlenswert, zum Namenstag einem Kind oder Erwachsenen ein Buch, einen Bildband mit der Biographie des Namenspatrons zu schenken oder ein Bild, eine Statue des Heiligen. Ein wertvolles Hinterglasbild könnte zum Lebensbegleiter werden, das über Jahrzehnte hinweg mit der dankbaren Erinnerung an den Geber verbunden bleibt.

Daß man noch vor wenigen Jahrzehnten seinen Namenstag auch religiös begangen – mit Kirchenbesuch am Werktag – und mit einer festlich geschmückten Tafel zum Kaffee oder zum Abendessen Verwandte, Nachbarn, Bekannte und Vereinsfreunde eingeladen hat, ist kaum noch bekannt.

Die Feier des Namenspatrons ist mehr als die Erinnerung an geschichtliche Daten. Sie hat zutiefst zu tun mit dem Glauben, daß unsere Welt durchwohnt ist und daß es betende Fürsprecher gibt, auf die wir nicht leichtfertig verzichten sollten. Kein Namenspatron, der mit den Problemen seiner Zeit zu ringen hatte, kann „imitiert" oder kopiert werden. Der Namenspatron will ein unzeitgemäßer Gleichzeitiger sein, der zum Nachdenken, zum ganz persönlichen Lebenseinsatz ermutigen will: Was würde mein Namenspatron hier und heute tun? Auf seinen Namen, auf seinen Namenspatron hatte niemand einen Einfluß. Kein Heiliger war bloß Zuschauer. Er wußte sich als verantwortlicher Zeuge für Gegenwart und Zukunft: Eine immer neue Herausforderung an jedem Namenstag!

LITERATUR: *F. Boehm, Geburtstag und Namenstag im deutschen Volksbrauch. Berlin 1938; W. Dürig, Geburtstag und Namenstag. München 1954; A. Läpple, Ketzer und Mystiker. München 1988; A. Läpple, Das Hausbuch der Heiligen und Namenspatrone, Augsburg 1983; W. Nigg, Große Heilige. Zürich 1947[2].*

Nikolaus

Die Erinnerung an den Nikolaus zieht sich durch die Biographie nicht weniger Menschen: Als Kind zitterte man vor dem Nikolaus, als Erwachsener hat man selbst den Nikolaus, den Mann aus dem Himmel, gespielt. Der Nikolaus kommt bereits am Vorabend seines liturgischen Festtages (6. Dezember).

Der griechische Name „Nikolaos" (Hagios Nikolaos = heiliger Nikolaus) bedeutet „Sieg des Volkes

Nikolaus

Gottes". Geboren wurde er um 270 n. Chr. in Patara, einer Hafenstadt im westlichen Lykien/Kleinasien. Er war später Bischof von Myra, der Hauptstadt der römischen Provinz Lykien im südlichen Kleinasien. Er muß ein verständnisvoller und hilfsbereiter Hirte seiner Gläubigen gewesen sein. Eine Legende erzählt, er habe drei Töchtern einer armen Familie durch eine heimliche Geldspende (vielleicht durch drei Goldkugeln) die Mitgift für die Heirat geschenkt.

Am 6. Dezember wird heute noch in Myra seines Todes (wohl im Jahr 342) gedacht. Er war und ist bis heute der berühmteste Heilige der orthodoxen Kirche, wie eine Vielzahl von Nikolausikonen belegt. Seit 1087 befinden sich seine Reliquien nach einer abenteuerlichen Reise in der italienischen Hafenstadt Bari (Apulien). Die Kathedrale in Bari ist die einzigartige romanische Kirche, die der Romanik in Italien den Weg bereitet hat. Die Gebeine des heiligen Nikolaus wurden in Bari 1957 untersucht, die geschichtliche Überlieferung konnte dabei bestätigt werden. Sehr bald zählte Nikolaus zu den 14 Nothelfern (Vierzehnheiligen). Seit wann aber kommt Nikolaus zu der heutigen Bedeutung als „Prokurist des lieben Gottes"?

Der älteste Versuch einer Lebensbeschreibung des heiligen Bischofs Nikolaus, überwachsen von einer Vielzahl von Legenden, wurde um 880 durch Johannes Diaconus in seiner „Vita sancti Nicolai" unternommen. Im 9. Jahrhundert war der Nikolauskult auch in Rom bekannt. Die wohl älteste Nikolauskirche in Deutschland wurde am 9. Mai 952 durch Bischof Ulrich, der auch Abt des Klosters Kempten war, in Kempten eingeweiht. Das erste Nikolauspatrozinium nördlich der Alpen! 1096 ließ Graf Otto III. von Scheyern in Indersdorf eine Nikolauskapelle errichten. Das Grafengeschlecht von Dießen-Andechs richtete in der Burg von Andechs eine Nikolauskapelle ein.

Dante Alighieri (1265–1321) hat im 20. Kapitel des Purgatorio die Freigebigkeit des heiligen Bischofs Nikolaus besungen. Nikolaus, der Beschützer der Seefahrer, wurde durch Christoph Kolumbus als persönlicher Schutzpatron bei der Entdeckung Amerikas auserwählt. Im Spätmittelalter wurde vereinzelt bereits Nikolaus als Gabenbringer verstanden; zu einer Zeit, in der das Weihnachtsfest noch nicht in den Rang eines Geschenkfestes begangen wurde.

Erst im 17. Jahrhundert hat sich der Brauch des Besuches des heiligen Nikolaus in den Wohnungen entwickelt, wobei sehr häufig die Kenntnis des Katechismus und der wichtigsten Gebete abgefragt wurde. Später wurde Nikolaus von einem Knecht Ruprecht begleitet, der ebenso die

Gaben in seinem Sack mitbrachte, aber auch Kette und Rute mitführte. Die Stellung des Knechts Ruprecht verdrängte da und dort den Bischof Nikolaus, so daß er ganz allein auftrat.

Aus dem Nikolaus wurde mit schwindendem Glauben der „Weihnachtsmann", der an Stelle der bischöflichen Mitra eine rote, mit weißem Pelz oder mit einem grünen Lorbeerkranz versehene Zipfelmütze trägt. Wo die religiöse Erinnerung mehr und mehr verblaßte oder verboten wurde, verkümmerte Nikolaus zum „Väterchen Frost" oder in Amerika zum „Santa Claus" oder zum „Father Christmas". Der Weihnachtsmann am Heiligen Abend (24. Dezember) mit seinen Gaben wird dort zur Ersatzperson, wo die christliche Erinnerung an die Geburt Jesu im Denken und Glauben entschwunden und bedeutungslos geworden ist und man sich mit der Disney-Phantasiewelt begnügt. Es ist aber durchaus möglich, daß diese Entwicklung auch durch die Erwählung eines „Kinderbischofs" (am Fest der Unschuldigen Kinder, 28. Dezember) gefördert wurde.

Es drängt sich bei der Betrachtung der Nikolausgestalt ein Bedeutungswandel auf – als Weihnachtsmann, als Krampus (krampus = Krallenteufel), d. h. Knecht Ruprecht, als Father Christmas, als Santa Claus, der sogar mit dem Christkind identifiziert wird.

Der heilige Bischof Nikolaus (Sanaklos, Nicol, Klas, Colette, Nigla, Nico, Nick, Nikita) lebt weiter in Nikolausspielen im mittleren Ennstal (Österreich) in Obersdorf, Tauplitz und Liezen wie auch in Nordtirol (Reith im Alpachtal). Nikolaus muß einen großen, schützenden Mantel haben, denn er wird verehrt und angerufen als Patron der Liebenden und der Kinder, der Frauen und Kaufleute, der Seefahrer und Pilger, der Bäcker und Bettler, der Apotheker und der Armen. Der Wandel des Nikolausbildes ist ebenso Zeichen des Wertewandels, wie auch Standortbestimmung für Verbundenheit oder Entfremdung von Glaube und Brauchtum, von Kirche und Gesellschaft.

Befreien wir den heiligen Bischof Nikolaus von der Rolle eines moralisierenden, mit einem Sündenregister von Familie zu Familie wandernden Boten! Aktuell ist und bleibt seine ursprüngliche, geschichtliche Wirklichkeit – als Mann der Kirche und der Caritas, der unaufdringlich und doch ansteckend eine situationsrichtige Nachfolge Christi vorlebte und zeitlebens Menschen froh und glücklich machte!

LITERATUR: *H. Henrichs, Kult und Brauchtum im Kirchenjahr. Düsseldorf 1967; L. Heiser, Nikolaus von Myra. Heiliger der ungeteilten Christenheit. Trier 1978; E. Jooß, Nikolaus. Freiburg*

1989; K. Meisen, Nikolauskult und Nikolausbrauch im Abendlande. In Forschungen zur Volkskunde, Heft 9–12, Düsseldorf 1971; D. Tschizewskij, Der hl. Nikolaus. Recklinghausen 1957.

Novene

Der Name „Novene" ist abgeleitet von der lateinischen Zahlenbezeichnung „novem" (= neun). Statt Novene könnte auch von einem „Neuntagegebet" gesprochen werden. Will man eine biblische Beziehung herstellen, so könnte man an die neun Tage denken, die zwischen dem Fest der Himmelfahrt Christi (Apg 1,3) und der pfingstlichen Herabkunft des Heiligen Geistes (Apg 1,5) liegen. In dieser „Zwischenzeit" waren die Apostel mit der Urgemeinde und auch mit „Maria, der Mutter Jesu" (Apg 1,14), in Jerusalem versammelt und verharrten dort einmütig im Gebet" (Apg 1,14).

Die Urform der Novene ist die *Pfingstnovene,* als Neuntagegebet vom Freitag nach dem Fest Christi Himmelfahrt bis einschließlich Samstag vor dem Pfingstfest, dessen Anliegen die Bitte ausspricht: „Sende aus deinen Geist und alles wird neu geschaffen. Und du erneuerst das Antlitz der Erde" (Ps 104,30).

Die Novene ist meist der Form des Dank-, Bitt- oder Sühnegebetes zuzuordnen: als Dankgebet für die Großtaten Gottes, für eine Zeit des Friedens, für eine gute Ernte, für wiedererlangte Gesundheit, für Rettung in Verkehrsunfällen und Naturkatastrophen; als Bittgebet für eine glückliche Operation, in Berufs- und Eheentscheidungen, für Frieden in der Familie, in der Pfarrgemeinde, unter den Völkern, für eine gute Sterbestunde; als Sühnegebet wegen öffentlicher Gotteslästerungen und Mißachtung der gottgeschenkten Menschenrechte und Lebensordnungen, für die Bekehrung abgefallener gleichgültiger Christen, für Ärgernisse und Sakrilegien in Kirche und Gesellschaft.

Aus der Fülle biblischer Stellen für die Vielgestaltigkeit der Novenen als Dank-, Bitt- oder Sühnenovene seien genannt: „Bittet, dann wird euch gegeben; sucht, dann werdet ihr finden; klopft an, dann wird euch geöffnet. Denn wer bittet, der empfängt; wer sucht, der findet; und wer anklopft, dem wird geöffnet" (Mt 7,7–8). „Vater, ich danke dir, daß du mich erhört hast" (Joh 11,41). Alles, um was ihr den Vater in meinem Namen bittet, will ich tun, damit der Vater in seinem Sohn verherrlicht wird. Wenn ihr in meinem Namen um etwas bittet, so werde ich es tun" (Joh 14,13–14). „Danket allezeit für alles Gott, dem Vater, im Namen unseres Herrn Jesus Christus" (Eph 5,20). „Jetzt freue ich mich in den Leiden, die ich für euch ertrage. Für den Leib Christi, die Kirche, ergänze ich in meinem irdischen Leben das, was an den Leiden Christi noch fehlt" (Kol 1,24).

Zu wem – und was soll in einer Novene gebetet werden?

Die Gebetsrichtung jeder Novene lebt in der Atmosphäre christlichen Glaubens und Lebens. Sie zielt in erster Linie auf den dreifaltigen Gott, auf den Vater-Gott ebenso wie auf den Sohn Gottes und auf den Heiligen Geist. Sie wendet sich an Maria, die Mutter Jesu und die Mutter der Kirche, an die heiligen Erzengel Michael, Gabriel und Rafael und an die Chöre der Engel, an die unüberschaubare Zahl der Seligen und Heiligen. Vielfach sind unter den angerufenen Heiligen und Seligen jene aus unserer engeren Heimat, deren Grabstätten wir besuchen oder deren Reliquien in unseren Heimatkirchen verehrt werden. Bisweilen schwingt bei der wohlüberlegten Auswahl eines Heiligen der Wunsch mit, der Heilige möge durch seine Verdienste und Fürbitte unser schwaches Bitten und Beten verstärken! Die Zuwendung zu einem ganz bestimmten Heiligen während einer Novene könnte aber auch von der berechnenden Vorstellung angeregt sein, gerade dieser Heilige sei ein wünschenswerter und bereits in früheren Anliegen erfolgreicher „Spezialist" unserer vorgetragenen Nöte. Versteht etwa der Bauernheilige Leonhard vom Stall und von der Heilung erkrankter Tiere mehr als Jesus und Maria? Ist der heilige Antonius von Padua beim Wiederfinden verlorener Gegenstände ein besserer und erfolgreicher „Pfadfinder" als etwa der heilige Aloysius? Eine Novene darf nicht unter einer Do-ut-des-Frömmigkeit stehen: Ich spendiere eine Kerze oder lege einen Geldschein in den Opferstock und du setzt dich bei Gott für die Erhörung und „Durchsetzung" meines Anliegens ein!

Die Kirche hat für Novenen keine Vorschriften für bestimmte Gebete oder für bestimmte Heilige als „Nothelfer" erlassen. Nach der „herrlichen Freiheit der Kinder Gottes" (Röm 8,21) kann jeder Beter selbst die Form und Länge seiner Gebete wie auch seinen „Spezialheiligen" wählen. Rein äußerlich wichtig ist eine selbstauferlegte „Gebetsverpflichtung" für neun Tage. Auch die Gebetsrichtung an den dreifaltigen Gott, an Engel, an Maria oder an einen Seligen oder Heiligen ist der freien Entscheidung des Christen überantwortet. Wichtig ist jedoch, dieses frei gewählte Gebet während der gesetzten neun Tage täglich und vor allem gut zu verrichten, wenn möglich zur freigewählten, meist gleichen Zeit und am gleichen Ort, um entspannt, ungestört und zugleich konzentriert zu sein. Wir sollen die Gebete nicht „herunter"-beten, sondern „hinauf"-beten.

Eine Novene kann gebetet werden vom Einzelchristen, aber auch im gleichen Anliegen von einer ganzen Familie oder Pfarrgemeinde gemeinsam und zur gleichen Zeit. „Denn wo zwei oder drei in meinem Namen versammelt sind, da bin ich mitten unter ihnen" (Mt 18,20). Neben der *Pfingstnovene* könnte im Laufe eines Kirchenjahres wiederholt eine Bittnovene um Priester- und Ordensberufe als Neuntagegebet in der Pfarrkirche verrichtet werden, und zwar zu einer allseits bekannten und klar begrenzten Zeit, etwa in den beginnenden Abendstunden.

Die Novene erinnert an das Schriftwort: „Betet ohne Unterlaß!" (1 Thess 5,17). Sie will für das Leben in der Gegenwart Gottes ein starker Impuls sein: Zeit zu haben für Gott, Zeit sich zu nehmen für Gott! Was aber, wenn das Anliegen einer Novene von Gott nicht erhört wird? Oft erkennen wir Jahre und Jahrzehnte später, daß es gut und richtig war, daß meine damaligen Bitten nicht erhört wurden. Nie sollten wir an Gott irre werden, wenn unsere Gebete nicht erfüllt wurden. Gottes Hände sind gute Hände. Nicht erhörte Gebete sollten nachdenklich machen, warum zwischen den Plänen Gottes und meinen Wünschen eine Diskrepanz besteht und warum Gott uns zuruft: „Meine Gedanken sind nicht eure Gedanken, und eure Wege sind nicht meine Wege" (Jes 55,8)?

LITERATUR: *Pfingstnovene. Neuntagegebet zum Hl. Geist mit den Menschen in Mittel- und Osteuropa (Renovabis). Freising 1994; A. Exeler, Zu diesem Leben ermutigen. Freiburg i. Br. 1981; K. Hemmerle, Das Wort für uns. Freiburg 1976; A. Läpple, Der Rosenkranz. 15 neue Andachten. Mit Anleitung, Liedern und Meditationen. Augsburg 1993; K. Rahner, Gebete des Lebens. Freiburg 1984; A. Rotzetter, Gott, der mich atmen läßt. Freiburg 1985; W. Sandfuchs (Hg.), Die Gaben des Geistes. Würzburg 1977.*

Ölbergandacht
Ölbergspiel

In jenen Epochen, in denen die meisten Menschen nicht Lesen und Schreiben konnten, war die Verkündigung der christlichen Botschaft über das gesprochene Wort hinaus vor allem auf „Medien" der damaligen Zeit angewiesen, an ihrer Spitze das Bild, das Spiel. Für die Bildkatechese der vierzigtägigen Fastenzeit (Quadragesima) boten sich die anschaulichen Texte der vier Leidensgeschichten des Neuen Testaments an. Eine besondere Anziehungskraft hatten die spannungsreichen Berichte über die Ereignisse am Ölberg.

Die meist an jedem Donnerstag der Fastenzeit aufgeführten *Ölbergspiele* wurden im abgedunkelten Gotteshaus dargeboten, wobei vielfach der Hochaltar zur Bühne umgebaut wurde (z. B. in der St.-Lorenz-Kirche in Berching/Oberpfalz, wo schon bereits 1566 ein Ölbergspiel als „Angst-Andacht" gestiftet worden war). Aus den neutestamentlichen Berichten nach Mt 26,30–56; Joh 18,1–12 wurde meist in Form einer Evangelienharmonie eine dramatische Geschichte mit verschiedenen Personen erarbeitet, so daß nicht ein einziges Evangelium, sondern ein Text, angereichert mit Zitaten aus allen vier Evangelien, dem Ölbergspiel zugrunde gelegt wurde, der da und dort auch mit außerbiblisch-apokryphen Texten angereichert wurde.

Bei der Texterarbeitung hatte der Ölbergbericht des Lukasevangeliums eine bevorzugte Stelle, weil nur in ihm der tröstenden „Engel vom Himmel" (Lk 22,43) auftrat und eine große theatralische Sensation war. Auch die Person des Petrus, wie vor allem des Verräters Judas, ließen sich in die Ölbergdramaturgie hervorragend einfügen. Unbeholfen bemalt und doch eindrucksvoll waren die Kulissen und die Ölbergatrappen. Sehr häufig wurde das Ölbergspiel nicht von Menschen gespielt, sondern man begnügte sich mit beweglichen Pappfiguren. Für das theaterfreudige Publikum der Barockzeit war es wochenlanges Gespräch, wie

Ölbergandacht · Ölbergspiel

der blutschwitzende Jesus dreimal betend niederfiel und wie vor allem der tröstende Engel mit seinen mächtigen Flügeln vom Himmel mittels einer Handkurbel herabschwebte und dem betenden Jesus den Kelch des Vaters reichte. Das vierzig Minuten dauernde Spiel mit mechanischen Figuren (z.B. in Burgharting bei Messburg, in Dießen am Ammersee, in Hoheneggelkofen bei Landshut oder in Dietfurt an der Altmühl) wurde fast immer musikalisch begleitet und vertieft. So sang der Christus-Sänger mit mächtigem Baß die schwermütige Melodie mit dem Text:

„*Fern von meiner Jüngerkreise*
lieg ich hier im blut'gen Schweiße,
flehe, Vater, auf zu Dir:
Laß mich nicht vom Schmerz besiegen,
laß mich nicht im Kampf erliegen,
sende deinen Engel mir!
Stärke, Vater, deinen Sohn,
meine Leiden nahen schon."

Ergreifend und zu Herzen gehend stimmte der vierstimmige Kirchenchor ein:

„*Vater! Hör, o hör ihn beten,*
laß die Engel zu ihm treten!
Der da ruft in Schmerzen,
Vater, hilf! Es ist dein Sohn."

Es war die Zeit der Aufklärung, in der von politischer wie kirchlicher Seite die meisten der barocken Ölbergspiele, die auch teilweise in Burlesken mit Heiterkeitseffekt ausarteten und des Kirchenraumes unwürdig waren, verboten wurden. Das Anliegen der Ölbergandacht hat kein Geringerer als Ludwig van Beethoven (1770–1827) in seinem Oratorium „Christus am Ölberg" op. 85 aufgegriffen. In den meisten heutigen Gebets- und Gesangbüchern finden sich neben den Fastenliedern kaum *Ölbergandachten*. Die Ölbergandacht am Donnerstagabend, die Anfang des 18. Jahrhunderts eingeführt wurde und vor allem in Süddeutschland sehr beliebt war, scheint heute für berufstätige Christen keine günstige, zur Besinnung einladende Zeit zu sein. Es wäre schade, auch wegen der Weitergabe des Glaubens und des lebendigen Brauchtums an die kommenden Generationen, wenn die Ölbergandacht wegen Desinteresses und Zeitproblemen oder Priestermangels in Vergessenheit geriete! Könnte es doch in den Gemeinden durch hauptamtliche oder ehrenamtliche Laien im kirchlichen Dienst zu einer Wiederbelebung einer zeitlich günstiger liegenden Ölbergandacht kommen, die wahrlich mehr ist als ein verstaubtes, religiöses Spektakel!

LITERATUR: *Th. Brauch, Lätarebrauchtum am bayerisch-badischen Untermain, im östlichen Odenwand und Bauland. Würzburg o. J. (um 1970) 8–19; T. Maertens, Heidnisch jüdische Wurzeln der christlichen Feste. Mainz 1965; Ölbergandachten – Kreuzwege (Herausgeber: Erzbischöfliches Seelsorgereferat München). München 1980; L. A. Veit/L. Lenhart, Kirche und Volksfrömmigkeit im Zeitalter des Barock. Freiburg 1956.*

Ostern

Der Osterfestkreis, der – was vielen kaum bekannt ist – bereits mit dem Aschermittwoch einsetzt, erreicht seinen Höhepunkt in der Osternacht mit der Feier des Pascha-Mysteriums. Dieser Höhepunkt österlicher Gnade und Freude hat einen Widerhall im österlichen 50-Tage-Fest (von der Osternacht bis zum 8. Ostersonntag = Pfingstsonntag). Ostern als Feier des Pascha-Mysteriums ist *der* liturgische Höhepunkt des ganzen Kirchenjahres.

In der heutigen Kirchensprache entdeckt man immer häufiger die Bezeichnung „Pascha"-Fest. Der Name Pascha kommt aus dem Hebräischen und bedeutet „Passah" (= Übergang). Er erinnert an Gottes Großtaten beim Auszug des Volkes Israel aus Ägypten. Weil die Türpfosten der Juden mit dem Blut eines geschlachteten, einjährigen Lammes bestrichen waren, ging der Engel des Herrn an den Häusern der Juden „vorüber" (Ex 12,21) und richtete bei Mensch und Tier keinen Schaden an. Im Neuen Testament (1 Kor 5,7; vgl. Offb 5,6; 21,22) wird Christus selbst Paschalamm bezeichnet.

Das deutsche Wort „Ostern" ist neuerdings in seiner sprachlichen Herkunft von dem Namen einer germanischen Frühlings- und Fruchtbarkeitsgöttin „Ostara" oder von „Eostre", einer angelsächsischen Göttin des Morgenrots und des aufsteigenden Lichts, sehr umstritten. Immer mehr Forscher vertreten die Herkunft vom althochdeutschen „ostarum" oder vom altenglischen „eastron", weil einerseits auf den Zeitpunkt der Morgenröte, des beginnenden Tages aufmerksam gemacht wird, von dem die neutestamentlichen Auferstehungsgeschichten (Mt 28,1; Mk 16,2.9; Lk 24,1; Joh 20,1) berichten und andererseits mit dieser Bezeichnung der Zeitpunkt der christlichen Paschafeier wie der Taufe der Katechumenen festgehalten wird. Die besseren Begründungen sprechen dafür, die Bezeichnung „Ostern" von der Zeitangabe „in der Morgenfrühe, bei Tagesanbruch, beim Morgengrauen" abzuleiten.

Der Termin des christlichen Paschafestes, den das Reichskonzil von Nizäa (325) festlegte – und zwar auf den ersten Sonntag nach dem Frühlingsvollmond! –, blieb trotz vieler Wünsche und Änderungsvorschlägen aus dem politischen, gesellschaftlichen, wirtschaftlichen und touristischen

Bereich bis zum heutigen Tag erhalten.

Das Pascha-Mysterium singt und klingt und schwingt im österlichen 50-Tage-Fest weiter. Die österlichen Tauferinnerungen, Christ zu sein, sollten während aller sonntäglicher Eucharistiefeiern dadurch von der ganzen Pfarrgemeinde deutlich vernommen und aufgegriffen werden, daß an Stelle des allgemeinen Schuldbekenntnisses das „Vidi aquam" (oder ein anderes passendes Lied aus dem Gotteslob) gesungen und das in der Osternacht gesegnete Weihwasser ausgeteilt wird.

Bereits hier sei festgehalten: Eines der ältesten, deutschen Osterlieder ist in Salzburg schon Mitte des 12. Jahrhunderts gesungen worden, und zwar während der lateinischen Messe als Ostertropus (Breviarium clericale/Salzburg Domschatz):

„Christ ist erstanden
von der Marter alle
Dies sulln wir alle
froh syn
Christ sull unser Trost syn
Aevia aevia alleluia."

LITERATUR: *A. Adam, Ostern alle Jahre anders? Zur Geschichte und Verbesserung des Kalenders. Paderborn 1994; A. Becker, Frühlingsbrauch und Sonnenkult. Wuppertal-Elberfeld 1937; H. Fluck, Der Ritus Paschalis. In: Archiv für Religionsgeschichte 31 (1934) 188–212;* *F. Kluge, Etymologisches Wörterbuch der deutschen Sprache. Berlin–New York 1989[22]; J. Knobloch, Der Ursprung von neuhochdeutsch Ostern, englisch Easter. In: Die Sprache (Wien) 5 (1959) 27–45; G. Korff, Ostern. Brauchtums-Dokumentation im Museum. Kommern o. J. (um 1970).*

Österliches Brauchtum

Die kirchliche Liturgie der Osternacht hat vielfache und sehr unterschiedliche Impulse der christlichen Volksfrömmigkeit, vor allem dem Brauchtum, gegeben. Diese Anregungen wirken bis heute noch nach, sind aber in ihrem religiösen Ursprung und ihrer Bedeutung für das heutige Leben kaum bekannt, so daß der alljährlich wachsende Frühjahrs- und Ostertourismus sie mehr und mehr verdrängt hat.

Osterei

Was wäre Ostern ohne das Osternest mit den bunten Ostereiern. Gerade beim Färben der Ostereier war man früher – ohne davon große Worte zu machen – ganz selbstverständlich naturverbunden. So wurden die Pflanzenfarbtönung vom zartesten Beige und Hellviolett bis zum schwärzesten Aubergine mit Blauholz hergestellt, das von einem Baum stammt, der auf Jamaika wächst. Das Gelbholz des Maulbeerbaums färbte die

Ostereier zitronen- bis orangengelb. Das leuchtende Ziegelrot wurde gewonnen aus den Wurzeln einer in der Türkei heimischen Pflanze. Sandelholz aus einem tropischen Baum in Indien und Ceylon läßt interessante Färbungen und Farbvariationen von Gelb- bis Orangebraun erreichen. Das aus Brasilien stammende Rotholz oder Fernambukholz ergibt eine hellrote Farbe.

Die Urfarbe des Ostereis war Rot: Abbild jenes Purpurmantels, mit dem Christus verspottet wurde – Messiasparodie „…sie legten ihm einen scharlachroten Mantel um… und verspotteten ihn" (Mt 27,28-29; Mk 15,17-18; Joh 19,2-3) – wie auch seiner Wunden, die der Auferstandene zur Erinnerung an seine Kreuzigung und als Erkennungszeichen seiner Identität beibehalten hat. Sehr bald ist das Osterei zu einem künstlerischen Glaubensbekenntnis geworden, wenn z. B. russische Holzeier mit Lackmalereien und Miniaturikonen der Geburt, der Kreuzigung und Auferstehung verziert wurden. Von der großen Ostereier-Malbegeisterung seiner Gläubigen schreibt der bayerische Pfarrer Andreas Strobl, der in Buchbach (Landkreis Mühldorf) wirkte, kurz nach dem Dreißigjährigen Krieg: „Man vergoldets, man versilberts, man belegts mit schönen Flecklen, und macht allerhand Figuren drauff, man marmelierts, man mahlts auch und ziehrts mit schönen erhebten Farben, man kratzs aus, man färbts grün, roth, gelb, goldgelb etcetera. Man machts auch schön gesprängt (gesprenkelt) und verehrts hernach ein gut Freund am andern."

Warum das Ei gerade nach der vierzigtägigen Fastenzeit eine so große Bedeutung erhielt, wird aus einer recht seltsamen Verquickung religiöser mit wirtschaftlichen Argumenten hergeleitet. Im Mittelalter war in der Fastenzeit nicht bloß der Genuß von Fleisch warmblütiger Tiere (also nicht von Fischen und Meeresfrüchten), sondern auch von Eiern verboten. Die Begründung des Verzehrs von Eiern in der Fastenzeit lautete bei dem oft zitierten Aegidius Bellemara: „Ovum enim nihil aliud est, quam caro liquida" (Das Ei ist nichts anderes als flüssiges Fleisch), zitiert nach J. P. Schmidt (Fastel – Abends-Sammlungen Rostock 1742, 34). Für das überreiche Angebot von Eiern gerade an Ostern gibt Dietz-Rüdiger Moser (Brauchtum und Feste im christlichen Jahreslauf. Graz–Wien–Köln 1993, 217) eine recht einfache Begründung (die wohl kaum die symbolisch-religiöse Grundbedeutung des Ostereis zu erhärten vermag): „Da man nun zwar die Menschen anhalten konnte, sich in der Fastenzeit bestimmte Beschränkungen aufzuerlegen, nicht aber die Hennen zu zwingen vermochte, in dieser Zeit keine Eier zu legen, ergab

Ostern

Ostern

sich zum Osterfest ein Überschuß an Eiern, der nicht nur registriert, sondern auch abgebaut werden mußte. Wie zahlreiche Zeugnisse bestätigen, liegt der eigentliche Grund des Ostereier-Brauchtums in dem dadurch bedingten Eieranfall."

Das berühmteste Osterei Bayerns, ein sogenanntes Sternei (mit einem strahlenden Stern, in dessen Mitte ein Frauenbild war) kam aus Taxa bei Dachau. Eine schwarze Henne soll an Ostern 1618 auf einen Ziegelstein ein Sternei gelegt haben. Kein Geringerer als Abraham a Sancta Clara (1644–1709) hat diese barocke Wundergeschichte in einem 1685 in München erschienenen Wallfahrtsbüchlein unter dem Titel „Gack, Gack, Gack, Gack a Ga. Einer wunderseltzsamen Hennen in dem Herzogthumb Bayrn" veröffentlicht. Die in Taxa 1629 errichtete Wallfahrtskirche, 1654 ergänzt durch ein Kloster der Augustiner-Barfüßer mit Brauerei, wurde in der Säkularisation 1802 restlos dem Erdboden gleichgemacht. 1848 wurde in Taxa zur Erinnerung an die frühere Kirche und das Kloster „Maria Stern" eine heute noch stehende Kapelle errichtet. Eine kühn gestaltete Erinnerung ist in dieser heutigen Wallfahrtskirche mit Votivtafeln zu sehen – auf einem Ziegelstein über dem Tabernakel befinden sich Henne und Sternei.

Das Ei ist fast in allen Kulturen und Weltreligionen Zeichen des Frühlings, des neuen Lebens und kommt vor allem in den heidnischen Riten und Mythen über die Geburt der Götter und über die Weltentstehung vor. So erzählt eine altperuanische Mythologie, daß ein Gott in fünffacher Gestalt aus fünf Eiern hervorgeht. Das Ei war auch eine der frühesten Grabbeigaben. Im christlichen Denken konnte das Ei mit seiner festen, geschlossenen Schale sehr leicht gedeutet werden als das fest verschlossene Grab, aus dem der auferstandene Christus hervorging.

Während in Rußland im Mittelpunkt der österlich-orthodoxen Folklore das lackierte Holzei entstand, sind in Deutschland andere Formen und Materialien für die Gestaltung des Ostereis entwickelt worden. Seit 1820 produziert die Berliner Porzellanmanufaktur (angeregt durch russische und griechische Modelle) Porzellaneier mit Abbildungen von Gebäuden, Landschaften oder Persönlichkeiten. Die Berlinerin Gertrud Weinhold hat ihre einzigartige Sammlung von Kunsteiern dem Freistaat Bayern vermacht, die im Schloß Schleißheim bei München untergebracht ist.

An nicht wenigen Orten in Bayern gibt es sogenannte *Osterbichl*, kleine Erhebungen in der Nähe eines Dorfes (z. B. in Uffing), wo meist eine Kapelle oder eine Bildsäule, oft mit einem Schnitzwerk des auferstandenen Christus steht. Mit dem Osterbichl war früher verbunden das sogenannte „Oarkugln" (das Hinauf- bzw. Herkunterkugeln der bunten Ostereier) am Ostermontag wie auch das „Oarpeckn", wobei sich herausstellte, wer die härteren Eier (oder vielleicht auch den härteren Dickkopf) hatte.

Dem Brauchtum der Ostereier sind auch die bunten Glaskugeln zuzurechnen, die in der Kirche beim Heiligen Grab oder in der Osterwoche in den Kirchen aufgesteckt wurden. Heute finden sich die bunten Glaskugeln fast nur noch in den Gärten. Ihren Ursprung haben diese Lichtkugeln in venezianischen Glashütten (in Murano), wie der Florentiner Geistliche Antonio Neri 1612 berichtet. Die glitzernde Glaskugel war Spiegel der Sonne und zugleich Glückssymbol, das in den Hausgärten Unheil und Wetterkatastrophen, aber auch von den Hausbewohnern Krankheit und böse Geister abwehren sollte. Den Farben der Glaskugeln wurden, ähnlich den Edelsteinen, magische Kräfte zugeschrieben: Die Farbe von Achaten sollte gute Ernte bringen, die Farbe der Rubine Liebe und Treue, die Farbe des Topas Schutz vor Krieg und Unheil.

Die venezianische „Feuerkunst" hielt bereits im 12. Jahrhundert Einzug im Tegernseer Tal, vor allem im Benediktinerkloster Tegernsee. Die „Traumkugeln" liebte besonders der bayerische Märchenkönig Ludwig II. Als man diese aus dem Schloßpark in Berg am Starnberger See entfernte, fragte Ludwig II. am 10. Juni 1886, drei Tage vor seinem ungeklärt gebliebenen Tod: „Wo sind meine Traumkugeln?"

Osterfeuer

Die kirchliche Liturgie der Osternacht beginnt mit der Lichtfeier, die außerhalb der Kirche gehalten wird. Über das flammende Holzfeuer spricht der Priester die Segensworte:

„Allmächtiger, ewiger Gott,
du hast durch Christus allen,
die an dich glauben,
das Licht deiner Herrlichkeit
geschenkt.
Segne dieses neue Feuer, das die
Nacht erhellt,
und entflamme in uns die Sehnsucht nach dir,
dem unvergänglichen Licht,
damit wir mit reinem Herzen
zum ewigen Osterfest gelangen.
Darum bitten wir durch Christus,
unseren Herrn."

Besonders begehrt sind nach dem Erlöschen des Osterfeuers die verkohlten Hölzer. Sie werden zunächst auf die Gräber der Angehörigen getragen und spätestens am Ostermontag in die Ecken der Felder oder in die Äcker eingegraben. Es soll dadurch der Segen der Osternacht in die ganze Natur getragen werden, denn mit der Auferstehung Jesu Christi hat ein neues, gesegnetes Leben und die Zukunft des verklärten Kosmos begonnen.

Im Alten Testament ist der brennende und doch nicht verbrennende Dornbusch (Ex 3,2) Zeichen der Gegenwart und Nähe, des Daseins und des Interesses (= des Dazwischenseins) Gottes unter den Menschen. Auf der Wanderung von Ägypten ins „Gelobte Land" Kanaan war die feurige Wolke Zeichen der Anwesenheit und des Schutzes Gottes. Wenn sie sich erhob, war dies ein Zeichen Gottes zum Aufbruch; wenn sie sich senkte, war es ein Zeichen Gottes, eine Raststätte für das Volk Israel einzurichten (Ex 40,34-38). Im Neuen Testament nennt sich Jesus „das Licht der Welt" (Joh 9,5). Im menschgewordenen Sohn Gottes sind die alttestamentlichen Lichtzeichen des brennenden Dornbusches wie der feurigen Wolke personale und erreichbare, gegenwärtige Wirklichkeit. Bei der Entzündung der Osterkerze spricht der Priester: „Christus ist glorreich auferstanden vom Tod. Sein Licht vertreibt das Dunkel der Herzen."

Eindrucksvoll ist der Einzug der brennenden Osterkerze, begleitet von den vielen, brennenden Kerzen in den Händen der Gläubigen, in den dunklen Kirchenraum. Ein imponierendes und zugleich nachdenkenswertes Zeichen, daß der Christ in den Verwirrungen und Finsternissen dieser Welt ein Licht- und Orientierungszeichen sein soll: „So soll euer Licht leuchten, damit die Menschen euren guten Willen und euren Vater im Himmel preisen" (Mt 5,16).

Osterhase

Schwierig ist für nicht wenige die Antwort auf die oft gestellte Frage: Wie kommt Pontius Pilatus ins Credo? Weitaus schwieriger ist die Frage zu beantworten: Wie kommt der Hase, genauer gesagt der Osterhase, zum Fest der Auferstehung Christi? Nach manchen märchenhaften Berichten sei es der Osterhase, der die Ostereier legt. Gerade das Stichwort „Osterhase" vermag nicht wenige Wissenslücken zu füllen. Trotzdem ist und bleibt es richtig: „... der Osterhase sollte nicht zu stark in den Vordergrund gestellt werden. Die meisten der Osterbräuche und -symbole sind wichtiger als der Hase" (H. Kirchhoff, a. a. O.).

Das Alte Testament kommt nur an wenigen Stellen auf den Hasen zu sprechen. Bei der Aufzählung der Reinheitsgesetze (Lev 11,1-15,33) wird der Hase – fälschlicherweise – zu den unreinen Tieren gezählt: „Ihr sollt für unrein halten den Hasen, weil er zwar wiederkäut, aber keine gespaltenen Klauen hat" (Lev 11,6; vgl. Speiseverbote: Dtn 14,7).

Der Hase hat im Frühlingsbrauchtum vieler Völker einen festen Platz, wenngleich die Begründungen durchaus unterschiedlich sind. Er ist Zeichen des neuen Lebens der Natur im beginnenden Frühling. Wiederholt wird der Osterhase „Eier-Leger" und „Eier-Bringer" genannt. Es war ein Kuriosum, als im Februar 1907 die Erfindung eines „lebendigen, eierlegenden Hasen" als Reichspatent angemeldet wurde, und zwar mit folgender Gebrauchsanweisung: „Zu diesem Zwecke braucht man nur einem lebendigen Haushuhn, das sich gerade zum Eierlegen anschickt, einen Stoffüberzug, der die Form und Gestalt eines Osterhasen hat, überzustülpen. Die Kinder werden sich hiervon täuschen lassen und annehmen, der Osterhase selbst habe die Eier gelegt." Ob damals und erst recht heute die Anweisung des Erfinders geglaubt wird, mag äußerst fraglich sein: „Da solchermaßen aber nur weiße Eier gelegt werden können, empfiehlt es sich, am Hintern der Henne ein farbiges Stempelkissen anzubringen(!)." Weil das Hasenei besonders exquisite Quelle des neuen Lebens ist, erfährt das Lebenszeichen des Hasen eine unfaßbare Verdoppelung seiner Glaubwürdigkeit. Der Hase als europäisches Fruchtbarkeitssymbol dürfte auf die griechischen Göttersagen zurückgehen, denn der Hase war das heilige Tier der Liebesgöttin Aphrodite. Die Römer und auch die Germanen haben im Hasen ein Fruchtbarkeitssymbol gesehen, von dem wichtige Konsequenzen ausgehen. So herrschte über die Antike hinaus die Meinung, der Genuß von Hasenfleisch könne unfruchtbaren Frauen zu Kindern verhelfen und Männern die Zeugung von Stammhaltern erleichtern. Der römische Kaiser Alexander Severus (222–235) soll daher dreimal in der Woche Hasenfleisch gegessen haben.

Was die einen positiv gewertet haben, wurde von anderen negativ beurteilt. Der Bischof Ambrosius von Mailand (374–397) deutete den Hasen mit seinem im Jahresverlauf wechselnden Fell als Sinnbild der Wandlung und der Auferstehung, so daß Jahrhunderte später noch auf Passions- und Auferstehungsaltären (z. B. im Schnewlin-Altar des Freiburger Münsters) weiße Hasen hineingemalt und hineingeschnitzt wurden. Der zitternde und ängstliche Hase wurde bisweilen auch als Sinnbild jener Christen verstanden, die sich um ihr Heil mit Furcht und Zittern mühen (Phil 2,13). Hasen, die oft mehrmals im Jahr Junge werfen, seien dazu nur deshalb in der Lage, weil sie sexuell erregte Tiere seien und daher als Ausbund von Unzucht und widernatürlicher Geschlechtslust anzusehen seien. Weil man eine Gefährdung der Keuschheit und eine Lockerung der Moral witterte, hat

Ostern

Papst Zacharias (741–752) im Jahr 751 den Genuß von Hasenfleisch als Satansbraten für Christen verboten. Wie unterschiedlich die Qualifikationen des Hasen sind, geht aus folgender Tatsache hervor: Auf frühchristlichen Bildern ist der schnell laufende Hase Symbol des flüchtigen Menschenlebens, der schnell dahineilenden, irdischen Pilgerschaft des Menschen gewesen. In einer römischen Katakombe des 3./4. Jahrhunderts findet sich eine Grabplatte, auf der ein langohriger Hase eingeritzt ist, wohl Symbol des allzu kurzen Lebens der Verstorbenen: „Romana in pace."

Eine unerwartete Ehre ist dem Hasen durch die christliche Kunst zuteil geworden, im sogenannten „Hasenbild" im Kreuzgang des Liboriusdoms in Paderborn. Über dieses Dreihasenfenster, das zum Wahrzeichen der Stadt Paderborn geworden ist, dichtete der Volksmund seinen Kommentar:

„Drei Hasen und der Löffel drei, und doch hat jeder Hase zwei."

Dieses Dreihasenbild wird oft „Sinnbild für die Trinität" (J. Küster) bezeichnet.
Nicht vergessen werden soll, daß es das erste Osterhasen-Museum der Welt seit wenigen Jahren (aus zwei Jahrhunderten zusammengestellt von Manfred Klauda) in München (Westenriederstraße 26, 80331 München) gibt. Staunenswert sind die Variationen und Verfremdungen des Osterhasen, die in dieser Ausstellung zu bewundern sind: Osterhasen wurden im Ersten Weltkrieg in Uniform und oft mit schwarz-weißrotem Band geschmückt angeboten (zur Förderung des Patriotismus?); später kamen kunstvoll geschnitzte Holzhasen im Bauhausstil in Mode. Heute sind aufwendige Plüschhasen mit mechanischem Innenleben besonders begehrt. Nicht das Osterlamm, wohl aber der Osterhase ist heute Favorit der Osterzeit!

LITERATUR: *A. Becker, Osterei und Osterhase. Vom Brauchtum der deutschen Osterzeit. Jena 1937; A. Becker, Frühlingsbrauch und Sonnenkult. Wuppertal-Elberfeld 1937; H. Fasold, Bunte Ostereier (Brunnen-Reihe 24). Freiburg 1989[1]; B. Fischer, Liturgie und Volksfrömmigkeit. In: Liturgisches Jahrbuch 17 (1967) 129–143; H. Hepding, Ostereier und Osterhase. In: Hessische Blätter der Volkskunde 26 (1927) 127–141; H. Kirchhoff, Christliches Brauchtum. Von Advent bis Ostern. München 1984; J. Küster, Wörterbuch der Feste und Bräuche im Jahreslauf. Eine Einführung in den Festkalender. Freiburg–Basel–Wien 1985; W. Lipphardt (Hg.), Lateinische Osterfeiern und Osterspiele. Teil I. Berlin –New York 1975; Th. Maas-Ewerd, Von der Liturgie zum Brauchtum. Was haben Hase und Ei mit dem Osterfest zu tun?*

In: Klerusblatt (1986) 64–66; G. Pfalzgraf, Osterhase oder Osterlamm. In: Quatember 31 (1987) 18–21; K. Pörnbacher, Die wundersamen Eier von Taxa. In: Charivari 17 (1991) Nr. 4, Seite 25–30; P. E. Rattelmüller, Bayrisches Brauchtum im Jahresablauf. Vom Nikolo bis Kathrein. München 1985; Th. Schnitzler, Kirchenjahr und Brauchtum neu entdeckt. In Stichworten, Übersichten und Bildern. Freiburg–Basel–Wien 1977.

Osterkerze

Die österliche Lichtfeier außerhalb des Kirchenraumes erreicht ihren Höhepunkt in der Entzündung der Osterkerze (cereus paschalis) am neuen, gesegneten Feuer. Der Gebrauch einer eigenen Osterkerze ist bereits für das Jahr 384 aus Piacenza bezeugt. Im Laufe der Jahrhunderte hat die Osterkerze ihre heutige Gestalt und Gestaltung erhalten. Sie ist leicht sichtbar wegen ihrer Größe und wird von der Feier der Osternacht bis zum Fest Christi Himmelfahrt meist auf einem hochragenden, kostbaren Leuchter im Altarraum aufgestellt. Auf ihrer Vorderseite ist mit rotem Wachs ein Kreuz aufgetragen, über dem oben der erste Buchstabe A (Alpha) und unten der letzte Buchstabe Ω (Omega) des griechischen Alphabets ebenfalls mit rotem Wachs aufgetragen ist.

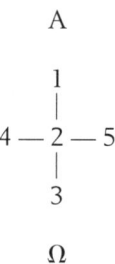

Das rote Wachskreuz hat fünf Vertiefungen, die tief in dem weißen Wachskörper der Osterkerze eingelassen sind:
In jede der fünf Vertiefungen legt der Priester ein Weihrauchkorn und verschließt sie mit je einem aus rotem Wachs gestalteten Nagel. In die vier Felder, die durch die beiden Kreuzbalken entstehen, ist die Jahreszahl des jeweiligen Osterfestes wiederum mit rotem Wachs aufgesetzt.
Bei der Weihe der Osterkerze mit dem vorgefertigten, roten Wachskreuz, über dem oben der erste und unten der letzte Buchstabe des griechischen Alphabets zu lesen ist, spricht der Pfarrer:

„Christus, gestern und heute,
Anfang und Ende
Alpha und Omega.
Sein ist die Zeit
und die Ewigkeit.
Sein ist die Macht und die Herrlichkeit
in alle Ewigkeit. Amen."

Ostern

Beim Einsenken der fünf Weihrauchkörner in die Vertiefungen der Osterkerze spricht der Priester:

„Durch seine heiligen Wunden (1),
die leuchten in Herrlichkeit (2),
behüte uns (3)
und bewahre uns (4)
Christus, der Herr. Amen." (5)

Die Bedeutung der Osterkerze für das Leben des Christen wird in den Worten ausgesprochen, die der Priester bei der Entzündung der Osterkerze spricht:

„Christus ist glorreich auferstanden vom Tod.
Sein Licht vertreibe das Dunkel der Herzen."

Die Osterkerze vermittelt in ihrer heutigen Gestalt ein zur Meditation anregendes Konzentrat vielfältiger, christologischer Deutungen. Ihr weißer Wachskörper versinnbildlicht die Auferstehungsherrlichkeit des verklärten Christus. Das aufgetragene, rote Wachskreuz will verdeutlichen, daß der menschgewordene Sohn Gottes durch seine Leiden und Kreuz zur Auferstehung gelangte: „Mußte nicht der Messias all das erleiden, um so in seine Herrlichkeit zu gelangen?" (Lk 24,26). Die fünf roten Wachsnägel wollen hinweisen, daß der Auferstandene die Wundmale des Gekreuzigten getragen hat – christologisches Erkennungszeichen der Kontinuität und Identität zwischen dem geschichtlich gekreuzigten Jesus und dem auferstandenen Christus. Die Geschichte seines Lebens und Sterbens ist bewußt in seine österliche Verklärung hineingenommen worden: Der Gekreuzigte ist auferstanden!

Die in die fünf Vertiefungen der Osterkerze eingesenkten Weihrauchkörner (vgl. Mt 2,11) wollen symbolische Zeichen der gläubig-staunenden Anbetung sein: Der am Kreuz Gestorbene ist der menschgewordene Sohn Gottes. „Die Liebe Gottes wurde unter uns dadurch offenbart, daß Gott seinen einzigen Sohn in die Welt gesandt hat, damit wir durch ihn leben" (1 Joh 4,9).

Die Osterkerze, gut sichtbar aufgestellt im Altarraum meist neben dem Ambo, brennt bis zum Fest Christi Himmelfahrt. Wenn die Botschaft des Evangeliums das Heilsereignis verkündet: „... und eine Wolke entzog ihn ihren Blicken" (Apg 1,9), wird das Entschwinden Christi hinein in die himmlische Herrlichkeit durch das Erlöschen des Lichtes der Osterkerze symbolisch angedeutet. Nach dem Pfingstsonntag sollte die Osterkerze nie ganz den Blicken der christlichen Gemeinde entzogen werden. Sie hat ihren Platz neben dem Taufbrunnen; an ihr soll die Taufkerze entzündet werden. Die brennende Osterkerze könnte neben oder vor dem Altar stehen, wenn ein Begräbnisgottesdienst gefeiert wird.

Sie sollte während des Firmgottesdienstes, sicherlich am Patroziniumsfest einer Pfarrkirche, auch bei einer Primizfeier, wie an den Festtagen Allerheiligen und Allerseelen als Zeichen der Auferstehung im Altarraum stehen und mit ihrem Leuchten über jenes ewige Licht nachdenken lassen, das wir für alle Verstorbenen und auch für uns selbst erflehen.

LITERATUR: *J. Blank, Als sie den Herrn sahen, freuten sie sich. Österliche Wirklichkeit nach Johannes. Freiburg 1988; J. Danielou, Liturgie und Bibel. München 1963; H. Schlier, Das Ostergeheimnis. Einsiedeln 1976; M. Schmitz, Apolls Fackel wurde zur Osterkerze. In: Rheinischer Merkur – Christ und Welt Nr. 13 (1988) S. 25; A. Schwenzer, Wohin mit der Osterkerze? Grundsätzliche Erwägungen und praktische Kriterien. In: Gottesdienst 29 (1995) 73–75.*

Osterlamm

Ehe vom Osterei und vom Osterhasen gesprochen wurde, stand das Osterlamm im Mittelpunkt der biblisch-kirchlichen Verkündigung, der Liturgie wie des Brauchtums. Von der machtvollen Verkündigung früherer Jahrhunderte ist heute meist nur das zuckersüße, aus feinstem Biskuitteig gebackene Lamm mit bunten Fähnchen übriggeblieben. Das alte, biblische begründete Symbol des jüdischen Paschalammes wurde fast völlig verdrängt durch den Osterhasen, der in immer neuen Variationen die Herzen von alt und jung verzaubert. Das Lamm hatte bei den Beduinen im vorchristlichen Orient wie auch im Leben und Glauben des Volkes Israel eine besondere Bedeutung bei den traditionellen Riten, die mit dem Frühjahrsbeginn der Weidezeit und mit den damit verbundenen religiösen Entsühnungsriten am Versöhnungstag von Generation zu Generation verrichtet wurden. Ein Opfertier wurde geschlachtet und als „Sündopfer" (Lev 16,9.11), auf ein zweites Tier wurden durch Handauflegung des Hohenpriesters alle Sünden des Volkes gelegt (Lev 16,21). Dann wurde es als „Sündenbock" (Lev 16,22) in die Wüste geschickt „für Asasel" (Lev 16,8.10.26), einem geheimnisvollen Wüstendämon, der dem Volk Israel aus uralter Zeit und gewiß auch von heidnischen Nachbarstämmen bekannt war. Die Opfersymbolik des alttestamentlichen Paschalammes (das zum Aufbruchs- und Auszugsritus des Volkes Israel aus Ägypten gehört – Ex 3,18; 5,3; 12,14.21–23 und seine Bedeutung auch im heutigen Judentum bewahrt hat) wurde von dem Propheten Jesaja im Blick auf den messianischen Gottesknecht eindringlich formuliert: „Wie ein Lamm, das man zum Schlachten führt, und ein Schaf angesichts seiner Scherer, so tat auch er seinen Mund nicht auf." (Jes 53,7).

Die Symbolik des geschlachteten Lammes war in der Zeit Jesu und der Urkirche überaus lebendig, so daß der Apostel Paulus in seinem um 50 n. Chr. niedergeschriebenen, ersten Brief an die Christengemeinde von Korinth schreiben konnte: „Als unser Paschalamm ist Christus geopfert worden" (1 Kor 5,7). Mit dem Hinweis: „Seht, das Lamm Gottes, das die Sünde der Welt hinwegnimmt" (Joh 1,29), weist der Täufer Johannes seine Jünger auf Jesus, den Messias, hin. Mit auffallender Häufigkeit wird in der johanneischen Apokalypse vom „Lamm Gottes" geschrieben (Offb 5,6.9.12). 29mal wird dieses personalisierte Bildwort in der Geheimen Offenbarung verwendet. Es kann als Herz- und Lieblingswort der johanneischen Schriften bezeichnet werden und stellt den am häufigsten verwendeten Hoheits- und Würdetitel Jesu dar.

In der Katakombenkunst hat das Lamm eine doppelte Bedeutung bekommen, einerseits als christologisches Zeichen „Lamm Gottes", andererseits als Zeichen der Gläubigen, die sich als Herde des guten Hirten Jesu wissen (Mt 9,36; Mk 6,34; Joh 10,11-18). Auch in der ravennatischen Kunst – z. B. in den Mosaiken des Mausoleums der Galla Placidia (um 450) – wird dieses Motiv meisterhaft gestaltet und abgewandelt.

Die christologische Bedeutung des Lammes beginnt sich vom frühen Mittelalter an auch nördlich der Alpen im Glauben und in der Frömmigkeit durchzusetzen. So wurde vom Bischof Ulrich von Augsburg (890–973) die Weihe des Osterlammes eingeführt. Die herausragende Bedeutung der Osterlamm-Weihe kommt dadurch zum Ausdruck, daß nach dem Straßburger Ritual des Jahres 1480 diese Weihe am Osterfest unmittelbar nach der Wandlung vollzogen wurde.

Das Motiv des Lammes hat im Laufe der abendländischen Glaubens- und Frömmigkeitsgeschichte einen deutlich erkennbaren Wandel, ja einen Sinnverfall erfahren. Das Christus-Lamm wurde im Mittelalter als Triumphmotiv der Reichskirche mißverstanden. In der Barockzeit wurde es zur süßlich-sentimentalen Hirten- und Schäferidylle verniedlicht. Die gezuckerten Osterlämmer in den Schaufenstern unserer Zeit vermögen keineswegs an die große Bedeutung zu erinnern, die das Lamm in den Aussagen des Neuen Testament hat.

Das Osterlamm ist Zeichen der erlösenden Liebe und zugleich der Auferstehung. Der Tod ist nicht das letzte Wort Gottes. Das Paschalamm ist Zeichen des stellvertretenden Leidens und zugleich Zeichen der sieghaften Todesüberwindung, wie es in der geheimen Offenbarung heißt: „Das Lamm, das dasteht wie geschlachtet" (Offb 5,6). Trotz aller Verkitschungen ist das Osterlamm der Bäcker- und Konditormeister eines der wenigen Zeichen des christlichen Glaubens, das im österlichen Brauchtum erhalten geblieben ist.

Gerade weil das Osterlamm ein biblisch-kirchliches Zeichen ist, sollte der alte Brauch wieder belebt und gefördert werden, mit einem Osterlamm den Osterkorb (zur Speisenweihe) und den Ostertisch zu schmücken. Wo immer in einer Kirche ein geschnitztes Osterlamm vorhanden ist, wie sie in der Barockzeit sehr beliebt waren, sollte diesem Zeichen des auferstandenen Christus während der österlichen Zeit ein mit Blumen geschmückter Ehrenplatz im Altarraum (vielleicht über dem Tabernakel) eingeräumt werden.

LITERATUR: *Ch. Schütz, Der Herr lebt. Auferstehungsgedanken. Freiburg–Basel–Wien 1988; F. Thieberger, Jüdisches Fest – Jüdischer Brauch. Königstein 1985³; G. Walther, Jesus, das Passahlamm des Neuen Bundes. Tübingen 1950.*

Osterwasser – Taufwasser

Neben der Weihe des Osterfeuers und der Osterkerze bildet die Taufwasserweihe einen weiteren Höhepunkt der Zeremonien vor dem Beginn der ersten österlichen Eucharistiefeier.

Während der Segnung des Taufwassers singt oder spricht der Pfarrer mit gefalteten Händen:

„Allmächtiger, ewiger Gott,
deine unsichtbare Macht bewirkt
das Heil der Menschen durch sichtbare Zeichen.
Auf vielfältige Weise hast du das Wasser dazu erwählt,
daß es hinweise auf das Geheimnis der Taufe...
Dieses Wasser empfange die Gnade deines eingeborenen Sohnes vom Heiligen Geiste,
damit der Mensch, der auf dein Bild erschaffen ist,
durch das Sakrament der Taufe gereinigt wird von der alten Schuld (der Erbschuld)
und aus Wasser und Heiligem Geiste aufersteht
zum neuen Leben deiner Kinder."

Dann senkt der Pfarrer die brennende Taufkerze in das Wasser ein, indem er spricht:

„Durch deinen geliebten Sohn
steige in dieses Wasser die Kraft des Heiligen Geistes,
damit alle, die durch die Taufe mit Christus begraben sind
in seinen Tod, durch die Taufe mit Christus
auferstehn zum ewigen Leben.
Darum bitten wir durch Jesus Christus, deinen Sohn,
unseren Herrn und Gott, der in der

Ostern

Einheit des Heiligen Geistes mit dir lebt und herrscht in Ewigkeit. Amen."

Mit der Austeilung des neu geweihten Taufwassers und der Erneuerung des Taufversprechens endet dieser Teil der Osternacht, an den sich die Eucharistiefeier anschließt.

Das Osterwasser wird nach der Feier der Osternacht (zusammen mit der brennenden Kerze in einer windgeschützten Laterne) in meist mit religiösen Motiven verzierten Glas- oder Tonkrügen in die Häuser und Wohnungen mitgenommen. Damit füllt man die Weihwasserbehälter in den verschiedenen Zimmern (vor allem Wohn- und Schlafzimmer) um sich am Morgen und Abend jeden Tages damit zu bekreuzigen. Das Besprengen der Gräber wie das tägliche Nehmen des Weihwassers will verstanden sein als Zeichen des Auferstehungsglaubens.

Es mutet heute eigenartig an, wenn der (evangelische) Stadtrat von Quedlinburg in einer „Bekanntmachung, das Osterfeuer und Osterwasser betreffend" am 14. April 1821 sich gegen die zwei Mißbräuche wandte, „die aus dem grauen Alterthum, aus den Zeiten der Finsterniß und des Heidenthums" stammen. In der gleichen Bekanntmachung wurde die damals übliche Verwendung des Osterwassers zur Schönheitspflege mit dem recht seltsamen Argument bekämpft: „Wer nicht von Natur schön ist, wird's durch Osterwasser in seinem Leben nicht werden" (vgl. S. Kleemann, Kulturgeschichtliche Bilder aus Quedlinburgs Vergangenheit. Quedlinburg 1922, 360–362).

LITERATUR: *I. Graßl, Münchner Brauchtum und Leben im 18. Jahrhundert. München 1940; K. Lehmann, Auferweckt am dritten Tag nach der Schrift. Früheste Christologie, Bekenntnisbildung und Schriftauslegung im Lichte von 1 Kor 15,3–5 (Q D 38). Freiburg–Basel–Wien 1968; H. Rahner, Griechische Mythen in christlicher Deutung, Zürich 1945; E. Stommel, Die Benedictio fontis in der Osternacht. In: Liturgisches Jahrbuch 7 (1957) 8–24.*

Das **Kreuz** *und seine Bedeutung hat im Denken, im Glauben und in der Kunst einen bemerkenswerten Prozeß durchlaufen.*

Der **Rosenkranz** *dürfte sich aus sogenannten Paternoster-Schnüren entwickelt haben, die mit kleinen Holz- oder Glasperlen zum Zählen von gleichbleibenden Gebeten versehen waren.*

Zeichen der Volksfrömmigkeit ist dieses **Eingerichtl**, das von Landschaft zu Landschaft verschieden aussehen kann.

P

Palmesel

→ Karwoche

Palmsonntag

→ Karwoche

Pankratius

→ Eisheilige

Paradiesbaum (Paradeisl)

Ehe es den Christbaum gab, wurde in vielen Familien der sogenannte Paradiesbaum, das pyramidenförmige „Paradeisl" aufgestellt. Drei große, rotbackige Äpfel wurden zu einem Dreieck durch drei Holzstäbchen verbunden. Dann wurde in jeden der drei Äpfel oben ein Holzstäbchen eingestochen. Diese wiederum hielten oben gemeinsam einen Apfel, in den ein brennendes Licht eingefügt war.

Der Name „Paradeisl" weist hin auf die biblische Paradieserzählung und ruft gleichzeitig die Erinnerung an Adam und Eva wach. Vielen Christen ist kaum aufgefallen, daß nicht nur in altkirchlichen Kalendern am 24. Dezember die Namen Adam und Eva festgehalten sind. Theodat von Ankyra (381–438) erzählt in einer Weihnachtspredigt, daß es in der griechischen Kirche Sitte war, die Geschichte der Schöpfung am Fest der Geburt Jesu vorzulesen um die Größe und Unverdientheit der Gnade des Herrn gerade nach dem Sündenfall Adams und Evas zu erkennen. In sogenannten Paradiesspielen wurde vor den Christen früherer Jahrhunderte die Erinnerung an Adam und zugleich die Größe der Erlösung ins gläubige Erlebnis gehoben.

Die kirchliche Liturgie der Osternacht beginnt außerhalb der Kirche mit dem Osterfeuer.

Paradiesbaum

Mit einem gewaltigen Bogen wurde das Heilsereignis der Geburt Jesu mit der Ursünde verbunden. Vom Baum des Paradieses kamen Sünde und Tod, vom Baum der Erlösung kamen Barmherzigkeit, Versöhnung und Erlösung. Die vierte Strophe des noch heute gesungenen Weihnachtsliedes: „Lobet Gott, ihr Christen" erinnert ebenfalls an das durch Christus geöffnete Paradies:

*„Heut schließt er wieder auf
die Tür zum schönen Paradeis."*

Christus ist der neue Adam des Heiles. Maria ist die neue Eva, die Mutter des Erlösers. Die im Anschluß an Röm 5,12 ff. in Theologie und Kunst oft vorgelegte Gegenüberstellung Adam (und Eva) und Christus (und Maria) hat es in der Barockzeit sinnvoll und anregend erscheinen lassen, am Vorabend des Weihnachtsfestes (24. Dezember) der beiden ersten Menschen zu gedenken, die zu den von Christus erlösten Gerechten des Alten Testaments zählen (vgl. Röm 10,6–9; 1 Petr 3,18–19). Sicherlich hat auch das mehrdeutige, lateinische Wort „malum", das ebenso Apfel wie das Böse (Sünde) heißt, dazu beigetragen, die Beziehung zwischen Ursünde und Erlösung herzustellen und den 24. Dezember als Adam- und Eva-Tag (Paradiesbaum) und den 25. Dezember als Christus-Tag (Kreuzesbaum) verstehen und feiern zu lernen.

Das Paradeisl beginnt für viele Christen erst dann wieder zu sprechen, wenn das Neue Testament mit dem Alten Testament verbunden wird und die messianischen Weissagungen des Alten Testaments im Brennpunkt und Erfüllung der Geburt Jesu gesehen werden. Nicht zufällig beginnt (Gen 1,11.29; 2,9.16) und endet (Offb 22,2) mit dem Symbol des Baumes die Heilige Schrift. Viele religiöse, geistige, künstlerische und gewiß auch gesellschaftliche Querverbindungen könnten angesichts des „Paradeisl" wieder mit Leben erfüllt werden: Der Lebensbaum – der Baum der Erkenntnis – der Stammbaum – der Baum als Symbol des Menschen – der Baum als Ort des Schutzes und der Gnade – der Baum als Ort der Liebe wie des Todes – der Weltenbaum, der Maibaum, der Christbaum. Selbst noch in Redewendungen: „Aus gutem Holz geschnitzt" – „Der Apfel fällt nicht weit vom Stamm" – „Ich schnitt in seine Rinde so manches liebe Wort" klingen tiefe Beziehungen zu Bäumen an unserem Lebensweg auf.

Das Paradeisl – eine heute vielfach unbekannte Weihnachtsaussage, die zwar nicht emotional bewegt, aber doch eine heute allzuoft nicht mehr gesehene heilsgeschichtliche Linie aufzeigt und die Menschwerdung des Gottessohnes mit der Ursünde, aber auch mit der Gottesverheißung in Verbindung bringt: „Er wird ihr (dem

194

Bösen) den Kopf zertreten" (Gen 3,15; vgl. Röm 5,20).

LITERATUR: *F. Huwiler, Lebensbaum. Begleiter im Werden, Sein und Vergehen. Olten – Düsseldorf 1993*[4.]

Passionsgeschichte

→ Karwoche

Passionsspiel

Noch drei Orte bringen in regelmäßigen Zeitabständen das Leiden und Sterben Jesu auf die Bühne – Oberammergau in Oberbayern, Waal bei Buchloe (Ostallgäu) und Erl am Inn (Tirol). Unter allen Passionsspielorten weist Oberammergau die einmalig längste Aufführungskontinuität auf. Das Jahr 2000 wird das 40. Aufführungsjahr seit der ersten Gelübdeerfüllung 1634 sein.
Im altbayerisch-alemannischen Raum, im Rupertiwinkel, in Tirol, Steiermark und Kärnten hat es seit dem Mittelalter bereits Vorläufer der späteren Passionsspiele gegeben. Der älteste Text, das Benediktbeurer Passionsspiel mit eigenständiger Darstellungsform, dürfte in Bayern um 1300 entstanden sein. Es ist auf sechs Blättern der berühmtem Handschrift „Carmina Burana" (Clm 4660) überliefert. Der Hauptgrund für den Ursprung und die Entwicklung der Passionsspiele, gerade in diesen Regionen, dürfte in jenem Menschenschlag liegen, in dem christlicher Glaube und Freude am „Komödienspiel", die ihm geradezu im Blut steckt, in glücklicher Weise sich verbinden.

Ein wichtiger Anstoß der Passionsspiele kann in den Kreuzzügen (1096–1270) erblickt werden, die das Interesse an Palästina, der Heimat Jesu, in der europäischen Christenheit weckten. Die Kreuzzugserinnerung hat durch eine Vielzahl von Kreuzreliquien, vor allem durch die Kreuzwegandachten in der Volksfrömmigkeit einen bleibenden Nachhall erfahren. Die Gotik mit ihrer realistischen Darstellung des Leidens und Sterbens Jesu und die Barockkunst mit ihrer emotional überschwenglichen Ausdrucksweise haben immer neue Formen der Passionsbegegnung gerade den Analphabeten in eindrucksvollen „Medien" vor Augen geführt (Karfreitagsprozessionen, Bußprozessionen mit Geißlern, Kalvarienberge, Fastenpredigten, Heilige Gräber usw.).

Bei musisch begabten Gruppen wurde die Passion Jesu in der Theaterform den Menschen nahegebracht. Neben ortsansässigen Gruppen gab es wandernde Schauspieltrupps, die in Städten, Märkten und auch in kleineren Dörfern ihr

Passionsspiel aufführten. Es hat sicherlich weit über 300 Orte in Altbayern und in Tirol gegeben, in denen Passionsspiele aufgeführt wurden – in Eger dauerte ein Spiel drei Tage, in Sterzing um 1530 vier Tage, die Bozener Passion von 1514 dauerte sieben Tage.

Ergänzt wurden diese Spiele durch Osterspiele, die sich seit dem 10. Jahrhundert aus der sogenannten Visitatio sepulcri, dem Gespräch der drei Marien am Grab Jesu mit den Engeln (Lk 24,1–13) entstanden sind. Die Verfasser der meisten Passions- und Osterspiele waren Ordensangehörige (Benediktiner, Franziskaner, Kapuziner, Jesuiten), die die Liturgie der Karwoche und des Osterfestes durch vertiefende Spiele gerade bei jenen Christen fördern wollten, die des Lesens und Schreibens nicht mächtig waren.

Es waren unbiblische, allzuoft auch drastisch-burleske Auswüchse mancher Passionsspiele, vor allem aber der „Geist" der Aufklärung, der in den letzten Jahrzehnten des 18. Jahrhunderts zum Verbot der Passionsspiele führten. Das Passionsspiel hat – damals wie heute – von der gesellschaftlichen Gesamtsituation wie auch von der kirchlich-theologischen Position her mit stets neuen Problemen zu rechnen, die auch bei Spielern und Zuschauern vorhanden sind, „wenn Szenen zu spielen sind, die leicht kitschig oder peinlich wirken. Das Passionsdrama (gerade, wenn es auf der Bühne „gespielt" wird!) ist nicht arm von solchen Klippen" (Gerhard Eberts).

Vor allen Aufführungsterminen – und dies ist durchaus ein Zeichen der menschlichen wie der religiösen Vitalität! – gibt es in den Passionsspielorten tiefgreifende Debatten über Gestalt und Reform des Spiels. Horst Krüger hat den Bürgern von Oberammergau zugerufen (was auch den Spielern und Verantwortlichen von Waal und Erl gilt): „Versucht nie, Kunst zu machen! Versucht nie, den Intellektuellen zu gefallen! Das ist nicht eure Welt. Bleibt bei euch selbst: Identität ist das, was stark macht. Nur Identität überzeugt… Was sich ändern will, was sich erneuern muß, kann nur aus dem Dorf selbst kommen. Alles andere wäre ein Unglück!"

Kaum bekannt ist, daß es in der Barockzeit das Passionsspiel auch als bewegliche Spielautomaten gegeben hat. So zeigt das Diözesanmuseum in Freising (als Leihgabe einer Privatperson) ein „automatisches Passionsspiel", das in der Barockzeit von Künstlern herumgetragen und gegen Entgelt in Kirchen, auf Marktplätzen oder auch in Wirtshäusern gezeigt wurde. Diese Attraktion der Barockkunst vereint drei Elemente zu einer alt und jung faszinierenden Einheit: Spielautomat – Passionsspiel – Figurentheater.

Das Gehäuse des Freisinger Figurentheaters mißt 71 x 90 Zentimeter. Es besitzt 48 holzgeschnitzte, liebevoll bekleidete Figuren, die die Passion Christi an neun Schauplätzen in 14 Szenen spielen – vom Gebet Jesu am Ölberg bis zur Auferstehung am Ostermorgen. Das automatische, barocke Passionsspiel wurde von seinem Eigentümer in mühevoller Kleinarbeit mit Elektromotoren ausgestattet, so daß die Figuren zur Freude der Zuschauer zu neuem Leben erweckt worden sind. Das Spektakel dieses automatischen Passionsspiels dauert immerhin zehn Minuten. Auch in der Fastenzeit lohnt es sich, das Diözesanmuseum für christliche Kunst der Erzdiözese München und Freising (Domberg 21, 85354 Freising) zu besuchen.

LITERATUR: *R. Bergmann, Studien zur Entstehung und Geschichte der deutschen Passionsspiele des 13. und 14. Jahrhunderts. München 1972; H. Burger (Hg.), Das Rosner Spiel. Eine Dokumentation über Oberammergaus barocke Passion in den Proben 1977. München 1987; C. Grimm (Hg.) Hört, seht, weint und liebt. Passionsspiele im alpenländischen Raum (Katalogbuch 1990). München 1990. H. Krüger, Tiefer deutscher Traum. Reisen in die Vergangenheit. Hamburg 1984², 239–279 („Oberammergau. Passion für einen Fremden"); A. Läpple, Das Passionsspiel von Oberammergau 1990. Theologisches Konzept und katechetische Anregungen. In: Klerusblatt 68 (1989) 217–223; R. Steinbach, Die deutschen Oster- und Passionsspiele des Mittelalters. Köln – Wien 1970.*

Pfingsten

Der Name „Pfingsten" weist zurück auf den 50. Tag nach der Auferstehung Jesu, an dem die Urgemeinde von Jerusalem „zusammen mit Maria, der Mutter Jesu" (Apg 1,14), die von Jesus Christus verheißene Herabkunft des Heiligen Geistes (Apg 1,4–5) erfahren hat (Apg 1,5; 2,1–3). Im Alten Testament war Pfingsten als Erntedankfest zum Abschluß der Getreideernte eines der drei großen Wallfahrtsfeste. Es hatte seinen Namen aus dem Griechischen „pentekoste" als der „fünfzigste Tag" (Tob 2,1; 1 Makk 12,32). In frühchristlicher Zeit wurde in Jerusalem die Himmelfahrtsfeier mit dem Pfingstfest am gleichen Tag begangen, und zwar am Nachmittag des Pfingstfestes.

Von Kennern des Brauchtums wird festgestellt, daß das Pfingstfest im Brauchtum nur ein sehr geringes Echo gehabt hat. Warum? Keines der Deuteworte, mit denen das Pfingstereignis im Neuen Testament geschildert wird – Sturm (Apg 2,2), Feuerzungen (Apg 2,3), Sprechen und Hören in fremden Sprachen (Apg

Pfingsten

2,4; 10,46; 19,6; 1 Kor 12,10; 14,5) – erwies sich für das christliche Brauchtum als geeignet, um situationsrichtig »inkulturiert« zu werden. Vor allem ist auffallend, daß das Zeichen der „Zungen wie von Feuer, die sich verteilten; auf jeden von ihnen ließ sich eine nieder" (Apg 2,3), von der christlichen Verkündigung und Kunst nicht als typisches und unverwechselbares Pfingstsymbol aufgegriffen wurde und im christlichen Brauchtum ein weiterklingendes Echo gefunden hat. Aus ganz anderen Texten des Neuen Testaments haben die volkstümliche Frömmigkeit und der Wunsch nach geistiger Faßbarkeit und optischer Handgreiflichkeit das Numinosum vergegenständlicht, das Abstrakte und schwer Faßbare ins Konkrete übersetzt und die Glaubenswahrheit des Pfingstgeschehens in anschaulichen Beispielen erklärt.

Die Fundstätte für das pfingstliche Brauchtum ist die neutestamentliche Schilderung der Taufe Jesu gewesen, in der wie in der Pfingstschilderung, dem Heiligen Geist eine exzellente Rolle zukommt. Das Bildwort „Taube" (Mt 3,16; Mk 1,10; Joh 1,32–33) wurde aufgegriffen, und zwar ohne exegetisch-grammatikalische Finessen. Man las unbekümmert über den Text „*wie* eine Taube" hinweg und hat die materiell-geschichtliche Realität einer „Taube" daraus werden lassen, wozu der lukanische Text: „Der Heilige Geist kam sichtbar in Gestalt einer Taube" (Lk 3,22) eine Handhabe sein konnte. Bereits im Alten Testament wird von der Taube in der Sintfluterzählung (Gen 8,8.12) als Gottes- und Friedensbotin mit dem „frischen Olivenzweig" gesprochen. Auch in anderen Texten des Alten Testaments wird von der Taube als Bild des bedrängten Volkes Israel (Jer 48,28; Hes 7,16; Ps 55,7) gesprochen. Man kann durchaus fragen, warum ausgerechnet die Taube, nicht aber der Adler (Lev 11,13; Dtn 14,12; Jer 48,40; 49,16.22; Jes. 40,31; Offb 4,7) auch nicht der Rabe (Gen 8,7; Kön 17,4–6) Symboltier des Heiligen Geistes geworden ist.

Der Grund, die Taube als Symboltier des Heiligen Geistes aufzugreifen, dürfte in vielen biblischen Hinweisen zu suchen sein, bis hin zum Wort Jesu: „Seid einfältig wie die Tauben" (Mt 10,16).

Das Pfingstthema ist der Heilige Geist. „Die Offenbarung, sogar im Munde Christi, des geschicktesten Lehrmeisters, hat hier sichtlich mit dem Namen gerungen" (Peter Lippert). Auch die christliche Kunst hatte Müh und Not, den Heiligen Geist darzustellen, bis Papst Benedikt XVI. (1740–1758) im Jahr 1745 die klare Weisung gegeben hat, den Heiligen Geist in Gestalt einer Taube oder (bei Pfingstdarstellungen) als feurige Zungen darzustellen; gleichzeitig wurde ausdrücklich verboten, dem Heiligen Geist das Aussehen eines Mannes oder Jünglings zu geben. Warum aber ist „Einfalt" oder „einfältig" sein besonders geeignet, Wirklichkeit und Wirksamkeit des Heiligen Geistes zu vermitteln? Einfalt meint ein Wesen, das „nur eine Falte" hat und nichts wie der Vielfältige verbirgt. Einfalt weist wie mit einer Pfeilspitze hin auf Durchsichtigkeit, Ehrlichkeit und Wahrhaftigkeit, auf eine Botschaft der Gerechtigkeit, der Liebe und des Friedens (vgl. Ps 116,6; 119,130; Mt 6.22). Der Heilige Geist – in Gestalt der einfältigen Taube – ist „der Geist der Wahrheit" (Joh 15,26; 15,13), „der Geist der Liebe" (1 Joh 4,8.16). Im Psalmbuch der Manichäer (II 167,57–60) findet sich die Aufforderung, dem Wirken des Heiligen Geistes sich zu öffnen: „Gib Raum der Taube!"

Pfingsten wurde von Johann Wolfgang von Goethe in seinem Epos „Reineke Fuchs", das in politisch kritischer Zeit ein erheiternder Hof- und Regentenspiegel sein sollte, wahrlich nicht wegen der biblisch-christlichen Tradition, sondern wegen der Hintergrundfolie der bezaubernden Frühlingskulisse als Datum einer königlichen Hofhaltung mit allen Tieren gewählt:

„Pfingsten, das liebliche Fest, war gekommen,
es grünten und blühten
Feld und Wald, auf Hügeln und Höhn,
in Büschen und Hecken
...
Denn der König (Reineke Fuchs) gedenkt
mit allen seinen Baronen (Tieren)
hofzuhalten in Feier und Pracht;
er läßt sie berufen.
Alle miteinander, so gut
die Großen als Kleinen.
Niemand sollte fehlen!"

Man sollte nicht gequält in dieses Goethe-Epos biblisch-christliche Motive und Hintergründe hineinlegen, geschweige den deutschen Dichterfürsten wegen Pietätlosigkeit anklagen.

Offensichtlich hatte die pfingstliche Taube als Symbol der Hoffnung, der Demut, der Firmung und der Heiligkeit bei der Konkretisierung und Inkulturation des christlichen Glaubens in den Alltag mit „Übersetzungsschwierigkeiten" zu kämpfen, die sicherlich nicht auf Desinteresse, sondern auf das schwierige, unanschauliche und schwer vermittelbare Glaubensgeheimnis des Heiligen Geistes zurückzuführen sind. Dies ist gewiß auch die Ursache für die schmale Bandbreite des pfingstlichen Brauchtums, das sich fast ausschließlich auf das Bild der Taube konzentriert, und zwar in Form geschnitzter Heiliggeisttauben oder Heiliggeistkugeln (Heiliggeist im Glasl bzw. „Eingericht").

Es ist erstaunlich für die Barockzeit,

Pfingsten

daß in ihr viele Heiliggeistspitäler und -kirchen wie auch Dreifaltigkeitskirchen errichtet worden sind, so daß das kirchliche Pfingstfest wie das mit großer Begeisterung und Anteilnahme gefeierte Kirchenpatrozinium mächtige Impulse in die außerkirchliche Freude und im familiären Brauchtum lebendig werden ließen.

Heute noch erinnert der staatlich geschützte Pfingstmontag an die frühere, drei-, oft sogar viertägige Pfingstfeier, mit Sang und Klang, mit fröhlichem Essen und allzuoft über den Durst hinausgehendem Trinken, mit Musik und Tanz durchgehalten bis zum „Pfingstmittwoch".

Nicht bloß akustisch sollte das Pfingstevangelium beim Pfarrgottesdienst gehört werden. Das Pfingstereignis sollte optisch und emotional als Herabkunft des Heiligen Geistes erlebt werden, wenn an einem dicken Seil ein farbiges, goldüberglänztes Schnitzwerk des Heiligen Geistes aus dem sogenannten Heiliggeistloch im Kirchengewölbe heruntergelassen wurde und während der Pfingsttage mehrere Meter über den versammelten Gläubigen im Kirchenschiff hing. Dieses heilige Schauspiel wurde vom Brausen aller Orgelregister und von Heiliggeistliedern der versammelten Christengemeinde begleitet.

Heute noch besitzt das Prachtexemplar einer zentnerschweren, barocken Heiliggeisttaube die katholische Pfarrkirche in Grafing (Landkreis Ebersberg), das mit Gloriole einen Durchmesser von 1,85 m hat und in der Pfingstwoche in etwa 12 Meter Höhe im Triumphbogen der Pfarrkirche hängt. Kleinere, im Herrgottswinkel der „guten Stube" aufhängbare, holzgeschnitzte Heiliggeisttauben oder Heiliggeisttauben in einer Glaskugel werden heute noch in Bodenmais im Bayerischen Wald gefertigt.

Pfingsten wurde zu Beginn der Neuzeit und dem in der Renaissance aufbrechenden Naturgefühls oft mit dem Frühling in Verbindung gebracht. Damals haben gewiß auch noch biblische Erinnerungen im Denken mitgeklungen. So ist den Christen sicherlich in Erinnerung gewesen die alttestamentliche Erzählung vom blühenden Stab des Hohenpriesters Aaron: „Der Stab Aarons war grün geworden; er trieb Zweige, blühte und trug Mandeln" (Num 17,23). Auch im Neuen Testament ist die Farbe Grün Zeichen des Wachstums, des Lebens, des Glaubens und der Gnade, während dürres Holz als Kennzeichen der Sünde und der Verderbnis angesehen wurde (Lk 23,31). Bis in unser Jahrhundert herein hat sich in manchen Landstrichen das Brauchtum der sogenannten „Grüngestalten" erhalten, die über und über mit grünen Tannenzweigen besteckt sind – sogenannte „Pfingschtblütter" im Basler Hinter-

land oder „Laubmännchen", die – wie im schwäbischen Wurmlingen – hoch zu Roß durch die Straßen reiten.
In der klassischen Oper „Lohengrin" von Richard Wagner (1813–1883) hat das geheimnisvolle Zeichen der „Taube" im dritten Akt in der Gralserzählung eine besondere Bedeutung, wenn es heißt:

„In fernem Land, unnahbar euren Schritten
liegt eine Burg, die Montsalvat genannt...
drin ein Gefäß von wundertätgem Segen
wird dort als höchstes Heiligtum bewacht...
alljährlich naht vom Himmel eine Taube,
um neu zu stärken seine Wunderkraft."

Die Taube mit dem Ölzweig ist im 20. Jahrhundert als Symbolzeichen des Friedens und der Völkerversöhnung immer wieder gestaltet worden, wobei der biblisch-religiöse Ursprung leider kaum noch bekannt ist und mitbedacht wird.
Nicht mit dem Festgeheimnis, sondern nur mit dem Termin des Pfingstfestes hat ein Brauchtum zu tun, das am Pfingstmontag alljährlich viele Zuschauer nach Kötzting im Bayerischen Wald anzieht und auf ein Gelöbnis des 15. Jahrhunderts zurückgeht. Im Jahr 1412 konnte ein Priester von Kötzting, der zu einem Sterbenden geholt wurde, wegen nächtlicher Überfälle nur unter dem Schutz mehrerer beherzter Reiter im 6 km entfernten Dorf Steinbühl die Sterbesakramente spenden. Im Jahr 1995 konnten viele Tausende den 583. Kötztinger Pfingstritt in alten Trachten, begleitet von Kreuz- und Laternenträgern wie von Fanfarenbläsern mit fast 900 Reitern bestaunen. Mancher Fotograf am Straßenrand fühlte sich durch das Rosenkranzbeten der Gläubigen wie in eine heile Welt des Glaubens (oder ins finstere Mittelalter?) versetzt.

LITERATUR: *E. Bieger, Das Kirchenjahr zum Nachschlagen. Entstehung – Bedeutung – Brauchtum. München 1985; A. Kall, Kirchenjahr und Brauchtum. München 1988; W. Kasper, Der Geist macht lebendig. Theologische Meditationen über den Heiligen Geist. Freiburg 1982; J. Kremer, Pfingstbericht und Pfingstgeschehen. Stuttgart 1973; J. Künzig, Die alemannisch-schwäbischen Pfingstumrittspiele. In: Zeitschrift für Volkskunde 54 (1958) 205–238; J. Küster, Wörterbuch der Feste und Bräuche im Jahreslauf. Freiburg i. Br. 1985; O. Lauffer, Allegorie der Begriffe der Zeit, des Jahres und der Jahreszeiten, der Monate und der Tageszeiten. In: Beiträge zur sprachlichen Volkstumsüberlieferung (FS Adolf Spamer). Berlin 1973, 250–259; G.-H. Mohr, Lexikon der Symbole. Bilder und Zeichen der christlichen Kunst. Düsseldorf-Köln 1976[4]; H. Timm, Wahr-Zeichen. Angebote zur Erinnerung religiöser*

Symbolkultur. Stuttgart 1993; L. A. Veit/L. Lenhart, Kirche und Volksfrömmigkeit im Zeitalter des Barock. Freiburg 1956; R. und P. Werner, Pfingsten und die Heiliggeist-Taube. In: Charivari 21 (1995) Nr. 5, Seite 27–32; J. Wimber, Heilung in der Kraft des Geistes. Hochheim 1987.

Polterabend

→ Hochzeit

R

Reliquienverehrung

Seit Beginn der Menschheit ist die Frage immer wieder gestellt worden: Wo lebt ein Mensch, wenn er gestorben ist? Bleibt er ein Unsichtbar-Gleichzeitiger „mitten unter uns"? Was bleibt von einem Menschen? Die alten Römer haben in lateinischer Sprache von „reliquiae" (= Überbleibsel) gesprochen. Sie haben damit das Schlüsselwort „Reliquien" geschaffen für die geistige Erinnerung an einen Menschen, für sein politisches, künstlerisches Weiterwirken ebenso wie für materielle, erhaltene Gegenstände (wie Grabstätte, Wohn- oder Sterbehaus, Bücher, Briefe, Partituren, Manuskripte, Tische, Haus- und Schreibgeräte usw.) und gewiß auch für Knochenreste seines exhumierten Leichnams. Es sind Selbstverständlichkeiten des Tourismus, an literarisch-musikalische Erinnerungen und „Reliquien" hinzuführen, z.B. zum Geburtshaus Goethes in Frankfurt am Main, zum Friedrich-Nietzsche-Archiv in Weimar, zur Richard-Strauss-Villa in Garmisch-Partenkirchen.

Die christliche Märtyrerkirche stand mit großer Pietät den Verstorbenen gegenüber. Die Christen der Frühzeit hätten es als Störung der Grabesruhe und als grobe Pietätlosigkeit angesehen, die Gebeine eines Verstorbenen zu erheben, in kostbaren Schaugefäßen auszustellen oder gar eine Teilung der Gebeine vorzunehmen. Die frömmigkeitsgeschichtliche Entwicklung der christlichen Reliquienverehrung kennt ebenso Impulse wie Vetos und damit unterschiedliche Interpretationen und Wertungen.

Gegen die Vorstellung, alle mit dem Tod verknüpften Vorgänge und Gegenstände machen unrein und kultunfähig, setzte sich gerade im germanischen Raum eine intensive Schau- und Berührungsfrömmigkeit durch. Man wollte im Schutz der Reliquien von Heiligen leben und erblickte durch die Mitführung von Reliquien sogar den Schutz und Sieg in militärischen Auseinandersetzungen. Die Reliquien von Heiligen konnte man sehen, berühren und kleine Re-

Reliquienverehrung

liquienpartikel an einem Kettchen am Hals mittragen. „Ein menschliches Ergreifen des Heiligen, das Schauen, wird zu einem wichtigen Moment der Andacht. Der bisher geschlossene Reliquienschrein wird geöffnet, die Metallwand durch Glas ersetzt. Schaugefäße, Ostensorien, Monstranzen treten als neue Kirchengefäße auf. Auch des eucharistischen Christus will man durch Schauen teilhaft werden" (Ildefons Herwegen, Kirche und Seele. Die Seelenhaltung des Mysterienkultes und ihr Wandel im Mittelalter. Münster 1926, 18).

Als der Besuch von Reliquien mit lukrativen Ablässen belohnt wurde, so daß man „von einem frommen Zahlenrausch sprechen muß, der die Jenseitsvorsorge in eigentlich nicht mehr vorstellbare Dimensionen steigerte" (Martin Brecht), kam es im 16. Jahrhundert durch die Reformatoren nicht nur zu einer heftigen Kritik des unchristlichen Feilschens und Handelns, sondern zu einer Verwerfung der spätmittelalterlichen Reliquienverehrung und der damit verbundenen Ablaßpraxis.

Das Konzil von Trient (1545–1563) hat über die Reliquienverehrung in seiner Sitzung vom 3. und 4. Dezember 1563 folgende Glaubensorientierung beschlossen: „Die heiligen Leiber der heiligen Märtyrer und der anderen, die mit Christus leben, die lebendigen Glieder Christi und ein Heiligtum des Heiligen Geistes sind... sind von den Gläubigen zu verehren (a fidelibus veneranda esse)." Trotzdem hat es eine überschäumende Reliquienfrömmigkeit mit pathetischer Geste (Glassärge, Beinhäuser, Reliquienexport, Berührungsreliquien, Translationen, bizarre Skelettverarbeitungen, Reliquienteilungen usw.) in der Barockzeit gegeben.

Unbestritten ist, daß es nach dem Zweiten Vatikanischen Konzil (1962–1965) teilweise eine radikale „Tempelreinigung" gegeben hat, so daß der berühmte Kunstsachverständige Louis Peters sich zu der Feststellung genötigt sah: „Man hält sich für besonders modern, wenn man Reliquienkult als Aberglauben verteufeln kann." Eine nachkonziliar notwendige Klärung hat der neue Kodex des kanonischen Rechts (Codex Juris Canonici 1983) vorgelegt.

Canon 1190
§ 1 „Es ist verboten, heilige Reliquien zu verkaufen."
§ 2 „Bedeutende Reliquien und ebenso andere, die beim Volk große Verehrung erfahren, können ohne Erlaubnis des Apostolischen Stuhl auf keine Weise gültig veräußert oder für immer an einen anderen Ort übertragen werden."

Canon 1237
§ 2 „Die alte Tradition, unter einem

feststehenden Altar Reliquien von Märtyrern oder anderen Heiligen beizusetzen, ist nach den überlieferten Normen der liturgischen Bücher beizubehalten."

Reliquienverehrung ist letztlich ein Lob- und Dankgebet zum Schöpfer Gott, der den Menschen als Leib-Seele-Ganzheit erschaffen hat. In der Menschwerdung des Gottessohnes hat Gott seine Schöpfungstreue bekräftigt, die im eschatologischen Gnadengeschenk der „Auferstehung des Fleisches" ihre Vollendung erfährt. Reliquien sind für das Auge des Glaubens durchsichtig, transparent, indem sie ebenso Leben und Wirken des Heiligen in der geschichtlichen Vergangenheit wie in der himmlischen Verklärung aufleuchten sehen. Sie sind ein bewegendes Zeichen und Zeugnis für die personale Identität des Heiligen in seinem irdischen Dasein wie in seiner himmlischen Herrlichkeit. Ein jenseitig verklärter Mozart ohne Musikalität wäre nicht identisch mit dem irdisch geschichtlichen Mozart, sondern ein anderer. Reliquien lassen jene unantastbare, gottebenbildliche Würde und unverwechselbar einmalige Identität eines Menschen erkennen, die Gott selbst in Zeit und Ewigkeit respektiert. Reliquienverehrung löst jenes Staunen aus, weil in die Geschichte Gottes mit einem Menschen und in die Geschichte eines Menschen mit Gott auch die materielle Leiblichkeit einbezogen ist und in alle Ewigkeit einbezogen bleibt. Reliquienverehrung – Konzentrat und Kurzformel, Fundament und Kriterium des Glaubens.

LITERATUR: *H. Achermann, Translationen heiliger Leiber als barockes Phänomen. In: Jahrbuch für Volkskunde NF 4 (1981) 101–111; A. Angenendt, Heilige und Reliquien. Die Geschichte ihres Kultes vom früheren Mittelalter bis zur Gegenwart. München 1994; W. Beinert (Hg.), Die Heiligen heute verehren. Eine theologisch-pastorale Handreichung. Freiburg 1983; St. Beissel, Die Verehrung der Heiligen und ihrer Reliquien in Deutschland. 2 Bde. Freiburg 1890/1891; J. Braun, Die Reliquiare des christlichen Kults und ihre Entstehung. Darmstadt 1964 (Nachdruck der Ausgabe Freiburg 1940); R. von Dobschütz, Artikel „Reliquien". In: Lexikon der christlichen Ikonographie 3 (1971) 538–546; Th. Klauser, Christlicher Märtyrerkult, heidnischer Heroenkult und spätjüdische Heiligenverehrung. Köln–Opladen 1960; B. Kötting, Reliquienverehrung. Ihre Entstehung und ihre Formen. In: Trierer Theologische Zeitschrift 67 (1958) 321–324; A. Läpple, Reliquien. Verehrung – Geschichte – Kunst. Augsburg 1990; G. L. Müller, Gemeinschaft und Verehrung der Heiligen. Geschichtlich-systematische Grundlegung der Hagiologie. Freiburg 1986; R. Pernoud, Die Heiligen im Mittelalter. Frauen und Männer, die ein Jahr-*

tausend prägten. München 1994; M. Zander/J. Fellenberger, Reliquientranslationen zwischen 600 und 1200. In: H. Jedin (Hg.), Atlas zur Kirchengeschichte. Freiburg i. Br. 1970 (Karte 28).

Ringsegen

→ Hochzeit

Rosenkranz

Auf die lebenslängliche Begleitung des Rosenkranzes hat im Jahr 1924 der Seelsorger und Caritasapostel Carl Sonnenschein (1876–1929) die Katholiken Berlins mit den Worten aufmerksam gemacht: „Hast du ihn noch? Den Rosenkranz, den deine Mutter dir gab? Den Rosenkranz, den du am Erstkommuniontag trugst? Den Rosenkranz, den man dir in die Hände fügen soll, wenn man dich einsargt und ins Grab trägt? Hast du ihn noch? – Nimm diesen Rosenkranz wieder zur Hand!"
Der Rosenkranz als lebenslanger Begleiter ist vielen Christen im wahrsten und wörtlichen Sinn „abhanden" gekommen, d. h. aus der Hand entschwunden. Er war viele Jahrhunderte *das* Kennzeichen, ja das Erkennungszeichen, an dem man einen Kriegsgefallenen oder einen im Straßenverkehr tödlich Verunglückten als katholischen Christen erkannt hat, da weder im Personalausweis noch im Reisepaß das religiöse Bekenntnis vermerkt ist. Man hat den Rosenkranz mit Recht das Brevier, das tägliche Gebetbuch des katholischen Laien genannt.

Um das Jahr 1386 hat den Rosenkranz in seiner heutigen Form (rosarium) der Kartäuser Adolf von Essen (1670/75–1439) in seinem Büchlein „Unserer Lieben Frauen Rosengärtlein" beschrieben. Der Rosenkranz dürfte sich aus sogenannten Paternoster-Schnüren entwickelt haben, die mit kleinen Holz- oder Glasperlen zum Zählen von gleichbleibenden Gebeten versehen waren. Heute noch gibt es in der byzantinischen Liturgie eine ähnliche Art von Gebetsschnur („Cotki", auf russisch „convolojan") mit hundert Knoten, die man zwischen den Fingern gleiten ließ und bei jedem Knoten sprach: „Herr Jesus Christus, Sohn des lebendigen Gottes, sei mir Sünder gnädig!" Auch der Islam kennt die Gebetsschnur (subha) mit 99 Perlen, entsprechend den 99 Anrufungen Gottes (vgl. C. Caretto, Gib mir deinen Glauben. Freiburg–Basel–Wien 1982[3], 123–126).

Mit dem inständigen Rosenkranzgebet wird der Sieg der christlichen Liga in der Seeschlacht von Lepanto (italienische Bezeichnung für den griechischen Hafen Naupaktos am Eingang zum Golf von Korinth) über die türkische Flotte am 7. Oktober 1571 in Verbindung gebracht. Am Nachmittag des gleichen Tages um 17.00 Uhr stand Papst Pius V. (1566–1572) während einer Besprechung in Rom plötzlich auf, öffnete ein Fenster und sprach mit Blick gen Osten die rätselhaften Worte: „Danken wir Gott! Die christlichen Heere erringen den Sieg!" Die damalige Aussage des Papst Pius V. hat in unserer Zeit die parapsychologische Forschung beschäftigt, die von Telepathie (Kommunikation zwischen Seele und unbeseelt physischer Realität) zu sprechen glaubt. Eine telepathische Deutung braucht nicht im Gegensatz zum christlichen Glauben zu stehen: Gott kann durchaus mit der Schöpfungswirklichkeit mitgegebene Fähigkeiten als Mitteilungsschiene seiner Botschaft benützen. Zur Erinnerung an den Sieg von Lepanto hat deshalb Papst Pius V. alljährlich am 7. Oktober das Fest Unserer Lieben Frau vom Sieg angeordnet. Papst Gregor XIII. (1572–1585) verlegte diese Feier als Rosenkranzfest auf den ersten Oktobersonntag, das 1716 für die ganze Christenheit vorgeschrieben wurde. Im bayerischen Ingolstadt erinnert die Asamkirche Maria Viktoria (Neubaustraße 1) an dieses Rosenkranzfest; sehenswert ist dort die sogenannte Türkenmonstranz (1708), in der die Seeschlacht von Lepanto dargestellt ist.

Der oft mißverstandene und belächelte Rosenkranz ist betrachtendes Gebet, indem der Gnadenweg Marias mit der Erlösungsgeschichte durch Jesus Christus verbunden und damit auch das eigene Leben in das Heilsmysterium der Menschwerdung, des Leidens und der Erhöhung Jesu Christi in den dankbaren Lobpreis einbezogen wird.

Der heutige Gebrauch des Rosenkranzes beginnt mit dem Glaubensbekenntnis und führt über die Erweckung der drei göttlichen Tugenden – Glaube, Hoffnung und Liebe – zu den Heilsereignissen, von denen jeweils ein Ereignis im Beten von zehn „Ave Maria" betrachtet wird. Das „Vaterunser" eröffnet die sogenannten „Gesätzchen", mit den zehn „Gegrüßet seist du, Maria", die an den zehn Perlen des Rosenkranzes gezählt und mit dem »Ehre sei…" abgeschlossen werden. Der Rosenkranz ist eine Schnur oder Kette mit 50 Perlen, die durch eine zusätzliche, größere Perle für das „Ehre sei" in fünf Zehnergruppen eingeteilt werden. Durch das Gleiten der kleinen wie der großen Perlen zwischen den Fingern ist das persönliche, vor allem das gemeinschaftliche Beten unkompliziert und mühelos und gibt dadurch den Innenraum für die Meditation frei.

Es dürfte wohl Dominikus von Preußen, ein Mönch der Kartause St. Alban in Trier gewesen sein, dem die

Rosenkranz

heutige Form der jeweils fünf mal zehn Ave-Maria zu verdanken ist. Anfangs wurde jedes der 50 Ave Maria mit einem besonderen biblischen „Satz" verknüpft (vgl. dazu: Der biblische Rosenkranz. Eine moderne Fassung des Rosenkranzbetens, wie es im späten Mittelalter im westlichen Europa verbreitet war. Luxemburg 1988). Es hat sich schließlich die heutige Form des Rosenkranzbetens durchgesetzt, nämlich ein „Gesätzchen" mit zehn Ava Maria zu verbinden.

In drei großen Zyklen werden auf dem Betrachtungsweg des Rosenkranzes die Freuden, die Schmerzen und die Glorie Marias mit dem Heils- und Erlösungsmysterium Jesu Christi, und zwar mit dem Höhepunkt des Ave Maria-Gebetes, dem Wort und der Wirklichkeit „Jesu", verbunden.

1. Die freudenreichen Geheimnisse:
Jesus, den du, o Jungfrau, vom Heiligen Geist empfangen hast
Jesus, den du, o Jungfrau, zu Elisabet getragen hast
Jesus, den du, o Jungfrau, geboren hast
Jesus, den du, o Jungfrau, im Tempel aufgeopfert hast
Jesus, den du, o Jungfrau, im Tempel wiedergefunden hast

2. Die schmerzhaften Geheimnisse:
Jesus, der für uns Blut geschwitzt hat
Jesus, der für uns gegeißelt worden ist
Jesus, der für uns mit Dornen gekrönt worden ist
Jesus, der für uns das schwere Kreuz getragen hat
Jesus, der für uns gekreuzigt worden ist

3. Die glorreichen Geheimnisse:
Jesus, der von den Toten auferstanden ist
Jesus, der in den Himmel aufgefahren ist
Jesus, der uns den Heiligen Geist gesandt hat
Jesus, der dich, o Jungfrau, in den Himmel aufgenommen hat
Jesus, der dich, o Jungfrau, im Himmel gekrönt hat

Ist das Rosenkranzgebet noch aktuell? Dem Rosenkranzgebet wird oft der Vorwurf gemacht, er werde „herunter"-gebetet, obwohl das Wagnis jedes Gebetes das „Hinauf"-Beten ist. Nicht wenige Christen erwarten in ihrer Gebetslosigkeit und Alltagsnot moderne Gebete, von denen sie sagen können: Endlich ein Gebet, in dem ich vorkomme und ernstgenommen werde!

Im Rosenkranzgebet beggenen wir der großen Ruhe und Einfachheit und der unauslotbaren Tiefe der christlichen Grundgebete. Gerade die Wohltat der vertrauten Worte ermöglicht ein Mitbeten in Stunden der Sprachlosigkeit, der Trauer wie der Freude. Vertraute Worte benötigen keine langwierigen und verkrampften Denk- und Formulierungsprozesse. Nicht erst die moderne Psychologie weiß die glaubenstherapeutische und generationsverbindende Langzeit- und Heilwirkung vertrauter Erfahrungen zu schätzen und daher einzusetzen. Gerade dadurch öffnet sich der Glaubensweg in eine rätselhafte und beglückende Tiefe der Gotteserfahrung und des Selbstverständnisses.

LITERATUR: *Balthasar H. U. von, Der dreifache Kranz. Einsiedeln 1977²; Graber R., Die marianischen Weltrundschreiben der Päpste in den letzten hundert Jahren. Würzburg 1954²; Guardini R., Der Rosenkranz unserer lieben Frau. Würzburg 1940; Holtz L., Mysterium und Meditationen. Rosenkranzbeten heute. Trier 1976; Jossen M., Der Rosenkranz. Das Leben Jesu beten. Aschaffenburg 1985; Kirfel W., Der Rosenkranz. Ursprung und Ausbreitung. Walldorf–Hessen 1949; Kirsch W., Handbuch des Rosenkranzes. Wien 1950; Klinkhammer K. J., Adolf von Hessen und seine Werke. Der Rosenkranz in der geschichtlichen Situation seiner Entstehung und in seinem bleibenden Anliegen. Frankfurt a. M. 1972; Läpple A., Der Rosenkranz. 15 neue Andachten. Mit Anleitung, Liedern und Meditationen. Augsburg 1993 (bietet eine Vielzahl neuer Gebetsmöglichkeiten, vor allem neue Rosenkranz-„Gesätzchen"); Ritz G., Der Rosenkranz, München 1962; Scherschel R., Der Rosenkranz – das Jesugebet des Westens. Freiburg–Basel–Wien 1982².*

Rosenmontag

→ Fastnacht

Rosensonntag

Unter den sechs Sonntagen der Fastenzeit, die vom Aschermittwoch bis zum Mittwoch in der Karwoche gezählt werden, kommt dem 4. Fastensonntag eine besondere Bedeutung in der Vergangenheit, aber auch noch in der Gegenwart zu. Er wird Mitt- oder Halbfastensonntag genannt und wegen des Beginns des lateinischen Eröffnungsverses „Laetare, Jerusalem" (Freu dich, Jerusalem) auch Sonntag Laetare bezeichnet. Der Eröffnungsvers lautet:

„Freu dich, Jerusalem!
Seid fröhlich zusammen mit ihr,
alle, die ihr traurig wart.
Freut euch...." (Jes 66,10–11).

Der Mittfastensonntag ist der Wendepunkt in der Fastenzeit, an dem ein erster Blick auf den Palmsonntag mit dem Einzug Jesu in Jerusalem (Sach 9,9) und auf das kommende Osterfest sich richtet. Die Kirche spricht ein erstes Wort der Freude aus. Im Vorgriff auf die österliche Freude darf am Sonntag Laetare nach alter Tradition die Orgel gespielt werden.

Rosensonntag

Mit dem Mittfastensonntag Laetare haben sich auch alte Frühlingsfeste und Feiern zum Frühlingsbeginn (21. März) verbunden, denn die Altäre dürfen mit Blumen geschmückt werden. In Flandern heißt dieser Sonntag „zomerdag" (= Sommertag). In manchen Gegenden gab und gibt es um diese Zeit auch das sogenannte „Winteraustragen" oder Frühlingsspiele mit den beiden Hauptpersonen Winter (als Strohpuppe) und Frühling (mit grünem Efeu bekleidete Puppe). Die Strohpuppe wird unter Musik und Gesang aus dem Ort getragen und unter dem Jubel der Bevölkerung verbrannt. Mit dem Verbrennen der winterlichen Strohpuppe wurde der Auszug des Winters und der Beginn des Frühlings drastisch dargestellt. Der Sonntag Laetare hat auch die Bezeichnung „Rosensonntag" (nicht in Verbindung zu bringen mit dem „Rosenmontag", dem Montag nach dem Faschingssonntag!), an dem heute noch die Menschen sich mit Blumen, vor allem mit den ersten Rosen beschenken. Das kirchliche und namengebende Ereignis des „Rosensonntags" war ein Ereignis in Rom, als der Papst mit einer goldenen Rose in der Hand am vierten Fastensonntag vor die Gläubigen trat und mit diesem Zeichen auf die nahe Passions- und die darauf folgende Osterzeit hingewiesen hat. Die Rose war typologisch das Doppelsymbol Christi – in seiner Passion (Dornen) wie in seiner Auferstehung (Rose aus Gold).

Dokumentarisch belegt ist dieser römische Brauch, der sicherlich in frühere Zeiten zurückreicht, erstmals für das Jahr 1049, als Papst Leo IX. (1049–1054) die goldene Rose bei einer feierlichen Stationsprozession in Rom von der Laterankirche San Giovanni in Laterano, dem damaligen Sitz des Papstes, zur Kirche Santa Croce in Gerusalemme trug. Die „Goldene Rose" war ein aus vergoldetem Silber getriebener Rosenstrauß aus sechs Rosenzweigen mit sechs Blüten, die mit duftendem Bisam oder Moschus und Balsam gefüllt waren. Papst Innozenz III. (1198–1216) hat in einer Predigt die Bedeutung der goldenen Rose dem römischen Volk anschaulich erklärt. Er führte aus, die Rose bestehe aus drei Substanzen: Gold, Moschus und Balsam. Wie durch den Balsam der Moschus mit dem Gold sich vermähle, so verbinde die Seele den Körper mit der Gottheit (wie Nicolaus Nilles, Calendarium Manuale. Bd. II. Regensburg 1897, 143–144 berichtet). Auch in späteren Jahrhunderten, selbst aus Orten wie Avignon oder Konstanz, wo Päpste sich aufhielten, wird berichtet, daß die eindrucksvolle Präsentation der goldenen Rose zum festgeschriebenen Ritual des Laetare-Sonntags gehörte. Seit dem 11. Jahrhundert hat sich eingebürgert, die goldene Rose zu verschenken, und zwar zunächst an Mitglieder der päpstlichen Kurie, später an um Glaube und Kirche verdiente Fürsten.

Aus dem Mittelalter ist die goldene Rose heute an drei Orten erhalten und zu sehen: Im Musée Cluny in Paris (aus dem Basler Münsterschatz, Anfang 14. Jahrhundert), in Andechs (wohl aus dem Jahr 1454) und in Siena (aus dem Jahr 1485).

— S —

Schutzengel

Wer weiß, woher die Bezeichnung „deutscher Michel" kommt? Wenn auch durch Historiker und Volkskundler nicht sicher belegt, so spricht doch manches dafür, daß diese Formulierung aus der deutschen Geschichte kommt. Sie weist hin auf Michael, den Schutzengel des Deutschen Volkes, dessen Bild auf dem Reichsbanner des Heiligen Römischen Reiches deutscher Nation eingestickt war. In kriegerischen Auseinandersetzungen wurde in der Spitze der kämpfenden Truppen die Reichsfahne mitgetragen, so daß dort, wo das eingestickte Bild des „Michael" auftauchte, man auch den Deutschen begegnete.

In einem leidenschaftlich gesungenen Schlachtlied, mit dem im mittelalterlichen Europa und auf den Kreuzzügen die Heere des Heiligen Römischen Reiches in den Kampf zogen, wird Erzengel Michael, der Schutzpatron des deutschen Volkes, „Herzog" genannt, der als Schlachtenlenker, als Stratege und Sieger an der Spitze der Truppen vorherzieht:

„O unbesiegbarer starker Held,
Herzog Michael!
Führ du das deutsche Heer ins Feld,
Herzog Michael.
O steh uns gütig zur Seite,
O hilf uns im Streite,
Herzog Michael, Herzog Michael!"

Trotz nicht weniger theologischer Irritationen, die vom Abschied von Engeln und Teufeln sprachen, hat die Liturgiereform nach dem 2. Vatikanischen Konzil (1962/65) das Fest der heiligen Erzengel Michael (= Wer ist wie Gott?), Gabriel (= der Starke Gottes) und Rafael (= Gott heilt) am 29. September im liturgischen Kalender beibehalten. Im Tagesgebet des Schutzengelfestes (2. Oktober) heißt es: „… Sende uns deine heiligen Engel zu Hilfe, daß sie uns behüten auf allen unseren Wegen und gib uns in der Gemeinschaft mit ihnen deine ewige Freude."

Der Glaube an die Existenz und Wirksamkeit der Engel gehört für viele Christen zu ihrer Biographie. Nicht wenige Engelbilder im Kindergarten, in Schulzimmern und Religionsbüchern, über Kinderbetten und in Kirchen sind in lebhafter Erinnerung geblieben. Wer aus einem schweren Verkehrsunfall heil davongekommen ist, wurde von Bekannten und Freunden oft und oft begrüßt: Da hast du wirklich einen Schutzengel gehabt! Selbst keineswegs Frommen und durchaus unromantischen Menschen ist im Kriegseinsatz oder in den Luftschutzkellern das in ihrer Kindheit gelernte und fast vergessene Schutzengelgebet über die Lippen gekommen:

„Heiliger Schutzengel mein,
laß mich dir empfohlen sein!
Tag und Nacht, ich bitte dich,
schütz, regier und leite mich.
Hilf mir leben rein und fromm,
daß ich in den Himmel komm."

So manchem Kind wird heute anstelle des früher üblichen Tauftalers ein Kettchen mit einer Goldmedaille geschenkt, auf der ein Engelkopf eingeprägt ist. Wie sich Volksglaube und Brauchtum des Mittelalters nicht verunsichern ließen durch die von den damaligen Theologen durchgeführten, spitzfindigen Diskussionen: Wie viele Engel auf einer Nadelspitze Platz hätten?, so hat auch das einfache Christenvolk von heute sich nicht irritieren lassen durch Veröffentlichungen einzelner Theologen, in denen sie ihren Abschied von den Engeln (und auch von den Teufeln) verkündet haben.

Auf vererbten Hinterglasbildern blicken Engel auf die Familien von heute. In der häuslichen Krippenarbeit werden Engel geschnitzt und mit kostbarem Brokat bekleidet – begleitet von so manchem Gespräch, was damals und heute ein Engel bedeutet. Es gibt auch in heutigen Familien den guten Brauch, Angehörige, die sich auf längere Flug- und Schiffsreisen, vor allem auf gefährlichen Bergbesteigungen und Expeditionen begeben, dem besonderen Schutz der Engel und ihrer Namenspatrone zu empfehlen und diese um eine gesunde Rückkehr zu bitten.

So mancher, der in der deutschen Märchenoper „Hänsel und Gretel" von Engelbert Humperdinck (1854–1921) das kindlich-fromme Abendgebet hört:

„Abends wenn ich schlafen geh',
vierzehn Engel um mich stehn…"

wird dabei an das Abendgebet der eigenen Kindheit erinnert. Er wird bisweilen den Wunsch haben und den Vorsatz fassen, auch als Erwachsener dem Schutz der Engel sich wieder anzuvertrauen.

Die jährlichen Feste der drei Erzengel (29. September) und der Schutzengel (2. Oktober) geben immer wieder dem neuen Verständnis des pilgernden Gottesvolkes den Glaubensim-

Schutzengel

puls, daß sein Weg durch die Geschichte begleitet und beschützt wird durch eine Vielzahl bekannter und unbekannter Engel. In der Liturgie der Krankensalbung finden sich für die existentielle Grenzsituation des Überschritts von der Zeit in die Ewigkeit, und zwar für die Augenblicke des Sterbens die Texte:

*„Kommt herzu, ihr Heiligen Gottes,
eilt ihm (ihr) entgegen, ihr Engel
des Herrn.
Nehmt auf seine (ihre) Seele
und führt sie hin vor das Antlitz des
Allerhöchsten.
Christus nehme dich auf, der dich berufen
hat,
und in das Himmelreich sollen Engel
dich geleiten.
Nehmt auf seine (ihre) Seele
und führt sie hin vor das Antlitz des
Allerhöchsten."*

In der Verehrung des Schutzengels, seiner Wirksamkeit und Begegnung in Zeit und Raum wird ein heute ungewöhnliches und doch zutiefst christliches Weltverständnis sichtbar: Die Welt ist nicht einsam und leer. Sie ist durchwohnt, und wir Menschen werden besucht von Engeln, den Boten Gottes (Es 23,20; Hebr 13,2). Es ist typisch für die geistig-religiöse Situation unserer Zeit, daß in der gleichen Epoche, in der mit Zynismus über den biblisch-kirchlichen Engelglauben hergefallen wird, die Theologie durch die Ufologie ersetzt wird. Durch den Glauben an extraterrestrische Intelligenzen (wie weltweit in einer Vielzahl von Medien verkündet wird) würde eine neue Dimension erreicht und ein ungeahnter Ufo-Boom ausgelöst, in dem euphorisch von „heiligen Untertassen", von „Abgesandten Gottes" und sogar von „Wiederanbindung an die göttliche Quelle" gesprochen wird (vgl. dazu: Ufo-Manie: Ersatzreligion des dritten Jahrtausends? in: Focus Nr. 45 vom 6. November 1995, S. 248–259).
Christlicher Engelglaube und christliches Engelbrauchtum werden diesen Ufo-Boom überstehen, der auch die gegenwärtige Esoterik beschwingt hat. Engel sind gewiß Boten Gottes und Begleiter, ja Freunde der Menschen. Aber nie und nimmer ersetzen sie die Entscheidung der Menschen. Einfältig und so überaus wahr hat Franziskus von Assisi (1182–1226) christliches Denken, Glauben und Leben zusammengefaßt: „Wir verlangen manchmal so sehr, Engel zu sein, daß wir darüber vergessen, gute Menschen zu sein."

LITERATUR: *P. Giovetti, Engel – die unsichtbaren Helfer der Menschen. Genf – München 1991; B. Hubenstein, Vom Geist des Barock. Kultur und Frömmigkeit im alten Bayern. München 1967; A. Läpple, Engel und Teufel. Wiederkehr der*

Totgesagten. Augsburg 1993; P. Mai, Sankt Michael in Bayern. München – Zürich 1979; P. McLean, Zeugnisse von Schutzgeistern. München 1989; J. Ratzinger, Die Unfähigkeit, den Engel zu danken. In: Prediger und Katechet (1984), 756 f.; H. Schlier, Mächte und Gewalten im Neuen Testament. Freiburg 1957; J. Streit, Im Rosenhaus. Schutzengelgeschichten. Stuttgart 1992; K. Thompson, Engel und andere Außerirdische... UFO – Phänomene in neuer Deutung. München 1993.

Servatius

→ Eisheilige

Silvester

Nur sein Sterbetag am 31. Dezember 335 in Rom (sein Leichnam wurde in der Priscillakatakombe an der Via Salaria Nova beigesetzt) hat Jahrhunderte später Papst Silvester I. (314–335) weit über den christlichen Raum hinaus zur welt- und kulturgeschichtlichen Berühmtheit verholfen: Silvesterandacht, Silvesternacht, Silvestertanz, Silvesterbowle, Silvesterfeuerwerk bis zum Silvesterrausch!
Kaum bekannt ist die kirchengeschichtliche Bedeutung dieses Papstes. Unter seiner Amtszeit vollzog sich eine grundlegende und folgenschwere Änderung zwischen Christentum und Römischem Reich. Nach dem Sieg Konstantin des Großen an der Milvischen Brücke nördlich von Rom am 28. Oktober 312 und dem nachfolgenden Toleranzedikt von Mailand 313 ist die bisher verfolgte Kirche eine neue und ungewohnte Partnerschaft mit der politischen Macht eingegangen. In die Amtszeit des Papstes Silvester I. fällt auch das im kaiserlichen Palast in Nizäa (Nordkleinasien) vom 20. Mai bis zum 25. Juli 325 abgehaltene erste Konzil von Nizäa, auf dem die wichtige Klärung des biblisch-kirchlichen Christusverständnisses gegenüber Arius diskutiert und beschlossen wurde. Papst Silvester nahm selbst an diesem ersten ökumenischen Konzil nicht teil, wohl aber ließ er sich durch zwei Gesandte vertreten.
Mit dem Namen des Papstes Silvester ist auch die sogenannte „Konstantische Schenkung" verbunden, eine der folgenreichsten Fälschungen aus dem Ende des 5. Jahrhunderts, wonach Kaiser Konstantin Papst Silvester I. und dem römischen Stuhl das Imperium über das ganze Abendland übertragen habe. Silvester I. war es, der über dem Petrusgrab im Gräberfeld des vatikanischen Hügels in Rom die erste Petruskirche errichten ließ. Er errichtete ebenso die erste La-

teranbasilika und sorgte in der Kirche Santa Croce für die würdige Aufbewahrung der Kreuzesreliquien, die Kaiserinmutter Helena aus Palästina nach Rom gebracht hatte. In der römischen Lateranbasilika wurde übrigens der zweite Papst mit dem Namen Silvester II. (999–1003) beigesetzt. Er war der erste Franzose auf dem päpstlichen Stuhl und hat als großer Gelehrter, der im spanischen Cordoba bei den Arabern studiert hatte, im Abendland die sogenannten „arabischen Ziffern" eingeführt.

Der Silvesterrummel hat sich schon längst von der Seligkeit des heiligen Papstes Silvester I. im Himmel gelöst. Die millionenteuren Feuerwerke in der Silvesternacht haben mit seinem Gedächtnis nicht das geringste zu tun. Fragen und Besinnungen über die Zukunft werden übertönt vom Knallen der Sektkorken und vom Geprassel der Feuerwerke. In einigen Städten hat sich ein neuer, sicherlich guter und nachahmenswerter Brauch eingebürgert: an der Schnittlinie vom alten zum neuen Jahr die Kirchenglocken zu läuten. Damit sollen gewiß nicht verwirrende und ängstigende Endzeitvisionen den Menschen „eingebläut" werden. Wohl aber könnten Glocken zu einigen Minuten der Stille und der Besinnung anregen... um sein Leben, seine Zukunft und Gesundheit, das Wohlergehen seiner Familie, die Zukunft des eigenen Volkes wie der ganzen Menschheit der Güte und Fürsorge Gottes zu empfehlen. Wie gut ist es, im Trubel und im Lärm der Silvesternacht nicht zu wissen, was das neue Jahr an Freud und Leid, an Erfolg und Mißerfolg, an Schicksalsschlägen und Todesnachrichten bringen wird!

Aus einem alten Partenkirchner Silvesterlied die erste und letzte Strophe:

„In Gottes Namen fangen wir an
Ein neues Jahr zu singen an,
Ein neues Jahr, eine fröhliche Zeit,
Die uns Gott vom Himmel geit.
...
Amen, amen, es werde wahr!
Wir wünschen euch ein neues Jahr!
Was wünschen wir nach dieser Zeit?
Die ewige Glückseligkeit."

LITERATUR: *E. Caspar, Die römische Synode von 313. In: Zeitschrift für Kirchengeschichte 46 (1927) 333 ff.; E. Ewig, Zur Entstehung und Wirkung der Silvester-Legende. In: Historisches Jahrbuch 75 (1956) 10–37 (mit reichhaltiger Literaturangabe); K. Müller, Konstantin der Große und die christliche Kirche. In: Historische Zeitschrift 140 (1929) 261 ff.; K. Voigt, Staat und Kirche von Konstantin dem Großem bis zum Ende der Karolingerzeit. Stuttgart 1936.*

Sonnwendfeuer

Als Mischung heidnisch-germanischer und christlicher Bräuche sind die Sonnwendfeuer zu werten, die am Vorabend des 24. Juni, dem liturgischen Geburtsfest des Vorläufers Jesu, des Täufers Johannes (Lk 1,5-25.57-80), vor allem im süddeutschen Raum entzündet werden. Das Geburtsfest des Täufers Johannes, dessen genaues Datum im Neuen Testament nicht überliefert ist, wurde nicht ohne Absicht auf den sogenannten „Mittsommertag", den von den germanischen Stämmen hochgehaltenen Sonnwendtag, in der Nacht vom 23. auf den 24. Juni verlegt.

Am Mittsommertag erreicht die Sonne ihren höchsten Punkt, um dann von diesem Zenit langsam wieder abzusinken und an Leuchtkraft während des Tages (zwischen Sonnenaufgang und Sonnenuntergang) abzunehmen. Die aufsteigende wie die absteigende Sonne erinnert an das Wort des Täufers Johannes: „Er (Christus) muß wachsen, ich aber muß kleiner werden" (Joh 3,30). Christus – das aufsteigende Licht, der Täufer Johannes – das absteigende Licht.

Die germanischen Sonnwendfeuer loderten zu Ehren des sterbenden Lichtgottes. Diesen tief eingewurzelten Brauch mit Kultfeuer und Kulttänzen gelang es in den Jahrhunderten der Germanenmission durch das Feuer der Johannesnacht christlich umzudeuten.

Seltsam und zäh verbinden sich die germanischen Mythen mit dem christlichen Brauch des *Johannesfeuers*. Ein tief verankerter kosmischer Mythos blieb lange Zeit lebendig. Denn in dieser Nacht sprangen (nach germanischer Überlieferung) wie im Märchen die Berge auf. Elfen, Zwerge und Unholde trieben ihren Schabernack. Tiere begannen in menschlicher Sprache zu reden (vgl. dazu den redenden Esel Bileam in Num 22,21-31; 2 Petr 2,15-16) und aus den Tiefen der Seen hörte man versunkene Glocken läuten.

Das „Ersatzfest" des Johannesfeuers hatte sehr bald ein großes Echo vor allem bei der jungen Generation. Der gemeinsame Sprung von Freund und Freundin galt als offizielles Verlöbnis. Hexenpuppen, in denen man nicht nur dämonische Wesen, sondern auch ungute, hinterhältige Menschen verkörperte, wurden ins Feuer geworfen. Beim Verbrennen der Heu- und Stoffhexen wurde an verschiedenen Orten gesprochen:

„Feuer, faß das Hexenweib
und verzehre Haß und Neid!
Fluch und Falschheit soll'n verbrennen
daß wir friedlich leben können!"

Im Dritten Reich waren die Sonnwendfeuer Zeichen der Scheidung

Sonnwendfeuer

und der Unterscheidung der Geister. Während die Parteigliederungen den germanischen Mythos des Lichtes, des Blutes und des Bodens beschworen, hat die katholische Jugend ihr Johannesfeuer verstanden als Zeichen der Christus- und Kirchentreue, als bewußtes Antizeichen gegen braune Diktatur und Religionsverfolgung. Im offiziellen Liederbuch der katholischen Jugend (Düsseldorf 1931², Seite 55–56) ist das Lied der Johannesnacht zu finden:

„Flamme empor! Flamme empor!
Steige mit lodernden Scheine
von den Gebirgen am Rheine
glühend empor, glühend empor!
...
Heilige Glut!
Rufe die Jugend zusammen,
daß bei den lodernden Flammen
wachse der Mut.
...
Höre das Wort!
Vater auf Leben und Sterben,
hilf uns die Freiheit erwerben.
Sei unser Hort!"

Bereits am Festtag des heiligen Vitus (15. Juni) wurden die Vorbereitungen für einen großen Holzstoß getroffen. Bettelnd zogen die Burschen von Haus zu Haus, indem sie ihr Sprüchlein lautstark heruntersagten:

„Heiliger Sankt Veit,
schick uns a Scheit!
Heiliger Hans,
a recht a langs!
Heiliger Sixt
a recht an dicks!
Heiliger Florian,
kennt uns des Feuer an!"

(Zitiert nach Willi Großer, Der Sprung übers Sonnwendfeuer. In: Starnberger Merkur Nr. 141 vom 22. Juni 1995).

Nicht weit vom Sonnwendfeuer ist meist eine zünftige Blasmusik, die zum reichlich fließenden Bier ihre Märsche und Tänze aufspielt. Eine Heilpflanze, die um „Johanni" (24. Juni) blüht und seit vielen Jahrhunderten für medizinische Zwecke eingesetzt wird, heißt „Johanniskraut". Dem Johanniskraut werden Wunderwirkungen zugeschrieben: Es soll Gewitter vertreiben, den Fluch vom verhexten Vieh nehmen, die Macht des Teufels einschränken und positiv auf die Seele einwirken. Im 16. Jahrhundert entdeckte der Arzt und Naturforscher Theophrastus Bombastus Paracelsus von Hohenheim (1493–1541 – Grabstätte im Vorraum der St.-Sebastians-Kirche an der Linzer Gasse in Salzburg) die besondere Wirkung des Johanneskrautes auf das Nervensystem. Er nannte es daher „Nervenkraut" und empfahl es als „Sonnenschein für die Seele".
Auf zwei Ereignisse, die mit dem Johannesfeuer in Verbindung stehen,

sei noch hingewiesen. Nicht der weltberühmte Karneval, sondern die São-João-Feier in der Nacht vom 23. zum 24. Juni ist das größe Fest Brasiliens. Literarisch und musikalisch ist das Geschehen des Johannestages in der Oper „Die Meistersinger von Nürnberg" (1868) von Richard Wagner aufgegriffen worden. Der erste Aufzug erinnert an den Vorabend (Vigil) des Johannestages mit dem festlichen Choral der Gemeinde in der Katharinenkirche (23. Juni). Im zweiten Akt kommt das tolle Treiben der Lehrbuben in der Johannesnacht zur Darstellung:

„Johannistag! Johannistag!
Da freit ein jeder, wie er mag.
Der Meister freit,
der Bursche freit!
...
Juchei! Juchei! Johannistag!"

Am Donnerstag (24. Juni) kommt es im dritten Aufzug zum Wettsingen, für das der Goldschmied und Meistersinger Veit Pogner seine einzige Tochter Eva als Siegespreis ausgesetzt hatte, den Walter mit seinem bejubelten Preislied erringen konnte.

LITERATUR: *A. Kall, Kirchenjahr und Brauchtum. München 1988; H. Kirchhoff, Christliches Brauchtum im Jahreskreis. München 1990; O. Thulin, Johannes im geistlichen Schauspiel. Leipzig 1930.*

Sophie

→ Eisheilige

Speisenweihe

Zum Osterfest gehört der Brauch der Speisenweihe, der bis in das 7. Jahrhundert (Sacramentarium Gallicanum) zurückgeht. Er hat sich aus einer kaum noch bekannten Vorform einer kirchlich-liturgischen Ostergabe entwickelt. Aus der geweihten Osterkerze wurde nämlich früher den Gläubigen ein Wachsstück mitgegeben. Um jedem mitfeiernden Christen ein Wachsandenken mitzugeben, wurden kleine Wachstäfelchen, auf denen ein Osterlamm (Agnus Dei) eingeprägt war, ein sogenanntes Agnus-Dei-Wachstäfelchen, als Ostergabe mitgegeben.

Nach der Fastenzeit sollte das Osterfest außerkirchlich mit einem festlichen Mahl im Familienkreis begangen werden. Bereits im 10. Jahrhundert ist in der Vita Udalrici (Kapitel 23), in der Lebensbeschreibung des Augsburger Bischofs Ulrich, die Weihe des Osterschinkens bezeugt. Die Weihe der Ostereier geht ins 12. Jahrhundert zurück. Noch immer ist es „auf dem Lande" ein selbstverständlicher Brauch, zur Speisenweihe im Anschluß an das Hochamt

Speisenweihe

am Ostersonntag je nach Zahl der Familienmitglieder ein wohlbestücktes Körbchen mit deutlich sichtbarem Osterlamm, mit Osterfladen, Ostereiern und Osterschinken (oder Salz) mitzubringen.
Das Segensgebet der österlichen Speisenweihe hat meist folgenden Wortlaut (Benediktionale 1978, Seite 58):

„Lasset uns beten.
Herr, du bist nach deiner Auferstehung deinen Jüngern erschienen und hast mit ihnen gegessen. Du hast uns zu deinem Tisch geladen und das Ostermahl mit uns gefeiert. Segne dieses Brot, die Eier und das Fleisch und sei auch beim österlichen Mahl in unseren Häusern unter uns gegenwärtig. Laß uns wachsen in der geschwisterlichen Liebe und in der österlichen Freude und versammle uns alle zu deinem ewigen Ostermahl, der du lebst und herrschest in alle Ewigkeit.
Amen."

Nach den Segensworten besprengt der Priester die mitgebrachten Ostergaben der Gläubigen mit geweihtem Wasser. Nach der Fastenzeit sollen die geweihten Speisen mit besonderer Freude im Anschluß an die kirchliche Eucharistiefeier in der häuslichen Agape gegessen werden, und zwar ehe man sein sonstiges Frühstück mit Kaffee oder Tee zu sich nimmt. Mit dem auferstandenen Christus ist alle Welt geweiht und gesegnet: „Ob ihr eßt oder trinkt oder etwas anderes tut: Tut alles zur Verherrlichung Gottes" (1 Kor 10,31). Die Freude über die österlich geweihten Speisen soll durchaus mit der Erinnerung verbunden sein, daß nicht alle zum Osterfest einen gedeckten Tisch haben und sich ruhig und in entspannter Freude zum gemeinsamen Mahl vereinen können. Unser bescheidenes „Dankeschön" für den meist überreich gedeckten Ostertisch sollte in einer karitativen Gabe für Notleidende aller Art sichtbar werden. Schweifen wir nicht in die Ferne der „dritten Welt", wenn wir an Not und Elend denken! Hinter der nächsten Tür in unserer Nachbarschaft kann bittere Not herrschen. Ostern – das Fest der Wachsamkeit und Sensibilität, das Fest der offenen Herzen, der gebefreudigen Hände! Wie dankbar wäre ein einsamer Mensch bereits für ein freundliches Gespräch. Ostern heißt, anderen Freude bereiten, für andere Zeit haben, weil der Auferstandene uns allen eine Zukunft der Freude und der Hoffnung erschlossen hat.

LITERATUR: *A. Adam, Das Kirchenjahr mitfeiern. Seine Geschichte und seine Bedeutung nach der Liturgieerneuerung. Freiburg–Basel–Wien 1979; B. Blobel, Das Osterbuch. Osterbräuche – Gedichte – Geschichte – Bastelarbeiten – Rezepte für den Ostertisch und anderes*. München 1982; H. Kirchhoff, *Brauchtum zur Osterzeit*. In: Katechetische Blätter (1983) 164–172; H. Moser, *Ostereier und Ostergebäck. Brauchtumsgeschichtliches aus bayerischen Quellen*. In: Bayerisches Jahrbuch für Volkskunde (1957) 67–89.

Sterbebilder

→ Sterbe- und Bestattungskultur

Sterbe- und Bestattungskultur

Man hört es und spricht es so schnell nach: Das Sterben wird heute verdrängt, abgeschoben. Letztlich kann niemand „sein" Sterben verdrängen. In immer neuen und unerwünschten Anläufen und Vorstufen begegnet jeder dem Tod – in Todesanzeigen der Tageszeitungen, in schwarzgeränderten Briefen, bei Totengottesdiensten (je älter man wird, um so häufiger) und Beerdigungen von Verwandten, Nachbarn, Berufskollegen, Vereinskameraden. Der Tod ist – trotz aller Verdrängungsbemühungen – täglich präsent. Jeder ist „Jedermann".
Je mehr das Ziel des menschlichen Lebens verblaßt, um so mehr wird auch das Sterben zu einem Ereignis der Hinterbliebenen und innerweltlichen Gefühle. (Warum weint man eigentlich?) Je mehr das Sterben zu einer Frage der anonymen Entsorgung wird, um so mehr verändern sich und verblassen Sterbe- und Bestattungskultur des christlichen Brauchtums. Man erlebt zwar Hugo von Hoffmannsthals (1874–1929) „Jedermann" oder den „Brandner Kaspar" von Franz von Kobell (1803–1882); aber nur wenige werden nachdenklich über ihr eigenes Lebensende. Früher oder später wird jeder Zuschauer – mitspielender Jedermann.

Gut-Tod-Bruderschaften

Im früheren, religiösen Vereinsleben hatte auch bei der jungen Generation die Gut-Tod-Bruderschaft (Bruderschaft zur Todesangst Jesu oder Rosenkranzbruderschaft zur Erlangung einer glückseligen Sterbestunde) großen Zulauf und gesellschaftlich, wie vor allem ganz persönlich, eine außergewöhnlich große Bedeutung. Mit der Sorge um den eigenen Tod hatten diese auch eine unersetzlich soziale Aufgabe, nämlich für das Begräbnis Mitteloser, Hingerichteter oder verfemter Personen zu sorgen und auch eine Seelenmesse für diese Verstorbenen feiern zu lassen. Im 14. Jahrhundert gab es allein in Bayern 212 Allerseelen-Bruderschaften mit Bruderschaftsbriefen, Bruderschaftsgebetbüchern, mit kostbaren Bruderschaftsfahnen und auch Bruderschaftskutten.

Krankensalbung

An vielen Häusern in Bayern ist der Hausspruch zu lesen:

*„Ich leb' hier und weiß nicht wie lang.
Ich sterb' und weiß nicht wann.
Ich fahr' und weiß nicht wohin.
Mich wunderts, daß ich fröhlich bin."*

Die Letzte Ölung (extrema unctio) wird seit der Liturgiereform des Zweiten Vatikanischen Konzils (1962/65) gemäß Jak 5,14-15 „Krankensalbung" bezeichnet. Die Krankensalbung soll gespendet werden, „wenn der Gläubige infolge körperlicher Schwäche oder Alter in Todesgefahr kommt" (Konstitution über die heilige Liturgie des Zweiten Vatikanischen Konzils, Nr. 73). Im Altwerden, und damit verknüpft im heute länger werdenden Ertragen der vielfältigen Altersprobleme, soll der Christ durch Gebet und Salbung mit dem Krankenöl die tröstende Nähe Gottes erfahren. Krankheit wie Gesundung stehen in Gottes Hand. Es soll das Sakrament der Krankensalbung schon gespendet werden, wenn der Kranke geistig-geistlich noch aufnahmefähig ist und mitwirken kann. Nicht das Alter eines Menschen ist entscheidend. Es sollen vielmehr der konkrete Zustand der spürbar werdenden Verengung und der beginnenden Verdunkelung der Persönlichkeit wie auch die spürbaren Anläufe und Anfechtungen des Todes oder eine bedrohliche Lebensgefahr berücksichtigt werden.

An Kranken- und Sterbebetten gibt es immer häufiger Barrieren und bisweilen chaotische Zustände der Hilflosigkeit, der Ratlosigkeit: Wahrheit oder Lüge über den tatsächlichen Zustand! Der verantwortbare Weg in Richtung Wahrheit gelingt um so besser, wenn rechtzeitig und stufenweise der Sterbende angesprochen und in die Erfahrung und Zukunftsperspektive des Kranken oder unheilbaren Menschen integriert wird. Viele Sterbende wünschen ein ehrliches Gespräch. Weiß der Schwerkranke und der Sterbende besser um die Wahrheit seines Zustandes, seines unausweichlichen, baldigen Todes als seine Besucher am Krankenbett? Die letzte Liebe und Dankbarkeit, die wir einem Sterbenden erweisen können, besteht darin, ihn vor der Einsamkeit und Angst des Sterbens zu bewahren!

Von Walter Flex (1887-1917), dem das vielgelesene Buch „Der Wanderer zwischen zwei Welten" zu verdanken ist, stammt das überaus ehrliche Gebet:

„Keines Menschen Leben ist frei von erbärmlichen Stunden.

*Alles ist Schwachheit, Kranksein und Wiedergesunden.
Um eines bitte ich Dich, HERR:
Laß meine schwächste Stunde meine letzte nicht sein."*

Zum christlichen Sterbebrauchtum gehört es, den Priester (wenn gewünscht) rechtzeitig und lange vor der Phase der Bewußtlosigkeit an das Krankenbett kommen zu lassen – für eine gute Sterbebeichte und öftere Krankenkommunion. Die Stunde der Krankensalbung sollte – wenn möglich – als betende Mitfeier der ganzen Familie mit dem Kranken begangen werden. Neben dem Versehtisch, oft bedeckt mit einem aus dem Familienbesitz stammenden, bestickten Versehdeckchen und ausgestattet mit zwei Kerzenleuchtern mit brennenden Kerzen, könnte eine Sterbekerze entzündet werden, für die oftmals die Tauf- oder Erstkommunionskerze verwendet wird. Häufig wird jene Sterbekerze herbeigeholt, die der Kranke in früher besuchten Wallfahrtsorten sich selbst gekauft hatte.
Es ist und bleibt immer erschütternd, das Sterben eines Menschen mitzuerleben. Überwinden wir die Furcht vor dem toten, erkalteten Körper. Schließen wir dem Verstorbenen die Augen und den Mund, indem das Kinn hochgebunden wird. Nach dem Tod ist es heute noch in vielen Pfarrgemeinden guter Brauch, das sogenannte „Schiedanläuten" mit dem Sterbeglöckchen. Früher haben viele ihre Arbeit kurz unterbrochen und ein Vaterunser für den Verstorbenen gebetet. Dem Toten wird das Sterbekreuz in die gefalteten Hände, meist mit seinem Rosenkranz umschlungen, gesteckt. Die erste Aufbahrung zwischen brennenden Kerzen erfolgte im Sterbehaus. Dorthin kamen die Verwandten und Nachbarn, um den Sterberosenkranz der Totenwache mitzubeten. Vor der Errichtung der Leichenhäuser in den Friedhöfen wurde der Tote bis zur Totenmesse und der anschließenden Beerdigung im Sterbehaus aufgebahrt.

Gebet für den Verstorbenen:

„Herr, unser Gott, du bist allen nahe, die zu dir rufen. Auch wir rufen zu dir aus Not und Leid. Laß uns nicht versinken in Mutlosigkeit und Verzweiflung, sondern tröste uns durch deine Gegenwart.
Gib uns die Kraft deiner Liebe, die stärker ist als der Tod. Mit unsern Verstorbenen führe auch uns zum neuen und ewigen Leben." (Gotteslob Nr. 35/3)

Traueranzeigen und Sterbebilder

Die Textgestalt einer in Zeitungen veröffentlichten *Traueranzeige* vermittelt – wenn sie nicht aus dem umfangreichen Repertoire der Bestattungsinstitute entnommen ist – einen Einblick in jene menschliche und religiöse Innenseite, für die man häufig keinen Zutritt gewährt. Verstorbene sind „ins Nirwana" hinübergegangen. Sie haben „Walhalla" als Ziel ihrer Lebensreise erreicht. In einer selbst formulierten Anzeige findet sich die Information: „Ich befinde mich in einer neuen Dimension. Neue Abenteuer stehen mir bevor... Kommt möglichst nicht in Schwarz zur Eingrabung meines Körpers." Aber auch bittere Formulierungen sind zu entdecken: „Er trug an der Last der Vergangenheit. Er zerbrach an der haßerfüllten Gegenwart." Auch Bekenntnisse zur Reinkarnation fehlen nicht. In der Traueranzeige eines katholischen Pfarrers wollte man nicht verschweigen: „Die nachkonziliaren Wirren, die auch seine priesterliche Tätigkeit überschatteten, vermochten seine Treue zu Papst und Kirche nicht zu erschüttern."

Bei Traueranzeigen sind es weniger die Verstorbenen, sondern ihre Hinterbliebenen, die einen unerwarteten Einblick öffnen in ihr Denken über Gott und Ewigkeit, über Sinn und Ziel des menschlichen Lebens. Die Traueranzeige ist auf diese Weise ein sehr persönliches, familiäres, überaus intimes Dokument. Es mehren sich die Fälle, in denen der Wortlaut der Todesnachricht in einem Testament festgelegt ist und die Angehörigen gehalten sind, sich genau daran zu halten. Nicht wenige Verstorbene haben zu ihren Lebzeiten auch den Charakter der Trauerfeier und deren Ort wie Ablauf genau festgelegt. Sie haben klare Anweisungen gegeben, wer an ihrem Grab reden soll und wer nicht reden darf.

Immer häufiger findet sich in Todesanzeigen der Zeitungen der Hinweis, man möge von Beileidsbezeigungen am Grab Abstand nehmen und an Stelle von Kränzen oder Blumengebinden im Sinne des Verstorbenen einen Geldbetrag für eine karitativ-soziale Hilfsaktion überweisen.

Sterbebilder sind seit der zweiten Hälfte des 19. Jahrhunderts im ganzen katholischen Europa in Brauch gekommen. Sie dürften ihre Vorläufer in niederländischen Kupferstichbildern des 17. und 18. Jahrhunderts haben. Immer beliebter werden vierseitige Farbdruck-Sterbebilder, in die das Bild des Verstorbenen, eine Kurzbiographie wie auch Gebete eingedruckt sind. Im Gebetbuch unserer Großeltern war eine Überfülle von Totenbildern zu entdecken. Je länger man lebte, desto mehr Toten hat man das letzte Geleit gegeben und ihnen das Gebetsgedenken versprochen. Hans Carossa (1878–1956) berichtete, daß „seine Mutter

Der alte Brauch sollte wieder belebt und gefördert werden, mit einem **Osterlamm** *den Osterkorb und den Ostertisch zu schmücken.*

Christliches Brauchtum ist Glaubensverkündigung in kleinen Schritten
(**Hinterglasbild** mit der Darstellung der Dreifaltigkeit).

Die **Glocke** *– möge sie stets Künderin des Glaubens und Mahnerin des Friedens sein.*

nie vergaß, an Ludwigs II. Todestag (13. Juni 1886) in ihrem schwarzen Seidenkleid zur Kirche zu gehen".

Totengottesdienst – Bestattung – Leichenmahl

Es gehörte in einem bayerischen Dorf zum guten, alten Brauch, daß aus jedem Haus, aus jeder Familie wenigstens eine erwachsene Person am *Totengottesdienst* wie auch an der sich anschließenden Beerdigung teilnahm und auch zum Leichenschmaus im Dorfwirtshaus eingeladen wurde. In vergangenen Jahrhunderten wurde das meist lateinisch gesungene Requiem vor dem Sarg des Verstorbenen, verhüllt mit einem schwarzen Bahrtuch und flaniert von brennenden Kerzen, in der Heimatkirche gefeiert. Die Vielzahl der anwesenden und in den sogenannten Beimessen mitfeiernden Priester aus nah und fern unterstrich das Prestige, die soziale Einstellung und Freigebigkeit des Verstorbenen. Seit 1. Januar 1984 findet jede katholische Beerdigung nur noch mit einem einzigen Priester statt.

Beim „Opfergang", bei dem ein Obulus in den Blechteller gelegt wurde, gingen zuerst die Männer, dann die Frauen nach vorne, wo sie von der „Totenfrau" das Ster-

bebild erhielten. Es gab und gibt eine patriarchalisch festgelegte Form der Totenriten, an die jeder sich hält. Dem ersten Seelenamt am Begräbnistag folgte das zweite Seelenamt, oft auch der Siebent (oder auch Lobamt) genannt, weil es sieben Tage nach dem ersten Totenamt abgehalten wurde. Später folgte noch der Dreißigste, das Seelenamt, das am dreißigsten Tag nach dem Tod gefeiert wurde. Ein Jahr später wurde zum Jahrtag eingeladen.

Im ländlich-niederbayerischen Umfeld von Landshut hat man zu jener Zeit, da der Verstorbene noch im Haus aufgebahrt und vom Haus zur Kirche und nach dem Requiem zum Friedhof gebracht wurde, bei der „Totenfrau" angefragt: Weint ma bei Euch vom Haus aus? oder: Woant man bei Euch erst auf dem Friedhof? Nur die Totenfrau konnte auf die Frage nach dem von Haus zu Haus verschiedenen Brauche die exakte Antwort geben.

Es war für jeden selbstverständlich, zum Totengottesdienst, zur Beerdigung wie auch zum Leichenmahl im „schönen Gwand" zu erscheinen; für die Frauen war dies meist schwarzes Seidenkleid. Je zahlreicher die Fahnenabordnungen waren und je mehr Kränze mitgetragen wurden, um so größer stand der Verstorbene in Ansehen seiner Heimatgemeinde. Wurde der Leichenzug durch eine Musikkapelle angeführt, desto siche-

225

rer konnte man sein, daß es sich bei dem Toten um eine respektable Person aus dem Honoratiorenkreis oder um einen hochverdienten Vereinsvorstand oder um ein Mitglied des Veteranen- und Kriegervereins handelte. Mit der festlichen Beerdigung, über die man noch lange im Dorf redete, war ein Stück Dorfgeschichte abgeschlossen, dem immer neue und interessante Fortsetzungen folgten.

Vor allem beim *Leichenschmaus* im Dorfwirtshaus war so manches über das Testament und auch dieses oder jenes Kind zu erfahren. Es gab eine feste Sitzordnung nach dem genauen Verwandtschaftsgrad, bei der auch die Tauf- und Firmpaten ihren Ehrenplatz hatten. In Niederbayern ist es bis heute Brauch, den Leichenschmaus mit einem von der „Totenfrau" angestimmten gemeinsamen Totenrosenkranz, und zwar noch im Gasthaus abzuschließen und damit am „Hergekommenen" festzuhalten. Der Leichenschmaus scheint aber nicht immer und überall in angemessener Trauer abgelaufen zu sein. Nicht selten gab es Hitzköpfe unter den Verwandten. Erste Streitigkeiten entzündeten sich über das demnächst zu eröffnende Testament, so daß sich das Königlich-Bayerische Staatsministerium des Inneren genötigt sah, ein allgemeines Verbot durch die Verordnung vom 4. November 1915 (während des Ersten Weltkrieges!) auszusprechen (zitiert aus: S. Metken, Hg., Die letzte Reise. Sterben, Tod und Trauersitten in Oberbayern. Ausstellungskatalog 4. Juli bis 9. September 1984. München 1984, 225):

„1. Die Veranstaltung eines Leichentrunkes oder Leichenschmauses, die Teilnahme an einer solchen Veranstaltung sowie die Abgabe von Nahrungs- und Genußmitteln hierfür durch die Gewerbe- und Handeltreibenden ist verboten.

2. Zuwiderhandlungen werden mit Gefängnis bis zu 6 Monaten oder mit Geldstrafen bis 1500 Mark bestraft."

Friedhof

Es gibt den Spruch: Wenn du wissen willst, welchen Geistes ein Dorf, eine Stadt, eine Familie, eine Pfarrgemeinde ist, besuche den Friedhof und schau dir die Familiengräber an. In der Welt der Toten, in der Gestaltung des Friedhofs und der einzelnen Gräber wird dir das Denken und Glauben der Lebenden sichtbar.

Die Friedhöfe sind in vergangenen Jahrhunderten um die Pfarrkirche angelegt worden. Das deutsche Wort „Friedhof" meint sprachgeschichtlich einen mit einer festen Mauer eingefriedeten, „umfriedeten" Ort. Friedhof ist „vrithof" (= Freithof), der umhegte und geschonte Hof. Weil er um die Kirche errichtet wurde, erhielt er auch den Namen „Kirchhof". Die Deutung Stätte des

Friedens stammt erst aus späterer Zeit, in der man den sprachlichen Ursprung „vrit" nicht beachtete. Das frühere Asylrecht in Kirchen und auch in mit Kirchen verbundenen und ummauerten Friedhöfen als einen unter göttlichem Schutz stehenden Bereich wurde früher auch vom staatlichen Recht respektiert.

Die traditionell-jüdische Bezeichnung für Friedhof „beth chaim" = „Ort des Lebens" vermag sicherlich anregend und vertiefend auf den christlichen Auferstehungsglauben und gewiß auch auf das christliche Brauchtum des Todes und der Trauersitten einzuwirken und an Stelle einer um sich greifenden Entsorgungsmentalität eine christliche Bestattungskultur zu setzen.

Unsere Vorfahren haben es bei keinem Kirchgang versäumt, den Toten das Weihwasser und das Gebet zu schenken. Der Friedhof war ein Stück Familien- und Dorfgeschichte. Er war „der Gottesacker", in den die Verstorbenen wie eine geheimnisvolle Saat eingesenkt wurden und die am Ende der Geschichte zum Heilsereignis der Auferstehung der Toten werden wird. Es weht um jeden Friedhof ebenso der Hauch der Vergangenheit wie der Zukunftshoffnung.

Adelige Geschlechter und vermögende Rats- und Patriziergeschlechter haben ihre Grablege in von ihnen erbauten Kirchen und Klöstern eingerichtet oder sie haben in den großen Domen ihrer Residenzstädte ihre letzte Ruhe erhalten, wie z. B. die Wittelsbacher in der Fürstengruft der Michaelskirche in München oder in der Krypta der Münchener Frauenkirche. Sehenswert ist der alte Friedhof von St. Peter mit den Katakomben in Salzburg, wo auf einem Grabstein zu lesen ist:

„Steh', Wandersmann,
Was dir die Toten sagen:
Pack ein dein Sach
Fein allgemach,
Du folgst in wenig Tagen."

Ein einzigartiger Bürgerfriedhof ist zweifellos der St.-Sebastians-Friedhof in Salzburg (1595–1600).

Seit Ende des 18. Jahrhunderts wurden an Stelle der verpesteten Rumpel- und Leichenkammern kommunale Friedhöfe mit Grünflächen, Gartenanlagen und Springbrunnen, mit künstlerisch gestalteten Grabmonumenten, mit lebensgroßen, abgebrochenen Säulen, mit Obelisken und Pyramiden, mit lebensgroßen Trauerfiguren aus Stein unter Verwendung antiker Ideen angelegt.

Über den Tod hinaus sollte in Erinnerung bleiben: Hier liegt ein reicher, ein berühmter Mann, dessen Hinterbliebenen es sich leisten konnten, ein solches Monument zu errichten und zu erhalten.

Ein Gang durch alte Friedhöfe ist ein Durchschreiten der Geschichte mit ihren Höhepunkten und künstlerischen Ideen ebenso wie mit ihren Eitelkeiten und ihrer Renomiersucht. Lesens- und bedenkenswert sind die Inschriften der Grabmonumente. Mit großer Gewissenhaftigkeit hat man früher, meist in epischer Breite, alle Titel und Auszeichnungen des Verstorbenen in Stein gehauen und mit Goldblatt ausgelegt. Berühmte Künstler wie z. B. Friedrich von Gärtner (1792–1847) oder Ludwig von Schwanthaler (1802–1858) haben z. B. in München den Friedhöfen des 19. Jahrhunderts ihr Gepräge gegeben.

Lesenswert sind auf alten Grabsteinen und Marterln die Inschriften, wenn etwa in Bayrischzell ein Grabstein mahnt:

„Hier liegt mein Leib, ein Würmerhaus.
Gedenk, es bleibt auch dir nicht aus.
Geh nicht vorbei und bet für mich.
Die Reihe kommt einst auch an dich."

Aus dem Unterinntal stammt die Inschrift:

„Er lebte fromm und recht
Der hier erdruckte Bauernknecht.
Zum Glück war er ledig –
Gott sei ihm im Fegfeuer gnädig."

In Prien am Chiemsee findet sich auf einem Grabstein der Reim:

„Hier ruht Herr Josef Schinabeck.
In Frieden sanft, im Kriege keck;
ein Engel war er auf Erden schon
und G'freiter im 6. Jägerbataillon."

In Übersee/Bergen hat man sich nicht gescheut, einen Spottvers auf den Grabstein des mißliebigen Brauersepp zu setzen:

„Hier ruht der Brauersepp,
Gott Gnad für Recht ihm gab.
Denn viele hat, was er gemacht,
Frühzeitig in das Grab gebracht.
Da liegt er nun, der Bierverhunzer.
Bet ihm, o Christ, fünf Vaterunser."

In Landshut ist die Bitte zu lesen:

„Herr, laß mich nicht im Grabe liegen,
Zu deiner Glori laß mich fliegen.
Erweck mich auf zur Herrlichkeit,
Daß ich dich lob in Ewigkeit."

Allerseelen-Gedenken

Das Fest aller Heiligen wurde durch Papst Gregor IV. (827–844) im Jahr 836 für die Gesamtkirche auf den 1. November gelegt. Diesem Gedenktag der in die Anschauung Gottes gelangten Verstorbenen folgte am 2. November das Gedenkfest aller Verstorbenen („commemoratio omnium fidelium defunctorum, qui ab initio mundi fuerant usque in finem" [PL 142, Sp. 1037 ff.]). Es mag in Erinnerung gebracht werden, daß

Mozarts Oper „Don Giovanni", in der es auch um den Frevel einer Störung der Totenruhe des ermordeten Komturs (2. Akt, 11. und 15. Szene) geht, noch im vergangenen Jahrhundert mit Vorliebe in der Allerseelenwoche aufgeführt wurde.

Das Allerheiligenfest am 1. November ist weithin geprägt durch das nachmittägliche Totengedenken auf den Friedhöfen. Spätestens an diesem Festtag kommen viele, die seit Jahren an weit verstreuten Orten wohnen, an ihren Geburts- und Heimatort zurück. Hier sind die Gräber ihrer Verwandten, ihrer Großeltern, Eltern und Geschwister. Vielfach werden die Tage vom 30. Oktober bis zum 8. November „Seelenwoche" bezeichnet.

Die ortsansässigen Verwandten haben für Unterkunft und Essen der angereisten Verwandten reichlich gesorgt. Man wollte sich ja nicht „Anschauen" lassen. Die Gräber der in der heimatlichen Erde Bestatteten wurden spätestens in der letzen Woche vor Allerheiligen gründlich hergerichtet und geschmückt. Man hat sich diesen familiären Treff- und Wiedersehenstag durchaus etwas kosten lassen. Zur festgesetzten, im Kirchenanzeiger ausgedruckten Stunde stand man am Grab. Man mußte ja gesehen werden! Es wäre pietätlos gewesen, nicht da zu sein, nicht am Grab zu stehen. Was haben aber eigentlich die Verstorbenen von dem aufwendigen Grabschmuck, von der teuren Schwarzerde, selbst vom Weihwasser, wenn für sie von den Hinterbliebenen kein einziges Vaterunser gebetet wird und auch die kurzfristig angereisten Allerseelengäste sich keine Gedanken über das Ende ihres eigenen Lebens machen oder den Gedanken erwägen: Wer wird einmal für mich beten? Beim alljährlich geradezu obligaten Gräberbesuch am Nachmittag des Allerheiligenfestes wird ein neues „Heidentum" sichtbar – die äußere Form stimmt noch, aber die gläubige Überzeugung beginnt merklich zu zerbrechen. An einem Haus in Bad Aibling ist die Inschrift zu lesen:

„Wir leben so dahin
Und nehmen's nicht in acht,
Daß jeder Augenblick
Das Leben kürzer macht."

Volkstrauertag

Angeregt durch den erst 1919 gegründeten „Volksbund Deutscher Kriegsgräberfürsorge" kam es erstmals 1925 in Deutschland zur Abhaltung des Volkstrauertages. Er wurde zunächst am zweiten Sonntag der Fastenzeit gehalten. Nach dem Zweiten Weltkrieg wurde der Volkstrauertag in den Totenmonat November verlegt, und zwar auf den vorletzten Sonntag vor dem ersten Adventssonntag.

Es gibt heute in den meisten Ländern einen Volkstrauertag – mit Feldmessen und Gedenkgottesdiensten, mit Kranzniederlegungen und Reden am örtlichen Kriegerdenkmal. Während die Gefallenen der modernen Kriege auf weitverstreuten Schlachtfeldern hoch oben in Narvik wie in den Wüsten Nordafrikas liegen und in einzelnen Ländern die Gefallenen in vorbildlich angelegten Heldenfriedhöfen gebettet worden sind, hat man in der Heimat ein kollektives Kriegerdenkmal errichtet und auf Steinplatten die Namen der Gefallenen, oft auch die Todesdaten, eingemeißelt. Eine ganz seltene, persönliche Erinnerung an die Gefallenen des Ersten und Zweiten Weltkrieges findet sich auf den meist holzgeschnitzten Gedenktafeln, die im Umgang der Wallfahrtskirche St. Anton in Partenkirchen angebracht sind und immer wieder mit neuen Blumen geschmückt werden. Ein herausragender Einzelfall ist die Beerdigung der Gefallenen der Sendlinger Bauernschlacht vom 25. Dezember 1705 auf dem Friedhof der Sendlinger Kirche in München – heute noch Ziel vieler Beter. Nach dem Ersten Weltkrieg begann die Zeit der systematischen Errichtung von Kriegerdenkmälern (Heldenfriedhöfen). Jede Gemeinde war bestrebt, ihrer gefallenen Söhne in einem würdigen Denkmal zu gedenken. Von gewaltiger Monumentalität ist das Kriegerdenkmal (vor der heutigen Staatskanzlei) für 13 000 im Ersten Weltkrieg gefallene Söhne der Stadt München mit der 5000 Zentner schweren Deckplatte, unter der wie in einer feierlichen Krypta die von Bernhard Bleeker geschaffene Marmorplastik eines toten Soldaten sich befindet. An die Toten des Zweiten Weltkrieges erinnern neu angebrachte Tafeln „Zum Gedenken an die 22 000 Gefallenen, 11 000 Vermißten, 6600 Opfer des Luftkrieges der Stadt München 1939–45".

Wenn der Brauch der „Heldengedenkfeiern" mit Fahnen, Blasmusik und Ansprachen sich nicht verirrt auf der Suche nach der verlorenen Trauer und auch in Zukunft Sinn haben soll, dann nur, wenn mit dem Rückblick auf Geschehenes die Sorge und Herausforderung verbunden bleibt, wachsam zu sein für den innen- und außenpolitischen Frieden, für Fairneß und Toleranz in einer pluralistischen, multikulturellen Gesellschaft. Nicht nur gläubige Christen, sondern alle Menschen guten Willens sollten über die beiden dialektischen, aber keineswegs widersprüchlichen Worte Jesu ernsthaft und immer wieder nachdenken: „Selig, die Friedenstifter" (Mt 5,9) – „Ich bin nicht gekommen, den (faulen) Frieden zu bringen, sondern das Schwert (der

Klärung, der Wahrheit, der Gerechtigkeit und der Liebe)" (Mt 10,34).

LITERATUR: *M. Ausel, Monumente des Todes – Dokumente des Lebens? Christliche Friedhofs- und Grabmalgestaltung heute. Altenberg 1990 [2] . R. M. Bergmann, Unterwegs zu barocken Totentänzen. In: Charivari 20 (1994), Nr. 10, Seite 44–49; F. Böckle, Menschenwürdig sterben. Theologische Meditationen. Zürich–Einsiedeln–Köln 1979; K. Dirschauer, Der totgeschwiegene Tod. Theologische Aspekte der kirchlichen Bestattung. Bremen 1973; J. Gaedke, Handbuch des Friedhofs- und Bestattungsrechts. Köln 1992[6] ; E. Jüngel, Tod, Stuttgart 1973[3]; J. Krettner, Erster Katalog von Bruderschaften in Bayern. München–Würzburg 1980; A. Läpple, Auferstehung. Tod und Ewiges Leben. Aschaffenburg 1985; M. Leist, Sterben im Krankenhaus. Aufzeichnungen über einen Tod (Herder Taschenbuch Bd. 1571); P. Löffler, Studien zum Totenbrauch. Münster 1975; S. Metken (Hg.), Die letzte Reise. Sterben, Tod und Trauersitten in Oberbayern (Ausstellungskatalog 4. Juli bis 9. September 1984). München 1984; A. und M. Mitscherlich, Die Unfähigkeit zu trauern. Frankfurt a. M. 1967; L. Petzoldt, Don Juan und die armen Seelen. In: H. Zeman (Hg.), Wege zu Mozart – Don Giovanni. Wien 1987, 137–144; M. Picard, Das letzte Antlitz. München– Ahrbeck 1959; K. Richter (Hg.), Der Umgang mit den Toten. Tod und Bestattung in der christlichen Gemeinde.*
Freiburg 1990; Y. Spiegel, Der Prozeß des Trauerns. München 1979; J. Würfels, Im Dunkel zeigst du mir Licht. Mein Weg in der Trauer. Freiburg 1988. Als besonders wertvoll und umfassend bis zum neuesten Stand informierend sei hingewiesen auf die von der Deutschen Bischofskonferenz (Nr. 53) veröffentlichten Schrift „Unsere Sorge um die Toten und die Hinterbliebenen. Bestattungskultur und Begleitung von Trauernden aus christlicher Sicht" *(vom 22. November 1994) Bonn 1995.*

Sternsingen

Bis ins hohe Mittelalter (1164) geht der Brauch der Sternsinger zurück. Im Anschluß an den alttestamentlichen Text: „Ein Stern ging in Jakob auf, ein Zepter erhebt sich in Israel" (Num 24,17) an die neutestamentliche Stelle: „Wir haben seinen Stern aufgehen sehen und sind gekommen, um ihm zu huldigen" (Mt 2,2) dürfte der Brauch der Sternsinger im Umkreis von Bischofssitzen, Klöstern und Klosterschulen als kleiner Festzug der Kloster- und Chorschüler aufgekommen sein. Er hat sich für die Beteiligten als kleiner Nachschlag von Weihnachtsgeschenken großer Beliebtheit erfreut.

So berichtet eine zuverlässige Nachricht aus der Benediktinerabtei St. Peter in Salzburg aus dem Jahr 1541

Sternsingen

von einem Geldgeschenk an die „Singer mit dem Stern" am Fest „Trium Regum" (am Dreikönigsfest). Sehr viele Lieder der Sternsinger dürften der zweiten Hälfte des 16. Jahrhunderts entstammen. Sie lassen sich auf Flugschriften zurückführen, die in Nürnberg, Augsburg, Regensburg und Straubing gedruckt wurden. Das Liedrepertoire der Sternsinger ist landschaftlich unterschiedlich, überaus vielgestaltig und gemütsansprechend; manches Lied weist über zehn Strophen auf. Auch Künstler haben sich der Sternsinger angenommen. So hat der Niederländer Rembrandt van Rijn (1606–1669) aus der Zeit um 1640 eine Radierung „Sternsinger" geschaffen. Ein eindrucksvolles Bild der Sternsinger stammt aus der Hand von Johann Conrad Seekatz (1719–1768), heute im Hessischen Landesmuseum in Darmstadt. Sehenswert ist auch das Bild „Die Sternsinger kommen" des Tiroler Malers Alois Gabl (1845–1893) im Museum Ferdinandeum in Innsbruck.

Eine Neubelebung erhielt dieses weithin vergessene Brauchtum nach dem Zweiten Weltkrieg (seit 1958) als gemeinsame Aktion des Päpstlichen Missionswerkes der Kinder (Aachen) und des Bundes der katholischen Jugend (BDKJ) in Haus Altenberg bei Düsseldorf.

Etwa 500 000 Sternsinger ziehen alljährlich zwischen Neujahr und der Woche nach dem Dreikönigsfest (6. Januar) in Städten und Dörfern von Haus zu Haus um für extreme Notsituationen in der Welt zu „sammeln". Seit 1958 haben die Sternsinger in Deutschland nach Informationen des Päpstlichen Missionswerkes der Kinder mehr als 400 Millionen – allein im Jahr 1994 42 Millionen ersungen. Jedes Jahr wird ein Ort oder Land dieser Spendenaktion in Afrika, im Fernen Osten, in Südamerika usw. ausgesucht, um gezielt zu helfen.

Im oberbayerischen Raum wird heute sehr häufig folgendes Dreikönigslied gesungen:

1. Die Heil'gen Drei König mit ihrigem Stern, die kommen gegangen, ihr Frauen und Herrn. Der Stern gab ihnen den Schein. Ein neues Reich geht uns herein.

2. Die Heil'gen Drei König mit ihrigem Stern, sie bringen dem Kind das Opfer so gern. Sie reisen in schneller Eil, in dreizehn Tag vierhundert Meil.

3. Die Heil'gen Drei König mit ihrigem Stern knien nieder und ehren das Kindlein, den Herrn. Ein selige, fröhliche Zeit verleih uns Gott im Himmelreich!

Die Einzelgruppe der Sternsinger setzt sich meist aus drei Personen, den drei Königen Kaspar, Melchior und Balthasar zusammen. Deren

Namen finden sich nicht im Neuen Testament; lediglich aus den „drei" Geschenken „Gold, Weihrauch und Myrrhe" (Mt 2,11), die die Magier oder Sterndeuter aus dem Morgenland dem Jesuskind brachten, haben außerbiblische Texte, sogenannte Apokryphen, von drei Königen gesprochen und ihnen die Namen Kaspar, Melchior und Balthasar gegeben. Bisweilen wird eine vierte Person den drei Königen beigegeben, die an einer langen Stange den leuchtenden „Stern" (Mt 2,2.7.9) trägt.

Das Sternsingen ist heute ebenso eine Jungen- wie eine Mädchensache. Nach dem Singen ihres Liedes wünschen sie ein gutes Neujahr und Segen für Haus und Hof und für alle Erlebnisse, mit denen die Bewohner dieses Haus im Lauf des neuen Jahres konfrontiert werden. Sehr häufig schreiben sie mit geweihter Kreide die neue Jahreszahl an die Haustür:

19 K + M + B 96

Hinter den Abkürzungen können ebenso die Namen Kaspar, Melchior und Balthasar wie auch der lateinische Segensspruch „Christus mansionem benedicat – Christus segne dieses Haus" herausgelesen werden. Um vor „falschen Sternsingern" sicher zu sein, tragen die offiziellen Sternsinger eine Bescheinigung ihrer zuständigen Pfarrei bei sich. In dem Geleitwort, das Kardinal Friedrich Wetter an die etwa 20 000 Sternsinger seiner Erzdiözese München und Freising für die Aktion Dreikönigssingen 1995 gerichtet hat, hat er neben seinem Dank für die große Hilfsbereitschaft auch Erfahrungen ausgesprochen, die sicherlich die eine oder andere Gruppe der Sternsinger gemacht hat: „...Bei Euren Wanderungen durch die Pfarrgemeinden werdet Ihr auch verschlossene Türen finden. Ihr werdet die Kälte der ersten Januarnächte spüren. Ihr werdet müde nach Hause zurückkehren. Aber Ihr werdet begleitet von Jesus Christus, denn seinen Segen bringt Ihr in die Häuser der Pfarrgemeinden unseres Erzbistums."

LITERATUR: *R. Grün, Sternsingen – einst und jetzt. Aus der Geschichte des Brauchtums am Dreikönigsfest. Freiburg i. Br. 1967; H. Moser, Zur Geschichte des Sternsingens. In: Bayerischer Heimatschatz 31 (1935) 19–31.*

Stille Nacht, heilige Nacht

Das Weltlied der Weihnachtszeit ist „Stille Nacht, heilige Nacht", das von unterschiedlichen Weltanschauungen und politischen Strömungen weder durch „Väterchen Frost" und „Father Christmas" noch durch Ersatzlieder „Hohe Nacht der klaren

Stille Nacht, heilige Nacht

Sterne" ersetzt und verdrängt werden konnte. Amerikaner bezeichnen es als „the greatest hit of the world". Gelegentlich haben in der Nachkonzilszeit theologische und liturgische Puristen an Text und Melodie dieses – wie sie meinten – kitschig-süßlichen Liedes sprachliche Verbesserungen anzubringen versucht, die sich aber nicht durchsetzten.

Von diesem populären Weihnachtslied hat die „Gesellschaft für musikalische Aufführungs- und mechanische Vervielfältigungsrechte" (Gema) in Berlin insgesamt 961 Bearbeitungen registriert, von denen mehr als 800 urheberrechtlich geschützt sind. Eine eigene „Stille-Nacht-Gesellschaft" hat ihren Sitz in Salzburg.

Seine Entstehung verdankt das Lied „Stille Nacht, heilige Nacht" einer kirchlichen Notsituation, denn die altersschwache Orgel der Nikolauskirche im salzburgischen Oberndorf (am Ostufer der Salzach) tat ihren Dienst nicht mehr. Damit die Christmette nicht ohne Musik gehalten wird, holte der damals 26jährige „Hülfspriester" und Vikar Joseph Mohr (geboren am 11. Dezember 1792 in Salzburg, Steingasse 9; gestorben als Pfarrer in Wagrain am Fuß der Radstätter Tauern am 14. Dezember 1848) ein Gedicht mit sechs Strophen hervor, das er als Coadjutor in Mariapfarr im Lungau bereits 1816 verfaßt hatte (1817 wurde er nach Oberndorf versetzt). Diese geschichtlichen Daten und Erkenntnisse stützen sich auf ein Autograph von Joseph Mohr (26,6 x 36,3 cm) aus der Zeit von 1830, das in Salzburger Familienbesitz ist und am 8. Dezember 1995 vom Salzburger Museum Carolino Augusteum erstmals der Öffentlichkeit präsentiert wurde. Der von Joseph Mohr aufgeschriebene Originaltext „Weynachts-Lied" lautet:

1. Stille Nacht! Heil'ge Nacht!
Alles schläft, einsam wacht,
Nur das traute heilige Paar,
Holder Knab' im lockigen Haar;
Schlafe in himmlischer Ruh!

2. Stille Nacht! Heil'ge Nacht!
Gottes Sohn! O wie lacht
Lieb aus deinem göttlichen Mund,
Da uns schlägt die rettende Stund;
Jesum! in deiner Geburt!

3. Stille Nacht! Heil'ge Nacht!
Die der Welt Heil gebracht
Aus des Himmels goldenen Höh'n,
Uns der Gnaden Fülle läßt seh'n;
Jesum in Menschengestalt!

4. Stille Nacht! Heil'ge Nacht!
Wo sich heut alle Macht
Väterlicher Liebe ergoß,
Und als Bruder huldvoll umschloß
Jesus die Völker der Welt!

5. Stille Nacht! Heil'ge Nacht!
Lange schon uns bedacht,

Als der Herr vom Grimme befreit,
In der Väter urgrauer Zeit
Aller Welt Schonung verhieß!

6. Stille Nacht! Heil'ge Nacht!
Hirten erst kund gemacht
Durch der Engel „Halleluja!"
Tönt es laut bei Ferne und Nah:
„Jesus der Retter ist da!"

Vermutlich ist „Stille Nacht" der einzige, von Joseph Mohr verfaßte Liedtext. Der Heilige Abend in Oberndorf, 24. Dezember 1818, muß unter einem ganz besonders günstigen Stern gestanden sein, denn dem Lehrer und Organisten Franz Xaver Gruber (1787–1868; in Hallein befindet sich heute in seinem Wohn- und Sterbehaus ein Gruber-Museum) glückte in wenigen Stunden eine Melodie für Gitarre und zwei Stimmen zu diesem Text, die bis heute weltweit nicht verklungen ist. Rainer Maria Rilke (1875–1926) war von diesem Lied so angetan, daß er glaubte, es könne nur durch göttliche Inspiration entstanden sein. Erstmals erklang „Stille Nacht, heilige Nacht" in der Christmette am 24./25. Dezember 1818 in der (heute abgerissenen und durch einen Neubau ersetzten) Pfarrkirche St. Nikolaus. 1937 wurde eine eigene „Stille-Nacht-Gedächtniskapelle" erbaut, die heute Ziel immer größer werdender Touristenströme geworden ist.

Das heute gesungene „Stille-Nacht-Lied" umfaßt meist nur drei Strophen, die im Originallied die erste, zweite und sechste Strophe sind. Man hat wohl die dritte, vierte und fünfte Strophe des ursprünglichen Liedes gestrichen, weil sie religiös und sprachlich herber sind und in der Atmosphäre der Nazarenerfrömmigkeit kaum Anklang gefunden haben. Die mehr das Gemüt ansprechenden Texte der ersten, zweiten und sechsten Strophe sind damals und heute angekommen. In der heutigen Textwiedergabe sind jedoch die zweite und sechste Strophe vertauscht, außerdem lassen sich kleine Änderungen entdecken. In der ersten Strophe ist statt „traute heilige Paar" heute zu lesen, „traute, hochheilige Paar"; in der zweiten Strophe ist statt „Jesus der Retter ist da" zu lesen „Christ, der Retter ist da" und in der dritten Strophe heißt es statt „Jesus, in deiner Geburt" – „Christ, in deiner Geburt".

Das „Stille-Nacht-Lied" – ein Zufallslied des Jahres 1818, das weit über Europa und das Christentum hinaus zu einem Weltlied geworden ist und bei nicht wenigen Erinnerungen an eine selige und gläubige Kindheit weckt!

An dieser Stelle sei an eine Weihnachtsdichtung ganz eigener Art erinnert, die sich gewiß nicht messen kann mit dem Stille-Nacht-Lied von Joseph Mohr und Franz Xaver Gruber. Es handelt sich um die „Heilige Nacht" –

Stille Nacht, heilige Nacht

eine Dichtung in vierzeiligen, gereimten Strophen, erzählt im Lengrieser Dialekt und hineingestellt in das verschneite, bayerische Oberland –, erstmals veröffentlicht im Dezember 1916 von Ludwig Thoma (1867–1921). Die Versdichtung beginnt:

„Jetzt, Leuteln, jetzt loost's amal zua!
Mei Gsangl is wohl an weng alt,
Es is aba denascht schö gnua.
I monan, daß 's enk allesamm gfallt."

Diese „Heilige Nacht"-Dichtung wird wegen ihres oberbayerischen Dialekt vor allem im süddeutschen Raum gern gelesen, gehört und mit ihren Feinheiten auch verstanden.

LITERATUR: *A. Läpple, Kindheitsgeschichte Jesu. Kanonische und außerkanonische Überlieferungen. Schwerte 1993; F. Markmiller, Der Tag, der ist so freudenreich. Regensburg 1981; H. Schürmann, Das Lukasevangelium. Kommentar zu Kap. 1,1–9,50. Erster Teil. Freiburg–Basel–Wien 1969; M. Thudichum, Weihnachten für alle. Vom Martinstag bis zum Dreikönigsfest. Donauwörth 1980²; K. Weinhold, Weihnachtsspiele und Lieder aus Süddeutschland und Schlesien. Wiesbaden 1967; Weihnachtslied „Stille Nacht! Heil'ge Nacht!" Faksimile der frühesten erhaltenen autographen Fassung (Handschrift Joseph Mohr). Herausgegeben vom Salzburger Museum Carolino Augusteum. Salzburg 1995.*

T

Taufwasser

→ Ostern

Teufelsspuk

Weltsicht und Geschichtsdeutung vieler Menschen sind in Holzschnitt-Technik gestaltet. Scharf und kantig heben sich Dunkles und Helles ab. Das Gute steht neben dem Bösen, das Göttliche neben dem Dämonischen, Christus neben dem Teufel, der Heiland neben dem Widersacher. Christlicher Glaube weiß, daß mit der Kreuzigung und Auferstehung Jesu Christi Tod und Teufel besiegt sind. „Der Sohn Gottes ist erschienen, um die Werke des Teufels zu zerstören" (1 Joh 3,8). Aber auf seinen Rückzugs- und Nachhutgefechten versucht der besiegte Teufel, sich immer wieder in die Weltgeschichte einzumischen. Er will gleichsam „verbrannte Erde" als Spur seines Wirkens hinterlassen.

In der geheimen Offenbarung des Neuen Testaments wird von einer tausendjährigen Fesselung des Satans gesprochen (Offb 20,2-3): „Wenn (aber) die tausend Jahre vollendet sind, wird der Satan aus seinem Gefängnis freigelassen werden. Er wird ausziehen, um die Völker... zu verführen" (Offb 20,7-8).

Im Abendgebet (Komplet) des kirchlichen Stundengebets wird diese Situation klar angesprochen: „Seid nüchtern und wachsam! Eurer Widersacher, der Teufel, geht umher wie ein brüllender Löwe und sucht, wen er verschlingen kann. Leistet ihm Widerstand in der Kraft des Glaubens!" (1 Petr 5,8-9). Zu den „Leiden dieser Zeit" (passiones huius temporis), von denen der Apostel Paulus spricht (Röm 8,18), zählen in erster Linie jene vielfältigen Anfechtungen, mit denen der Teufel Einzelmenschen wie ganzen Völkern das Leben schwermacht.

Im Brauchtum der deutschen Stämme haben sich gerade im Verständnis des Teufels und im Umgang mit dem Teufel vorchristlich-germa-

Teufelsspuk

nische und biblisch-christliche Vorstellungen seltsam vermischt. Auch die deutsche Literatur- und Kunstgeschichte kennt diese Vermischung, wenn etwa Johann Wolfgang von Goethe (1749-1832) in seinem „Faust" bereits im „Prolog im Himmel" ein bemerkenswertes Gespräch zwischen Gott und Mephistopheles (Verse 271-353) vorlegt und Faust einen Blutpakt mit dem Teufel abschließt (Verse 1734-1764). Wer denkt nicht an die romantische Oper „Der Freischütz" von Carl Maria von Weber (1786-1826) und die Szene der Wolfsschlucht im 2. Akt, in der unter höllischem Zauber die „Freikugel" für Max gegossen wird!

Auch beim Puppenspiel und Marionettentheater für das einfache Volk, das auf den Jahrmärkten und Kirchweihfesten einen festen Standplatz hatte, fehlten nicht die beiden wichtigsten Figuren – der Kasperl und der Teufel, wobei der Kasperl stets unter dem Applaus der Kinder wie der Erwachsenen Sieger blieb.

Vor allem auf dem Land scheint der Teufel seine Umtriebe besonders drastisch gemacht zu haben, wobei sicherlich nicht wenige Feindschaften und Neidkomplexe von Hof zu Hof in recht unchristlichen Verwünschungen sich niedergeschlagen haben. Man hörte dann sehr häufig den Schrei des Entsetzens: „Es geht um", wenn Unglück im Stall, Krankheiten und Todesfälle in den Familien, seltsame Brandstreifen in den Kornfeldern oder Mißernten sich häuften! Vor dem Teufel, der auch „der Leibhaftige" genannt wurde, versuchte man sich durch Weihwasser zu schützen, ganz bestimmte Zeichen auf die Außenwände der Häuser zu schreiben oder (am Fest der Himmelfahrt Mariens, am 15. August) geweihte Kräuterbüschl an den Türschwellen der Häuser und der Ställe anzubringen.

Es gab und es gibt einen alljährlichen Adventsspuk im Berchtesgadener Land, zwischen Watzmann und Untersberg, wenn wilde Gesellen, sogenannte Buttnmandl, gekleidet in Stroh oder Tierfellen, versehen mit Tiermasken und fünf schweren Kuhglocken, am Vorabend des Nikolaustages (5. Dezember) ihr Unwesen treiben. Auch der Krampus, der Teufel, mischt sich unter die 112 wilden Gesellen. Mit Glockenrütteln und Kettenrasseln sollen die bösen Geister vertrieben werden. Auf nicht wenigen Gehöften geht dieser „wilden Jagd" die Bäuerin mit Weihwasser entgegen, um den Teufel von Haus und Hof, von Mensch und Tier fernzuhalten.

Auch der Brauch des Perchtenlaufes mit holzgeschnitzten Larven und seltsamen Stampfschritten geht – nach Aufzeichnungen der „Mondseer Glossen" – in die Zeit von 1000 n. Chr. zurück und hat mit der Vertreibung des Bösen zu tun. Daß das Perchtenlaufen in der Vornacht des

Dreikönigsfestes 5./6. Januar) besonders schlimm und lähmend ausartete, ist der Beschwerde eines Mönches aus dem Kloster Attel bei Wasserburg am Inn zu entnehmen: „Heute dienen die Burschen nicht dem Herrn, sondern dem Teufel. Eher gehen sie zum Tanz als in die Kirche. Und früher lernen sie von der Göttin Perchta singen als das Ave Maria zu beten!"
Auch das Weihnachtsschießen im Berchtesgadener Land unmittelbar vor der Mitternachtsmette – erstmals 1666 urkundlich bezeugt – hat mit der Vertreibung des Bösen zu tun. Der Teufel soll den Schlaf des Christkinds in der Krippe und die „Stille, heilige Nacht" nicht mit seinem Lärm stören. Hingewiesen werden muß auch auf das geradezu magisch zu nennende Vertrauen, das Menschen früherer Jahrhunderte auf hochgeweihte Münzen und Medaillen setzten, die von Wallfahrtsorten mitgebracht wurden. In einer „Geistlichen Schildwache", einer Anleitung aus dem 17. Jahrhundert zum Gebrauch vor allem der Benediktus-Pfennige, heißt es:
„Die Benedictus-Pfennige, wenn sie von einem Priester geweihet sind und mit Andacht bey sich getragen werden, haben folgende Kraft:
1. Sie vertreiben von den menschlichen Leibern alle Bezauberung und vom Teufel zugefügten Schaden.
2. Sie verhindern, daß kein Hexe oder Zauberer könne eingehen, wo dieser Pfenning ober der Thür angenagelt oder unter die Thürschwelle vergraben ist.
3. Denjenigen, so vom Teufel angefochten werden, bringen sie Beschirmung.
4. Wann das Vieh bezaubert ist und man den Pfenning ins Wasser legt, und das Vieh damit waschet, so muß die Bezauberung weichen.
5. Wann in der Milch oder Butter unnatürlicher Schaden verspüret wird, so soll man den Pfenning in Wasser legen und das Vieh darüber trincken lasen."

Diese „Gebrauchsanweisung" zur Benutzung des Benediktus-Pfennigs macht deutlich, daß nicht weniges, was Menschen durch Verwünschungen, durch Gehässigkeit, durch Neid und „Verteufelungen" sich gegenseitig und an Hab und Gut antun, zu Unrecht auf das Konto des Teufels geschoben wird. Gegenüber dem modernen Phänomen des Satanismus und gewiß angemahnt und angeregt durch die moderne Medizin und Psychiatrie hat die Kirche gelernt, bei den auch heute auftretenden, psychiatrischen Fällen, die man früher allzu schnell mit „Besessenheit" ausgab, dem fachkundigen Arzt den Vortritt zu geben. Nicht ohne ärztliches Gutachten soll über die Anwendung eines kirchlichen Exorzismus entschieden werden.
Die heutige Auseinandersetzung mit

Teufelsspuk

dem Teufel ist nüchterner geworden. Kaum angezweifelt wird, daß es „das" Böse gibt. Es mehren sich aber die Stimmen, daß auch „der Böse" sein Unwesen treibt. Engel und Teufel sind mehr als ein Nichts, mehr als eine verklemmte Einbildung, mehr als „Pappfiguren" der Literatur. Beide können unerwartet im Hier und Heute beglücken oder belasten. Dem „Teufelsspuk" begegnet die heutige Kirche mit einer Theologie der Befreiung und des Segens, indem sie die Welt „von der Sklaverei und Verlorenheit befreit zur Freiheit und Herrlichkeit der Kinder Gottes" (Röm 8,21). Die gesamte Schöpfung „seufzt bis zum heutigen Tag und liegt in Geburtswehen" (Röm 8,22). Sie soll durch die Erlösten aus der Macht des Bösen befreit werden um „an Wesen und Gestalt seines Sohnes teilzunehmen" (Röm 8,29).

Nicht unter dem Unsegen und Unheil des Bösen, sondern unter dem Segen und der Zukunftsverheißung Christi soll die ganze Welt und die Menschheit stehen und leben, wie es die Kirche im „Benediktionale" anbietet. Dort finden sich Segensgebete zum Laufe des Kirchenjahres und für besondere Anlässe und die Segnungen religiöser Zeichen. Ebenfalls enthält das Benediktionale Texte für allgemeine Segnungen und Segnungen im Leben der Familie und der Öffentlichkeit.

In einer Epoche, die mit unverhohlener Skepsis über Existenz und Wirksamkeit der Engel wie der Teufel spricht, hat das christliche Brauchtum, das vom Kampf gegen den Teufel und von der Befreiung der Welt aus der Umklammerung des Teufels Zeugnis ablegt, eine orientierende und gewiß auch eine stabilisierende Funktion, um den biblisch-christlichen Glauben an die Macht Christi und von der Macht wie von der Ohnmacht des Teufels an kommende Generationen weiterzugeben.

LITERATUR: *E. Becker (Hg.), Der Exorzismus der Kirche unter Beschuß. Stein am Rhein 1995; P. L. Berger, Auf den Spuren der Engel. Frankfurt a. M. 1970; J. Bernhardt, Chaos und Dämonie. Weißenhorn 1988²; M. W. Fischer – O. Weinberger (Hg.), Politik als Dämonologie. Fanatismus in den Denksystemen. Frankfurt a. M. – Bern – New York 1991; H. Haag, Abschied vom Teufel. Einsiedeln 1969; A. Läpple, Engel und Teufel. Wiederkehr der Totgeglaubten. Augsburg 1993; E. Milingo, Gegen Satan. Mailand 1994; R. Rodewyk, Die dämonische Besessenheit in der Sicht des Rituale Romanum. Aschaffenburg 1963; R. Rodewyk, Dämonische Besessenheit. Tatsachen und Deutungen. Augsburg 1988; M. Seemann, Die Welt der Engel und Dämonen als heilsgeschichtliche Mit- und Umwelt des Menschen. In: Mysterium Salutis. Bd. 2. Einsiedeln – Zürich – Köln 1967, 943–993; C. Westermann, Gottes Engel brauchen keine*

Flügel. München – Hamburg 1965; G. Zacharias, Der dunkle Gott. Die Überwindung der Spaltung von Gut und Böse. Satanskult und Schwarze Messe. Wiesbaden – München 1982.

Tischgebet

Das Tischgebet ist in der Glaubens- und Liturgiegeschichte wie in der Kunst- und Frömmigkeitsgeschichte aller christlichen Jahrhunderte ein wichtiges, ja ein zentrales Thema gewesen, das von zwei neutestamentlichen Berichten immer neu inspiriert wurde: vom Ereignis des Paschamahls Jesu mit seinen Aposteln (1 Kor 11,22-25; Mt 26,26-29; Mk 14,22-25; Lk 22, 15-20) und von jener abendlichen Tischgemeinschaft der beiden Wanderer mit dem verklärten Jesus in Emmaus (Lk 24, 13-35). Die Diskussionen über das rechte Verständnis gerade der mit Jesus gefeierten Tischgemeinschaft haben wiederholt zu Spannungen, leider auch zur Preisgabe jener Tischgemeinschaft geführt, die Eucharistiefeier oder Abendmahl genannt wird. Auch in der Kunstgeschichte finden sich bewegende Beispiele für die Hochschätzung und das Glaubensgeheimnis der Tischgemeinschaft mit Jesus, wenn man sich erinnert an Rembrandts Bild „Emmaus" (geschaffen 1648, heute im Louvre in Paris) oder an das stimmungsvolle Gemälde „Angelus" von Jean-François Millet (1814–1875). In einem ganz eigenartigen Bild hat im Jahr 1885 Fritz von Uhde (1848–1911) veranschaulicht, wie das Gebet „Komm, Herr Jesus, sei unser Gast!" (Bildtitel) für eine Tischgemeinschaft zur kühnen Heilsgegenwart des hereintretenden Herrn wird. Der religiöse Gedanke des Malers Fritz von Uhde findet sich aufgegriffen in dem zweibändigen Werk „Leben Jesu in Palästina, Schlesien und anderswo" (1925/26) von Joseph Wittig (1879–1949), der ebenfalls den geschichtlich und geographisch fernen Jesus als den nahen, menschenfreundlichen und gleichzeitigen Weggefährten erleben läßt.

Das Tischgebet in unserer Zeit ist nicht wenigen Irritationen und Schwierigkeiten ausgesetzt, wenn man sich allein die heutige Arbeitswelt und das multireligiöse Klima in Werkskantinen oder Restaurants vergegenwärtigt. Wer heute beim Gemeinschaftsessen in einer Werkskantine auch nur das Kreuzzeichen macht oder die Hände faltet, kann allzu leicht zum Gespött seiner Kollegen werden.

Drängt sich angesichts solcher oder ähnlicher Alltagssituationen nicht die Frage auf, ob wir Christen bisweilen zuwenig Mut haben, unseren Glauben in äußeren Zeichen zu bekennen! Nicht wenige Christen sind von der Feigheit angekränkelt, weil

Tischgebet

sie ein äußeres Bekenntnis des christlichen Glaubens sich als Störfaktor der entchristlichen Öffentlichkeit haben einreden lassen. In der weltanschaulichen Neutralität einer Demokratie ist keineswegs der Nicht-Christ, der Atheist das alleinige Lebensmodell, sondern der zu anderen, politischen oder weltanschaulichen Gruppierungen faire und loyale Christ. Religionsfreiheit lebt und verwirklicht sich als Bekenntnisfreiheit im öffentlichen Leben.

Wie wenige Familien kommen heute zum Mittagstisch zusammen! Das Abendessen ist meist durch Fernsehprogramme oder durch Tätigkeiten in Vereinen vorprogrammiert und allzuoft nicht gemeinsam. Nicht wenige erleben bei Tagungen und Veranstaltungen in klösterlichen oder kirchlichen Gemeinschaften als etwas sehr Seltenes das gemeinsame Tischgebet! Soll deshalb das Tischgebet grundsätzlich unterlassen werden? Man kann auch ohne Kreuzzeichen und ohne die Hände zu falten, still und für andere kaum erkennbar sein Tischgebet sprechen. Wenn es wahr ist, daß der Samstag und der Sonntag der Familie gehört, dann sind gerade diese beiden Tage wertvolle Gelegenheiten für das gemeinsame Tischgebet in der Familie. Wenn aber Vater oder Mutter nicht mitbeten, wird das familiäre Tischgebet nicht gelingen, nicht in das Leben und Beten der jungen Generation einzuwurzeln und als „guter Brauch" weitergegeben werden.

Das persönliche, vor allem das familiäre Tischgebet braucht ebenso Einübung eines oftmals gesprochenen und daher eingeprägt gleichen Textes wie Abwechslung durch (durch die Thematik des Kirchenjahres oder eines Gebetswürfels mitgeprägten) Variation der gesprochenen oder auch gesungenen Tischgebete. Auch das spontan formulierte Tischgebet – an einem kirchlichen Festtag oder zum Geburts- oder Namenstag eines Familienmitgliedes – sollte Platz haben und sich entfalten können.

„Komm, Herr Jesus, sei unser Gast,
und segne, was du uns bescheret hast."
„O Gott, von dem wir alles haben,
wir danken dir für diese Gaben.
Du speisest uns, weil du uns liebst.
O segne auch, was du uns gibst. Amen."
„Aller Augen warten auf dich, o Herr;
du gibst ihnen Speise zur rechten Zeit.
Du öffnest deine Hand
und erfüllst alles, was da lebt, mit Segen.
Lasset uns beten:
Herr, segne uns und diese deine Gaben,
die wir von deiner Güte nun empfangen,
durch Christus, unsern Herrn. Amen."
„Gelobt sei der himmlische Vater,
der uns das Brot der Erde geschenkt;
gelobt sei sein heiliger Sohn,
der uns das Wort des Lebens gebracht;
gelobt der Heilige Geist,
der uns zum Mahl der Liebe vereint!"

Das Tischgebet ist eine kleine Facette der kosmischen Liturgie, zu der alle Menschen guten Willens aufgerufen sind: „Ihr möget essen oder trinken, tut alles zur größeren Ehre Gottes" (1 Kor 10,31). Diese weltweite, kosmische Liturgie ist von zwei Motivationen mitgeprägt – vom Denken, aber auch vom Teilen. Viele Menschen können sich einen gedeckten und abwechslungsreichen Tisch leisten. Aber wieviel Brot und Eßbares liegt in den Mülltonnen und Abfallkörben der Schulhöfe oder der Parkanlagen! Viele haben es selbst erlebt, daß ein Hungriger den Inhalt der Abfallkörbe durchsucht, um etwas zum Essen zu finden. Wir sollten vor solchen Armutszenen nicht wegschauen, sondern uns zur Sorge und Verantwortung aufgerufen fühlen. Zum recht verstandenen und praktizierten Tischgebet gehört heute mehr denn je die Sorge und Verantwortung für andere in Not.

Vater, wir leben von deinen Gaben.
Segne das Haus, segne das Brot.
Gib uns die Kraft, von dem, was wir haben,
denen zu geben in Hunger und Not.

Die Schöpfung hat Gott den Menschen anvertraut, um allen Brot, Leben und Zukunft zu schenken. Angesichts der weltweit wachsenden und sich rapide verschärfenden Nöte und Hungerkatastrophen wurden bereits „Umkehr-Zeichen" gesetzt, indem hingewiesen wurde auf verbindliche Selbstverpflichtungen etwa zum „Freitagfasten" (in der Advents- und Fastenzeit), zum Verzicht auf eine Mahlzeit, auf bestimmte Getränke, um das ersparte Geld über Hilfsorganisationen wie „Misereor" oder „Brot für die Welt" Armen zukommen zu lassen.

LITERATUR: *Segne Gott unser Brot. Tischgebete. Würzburg 1956; Segne uns, Herr. Tischgebete, Freiburg 1987[3]; H. Engel (Hg.), Gib du uns Speise, Herr. 100 Tischgebete. Sankt Augustin 1975[7]; G. Grosche. Tischgebete nach Texten der Heiligen Schrift. Rietberg 1987[2]; C. M. Martini, Tischgebete. Graz–Wien–Köln 1989; H. A. Mertens (Hg.), Tischgebete für alle Tage des Jahres. Freiburg i. Br. 1952; Th. Schmidkonz, Tischgebete. München–Luzern 1975; P. Urlberger, Das Tischgebet im Kirchenjahr. Regensburg 1982[6].*

Totengottesdienst

→ Sterbe- und Bestattungskultur

Traueranzeigen

→ Sterbe- und Bestattungskultur

Valentinstag

So sicher im Kalender heutiger Floristen am 14. Februar der „Valentinstag" steht, so unsicher ist nach Experten der Kirchengeschichte die genaue Biographie des Namensträgers Valentin. Aus der Vielzahl der kirchengeschichtlich bekannten Namensträger Valentin seien genannt Papst Valentin I. (827), ein Bischof Valentin von Terni (aus dem 3. Jahrhundert), der Priester und Märtyrer Valentin von Viterbo (3./4. Jahrhundert), Bischof Valentinus von Passau (um 475). Zu allem Überfluß ist überliefert, daß es in der Nähe von Meran auf dem sogenannten Zenoberg eine Kirche mit dem Grab eines heiligen Valentins (ecclesia sancti Valentini) gegeben hat, die das Lieblingsheiligtum des Freisinger Gründerbischofs Korbinian (um 724–730) war. Dort war Korbinian nach seiner testamentarischen Verfügung fast 40 Jahre bestattet, bis er unter Bischof Arbeo aus Mais bei Meran nach Freising (769) zurücküberführt wurde.

Von heutigen Kirchenhistorikern wird zum liturgischen Festtag des 14. Februar ein Bischof Valentin genannt, der Bischof der nördlich von Rom liegenden Stadt Terni war und am 14. Februar 268 unter dem römischen Kaiser Claudius II. (268–270) hingerichtet wurde. Beim 2. Meilenstein der von Rom nördlich verlaufenden Via Flaminia hat Papst Julius I. (337–352) eine Basilika („quae appellatur Valentini") mit dem Grab des heiligen Bischofs und Märtyrers Valentin („in sua ecclesia … corpore jacet") errichtet. Sehr früh schon gab es im benachbarten Rom eine rasch aufblühende Verehrung des heiligen Valentin, wo sein Fest ab 350 nachweisbar ist.

Der heilige Bischof und Märtyrer Valentin muß eine exzellente Vorzugsstellung und Ausstrahlung in der frühchristlichen Frömmigkeit gehabt haben. Nur so ist es zu erklären, daß er in vielen, durchaus unterschiedlichen Anliegen angerufen wurde. Er galt als Patron der Bienenzüchter, aber auch der Verliebten und Brautleute, denen man den Segen und

die Fürbitte des heiligen Valentin „für a guate Heirat" wünschte. Der heute wiedererweckte und praktizierte Brauch, am Valentinstag Blumen oder Blumengebinde lieben Menschen in dankbarer Verbundenheit zu schenken, könnte durchaus auf einen altrömischen Brauch zurückgehen, denn genau am 14. Februar wurde im alten Rom das Fest der Göttin Juno, der Beschützerin von Ehe und Familie, stürmisch begangen. Wer weiß noch, daß der Valentinstag vor gar nicht so langer Zeit „Vielliebchentag" hieß?
Weil im frühen Deutschland der 14. Februar als Schicksals- und Unglückstag galt, stellte man sich gerade unter den besonderen Schutz des heiligen Valentin, dessen Name in der lateinischen Urbedeutung auf „gesund, heil, stark" hinweist. Die alten Römer haben zur Verabschiedung eines Freundes gerne gesprochen oder einen Brief mit dem Wunsch geschlossen: „Vale! Cura, ut valeas!" (Bleibe gesund! Sorge für deine Gesundheit.) Sehr bald wurde der heilige Valentin zum beliebtesten Patron bei Augenleiden, bei Pest, bei Ohnmachten, bei sogenannten „fallenden" Krankheiten und Behinderungen wie Epilepsie und Krampfzuständen.
Sich am Valentinstag mit Blumen beschenken, sollte mehr sein als eine Geste, „weil es Brauch ist". Mit dem Blumengeschenk sollte verbunden sein das stille Gebet für einen Mitmenschen, den wir schätzen, dem wir vieles zu verdanken haben, für den wir letztlich Gott danken, daß er gerade diesen Menschen an unseren Lebens- und Glaubensweg gestellt hat. Ich danke Gott, daß es dich gibt!
Warum Blumen am Valentinstag? Wir wollen gleichsam Blumen sprechen lassen, weil mit ihnen unsere besten Wünsche und Gebete für Gesundheit an Leib und Seele und für Glück in Zeit und Ewigkeit verbunden sind.

LITERATUR: *H. Aurenhammer, Lexikon der christlichen Ikonographie. Wien 1959; J. P. Kirsch, Der stadtrömische Festkalender im Altertum. Münster 1924; B. Kötting, Peregrimatio religiosa. Regensburg 1950; F. Meingast, Die alpenländischen Nothelfer. München 1982.*

Volksmusik

Volksmusik ist – auf den einfachsten und grundlegenden Nenner gebracht – Musizierfreude und Sangeslust des Volkes anläßlich der verschiedensten Gelegenheiten und Ereignissen des menschlichen, vor allem des familiären Lebens – aus dem Volk kommend und für das Volk intoniert. Ehe sie aufgezeichnet wurde, ist Volksmusik von einer Generation zur an-

Volksmusik

deren weitergesungen und weitergegeben worden. Begleitet wurden die menschlichen Stimmen von einfachen bäuerlichen Musikinstrumenten – Zither, Gitarre, Hackbrett, Flöte, Klarinette, Baß, Okarina, Maultrommel und bisweilen auch das Schlagzeug einer einfachen Trommel.

Versucht man sich in die Ursprünge und in die Texte der Volksmusik zu vertiefen, dann stößt man auf ein trag- und entfaltungsfähiges Fundament der Volksmusik, denn sie ist zunächst nicht Musik um des bloßen Geschäftes willen gewesen. Sie war Musizieren im Familien- und Bekanntenkreis – „weil's eben Freid macht". In der Volksmusik kam die ganze Variationsbreite des Denkens und Fühlens, der Freude und der Liebe, des Schmerzes und der Trauer, des Glaubens und der Bedrängnis der Menschen zum Erklingen. Die spannungsreiche Biographie der Menschen, ihr Miterleben der Jahreszeiten wie vor allem des Kirchenjahres mit den vielen Hochfesten und Heiligenpatrozinien ist in der Volksmusik Klang geworden.

Es blieb der Kommerzialisierung unseres Jahrhunderts vorbehalten, die Volksmusik zum Geschäft werden zu lassen. Gerade an dieser Grenze entzündete sich mancher leidenschaftliche Disput, was Volksmusik von volkstümlicher Musik unterscheidet. Es gibt Gruppen und Musikanten, die durch Fernsehübertragungen weit über Europa hinaus bekannt sind. Weil durch Auszeichnungen und „Goldene Schallplatten" der Verkauf blüht, gibt es einen eigenen „Grand Prix der Volksmusik". Was würden dazu die großen Forscher und Sammler der Volksmusik wie Josef Pommer (1845–1918), Kiem Pauli (1882–1960), Kurt Huber (1893–1943) und Annette Thoma (1886–1974), die Schöpferin der sogenannten „Bauernmesse", sagen? Ein großer Kenner gerade der bayerischen Volksmusik hat von der Volksmusik gesagt: Wahre Volksmusik liebt nicht das Laute, sondern die stillen Töne. Sie braucht keine Mikrofone, keine mächtigen Verstärker und riesige Hallen. Echte Volksmusik wird zerstört durch das hämmernde Stakkato-Klatschen, mit dem die zahlreichen Zuhörer vom ersten bis zum letzten Takt die Musik und vor allem den Text zudecken. Volksmusik will mit den Zuhörern ins Gespräch kommen. Sie will die Menschen wie in einem gemütlichen Garten zusammensitzen, hören und lauschen lassen. Sie hat ganz still und unaufdringlich eine Botschaft (wenn man das große Wort in aller Bescheidenheit gebrauchen darf). Sie will bald in Dur, bald in Moll Menschen in stille Nachdenklichkeit führen. Volksmusik läuft nicht einfach ab. Sie kennt einen oftmaligen Wechsel der Tempi, plötzlich abwechselnde Taktarten.

Sie kennt und liebt das Pianissimo, das plötzlich zu einem Forte anschwillt und mit einem Aufschrei oder Juchzer im Fortissimo abrupt endet. Volksmusik, vor allem ihre Liedtexte, gehen auf die Erlebnisse der Menschen ein – auf Liebesglück und Liebesenttäuschung, Flüsse und Berge, Menschen und die Tiere der Heimat. Weil in der Volksmusik Mensch und Gott, Schöpfung und Erlösung, Heimat und Glaube selbstverständlich und nahtlos zusammengehören, klingen diese Themen in Musik und Text unproblematisch und ungequält zusammen. In der Volksmusik wird keineswegs eine heile Welt vorgegaukelt. Auch das Harte, das Schmerzliche, das Unverstandene und Nichtbewältigte wird angesprochen. Man bleibt bei der Wahrheit und verletzt doch nicht. Mit Recht hat der Benediktinerabt Hugo Lang (St. Bonifaz, München) gesagt: „Die Ausdrucksskala des bayerischen Wesens erhebt sich nicht von gescheert zu gescheerter, sondern von fein zu unsagbar fein."
Volksmusik lebt und erneuert sich aus der „gottgewollten, gottgesegneten Einheit von Glaube und Heimat" (Annette Thoma). Zu ihr gehören daher die wunderfeinen Marienlieder zur „staaden Zeit" im Advent (Adventsingen in Salzburg!) wie auch zum Weihnachtskreis mit den oft recht lustigen Hirten- und Krippenliedern. Aber auch einfühlsame Passions- und Osterlieder gehören zum Repertoire der Volksmusik. Zur Volksmusik gehört auch der Juchzer und der Jodler. Kardinal Joseph Ratzinger, ein Kenner und Förderer der Volksmusik, hat in Anspielung an Texte des heiligen Augustinus vom Jodler gesagt: „Der Jodler ist das wortlose Ausströmen einer Freude, die so groß ist, daß sie alle Worte zerbricht... Der Jodler kann mit Worten nicht ausdrücken, nicht sagen jenes Lied, das dir im Herzen singt. Der Jubilus ist ein Klang, der zeigt, daß das Herz verkünden will, was es doch nimmer sagen kann." Gerade beim Andachtsjodler in der Eucharistiefeier kann sich der Raum „Geheimnis des Glaubens" öffnen.
Volksmusik ist weit mehr als nostalgische Archivarbeit, die nur zurückschaut. Gerade in unserer Zeit muß sie sich einerseits behaupten zwischen Kommerz und Kitsch, andererseits aber auch im Gespräch bleiben mit den Anliegen und musikalischen Ausdrucksformen einer neuen Zeit. Impulse und Herausforderungen können dabei auch außereuropäische Musikformen vermitteln, denn auch „der Blues ist ja auch nichts anderes als Volksmusik" (Manfred Zwick, alias Zither-Manä).
Abschließend ein beherzigenswertes Wort von Kiem Pauli: „Alle Erfindungen nützen nichts, wenn die Menschheit dabei das Herz verliert

und die ganze Wahrheit nur mehr ein kaltes Dasein bietet. Wir brauchen Wärme zum Leben. Was gesund ist an der neuen Zeit, dem wollen wir uns nicht verschließen, aber das Herz darf es nicht kosten."

LITERATUR: *M. Heilmannseder, Brauchtum und historische Feste. Rosenheim 1992; K. M. Klier, Volkstümliche Musikinstrumente in den Alpen. Kassel 1956; P. E. Rattelmüller, Bayerisches Brauchtum im Jahrskreis. München 1985; A. und H. Rehm, Lebendiges Brauchtum in Werdenfels. Garmisch-Partenkirchen 1995²; L. Schmidt, Volksmusik, Salzburg 1974; H. Schnell, Bayerische Frömmigkeit, Kunst und Kultur in 14 Jahrhunderten. München 1964.*
Hingewiesen sei auf die Zeitschrift: „Volksmusik in Bayern" (München).

Volkstrauertag

→ Sterbe- und Bestattungskultur

Votivbilder

Innen- wie Außenwände vieler Wallfahrtskirchen sind oft behängt mit sogenannten Votivbildern (oder auch „Ex votos" genannt nach der lateinischen Bezeichnung „Ex voto" = aus einem Verlöbnis, aus einem Versprechen oder Gelübde gegeben). Gerade in diesen Votivbildern begegnet man der Lebens- und Leidgeschichte der Menschen, die zu einer Glaubens- und Dankgeschichte geworden ist. Im sogenannten Beresina-Lied (1812) heißt es:

„Unser Leben gleicht der Reise eines Wandrers in der Nacht: Jeder hat auf seinem Gleise etwas, das ihm Kummer macht."

Von Votivbildern geht ein eigenartiger Zauber aus. Die neue Hochschätzung der primitiven wie auch der naiven Malerei hat vielen den Zugang zu diesen meist in kühner Realistik und farbiger Frische gemalten Bildern neu erschlossen. Votivbilder sind Erinnerungen, die Wallfahrer als Zeichen der Bitte (Maria hilf!) oder auch als Zeichen des Dankens (Maria hat geholfen!) an einem Gnadenort hinterlassen haben um ihr Anliegen, vor allem ihre Dankbarkeit, dem Gnadenstrom Gottes anzuvertrauen oder auch, um andere Wallfahrer zum Mitbeten einzuladen und zum beharrlichen Gottvertrauen zu ermutigen.

Votivbilder geben einen Einblick in die Zufälle und Unfälle wie in die Schwierigkeiten und Gefahren des Berufs- und Arbeitslebens früherer Jahrhunderte.
Was auf den Votivbildern abgebildet

ist, kann mit einem aufgeschlagenen Buch verglichen werden, in dem eine eindrucksvolle Lebens-, Krankheits-, Katastrophen-, aber auch Trachten- und Heilungsgeschichte zu entdecken ist. Sie bieten eine Bildgeschichte und bringen in rührender Unbeholfenheit oft mit verschobener Symmetrie und wackeliger Perspektive eine geradezu handgreifliche, narrative Frömmigkeit zur Sprache. Votivbilder an heiligen Stätten sind mehr als eine Fundgrube der volkskundlichen Forschung oder gar der pietätlosen Sammelleidenschaft. Viele alte Votivbilder mußten in verschlossenen Schatzkammern aufbewahrt werden, weil so manches wertvolle Votivbild abgeräumt und entwendet worden ist. Respektlos vergreift man sich an religiösen Zeichen der Frömmigkeit!

Die ältesten Votivbilder lassen sich in das ausgehende Mittelalter datieren. Votivbilder erschließen uns die Nöte und Ängste unserer Vorfahren, geben aber auch Einblick in die Heiligen, die man zur Verstärkung seines Betens vor Gott noch zusätzlich „eingespannt" hat. Das bäuerliche Milieu unserer Vorfahren zeigt sich auf den Votivbildern ebenso in den Unfällen wie auch in den angerufenen Bauernheiligen wie Leonhard, Stefan, Sebastian, Wendelin, Florian oder auch Rasso (im Gebiet des Ammersees). Man hatte ein geradezu familiär-vertrauliches Verhältnis zu diesen Heiligen, vor deren Bild man gerne eine brennende Kerze aufstellte. Die naive Frömmigkeit, die sich in der naiven Kunst der Votivbilder ausdrückt, wußte erstaunlich genau (wohl aus den Predigten der Pfarrer), welcher Heilige in welcher Not des Stalles oder der Gesundheit der besondere und hilfreiche Spezialist ist, den man als Fürbitter vor Gottes Thron zur Unterstützung gebeten hat.

Es ist leicht und zugleich ungerecht, vorschnell von magischer Frömmigkeit zu reden oder einem Heilkraft zuzutrauen, weil angeblich (nach schlichter Denkweise) Jesus und Maria vom Stall nichts verstehen oder weil man sie damit nicht belasten und angehen will. Die Volksfrömmigkeit hat eine eigene Rangordnung des Betens, der Werte und der Heiligen, die aus der Gnadenerfahrung der Vorfahren überkommen und bestätigt worden ist und der man sich gerne anvertraute. Votivbilder lassen nacherleben, wie sehr unsere Vorfahren mit den Heiligen auf du und du lebten. Alle Ereignisse wie auch alle Mißgeschicke sind in eine kosmische, Diesseits und Jenseits umfassende Liturgie integriert (ohne daß man in hochgestochener Formulierung davon redete). Der Himmel war nicht „drüben", sondern das Ewige war im Zeitlichen spürbar und wirksam.

Das Diesseits war von Engeln und

Heiligen als unseren Freunden und Helfern durchwohnt. Auf den meisten Votivbildern findet sich neben der drastisch-naiven Darstellung und der Jahreszahl die lateinische Inschrift: „Votum fecit et gratiam recipit" (Er hat ein Gelübde abgelegt und Gnade empfangen).

Votivgaben

An Wallfahrtsstätten findet der Pilger wie der Tourist neben den Votivbildern eine Vielzahl von Votivgaben aus Silber getrieben oder aus Wachs gefertigt. Diese wurden von heimatlichen Silberschmieden, Wachsziehern und Lebzeltern in Bayern aus geschnitzten, in oft jahrhundertealter Familientradition weitergegeben und gefertigten Holzformen, den sogenannten „Modeln", gegossen. Die Votivgaben zeigen häufig sehr drastisch die Heilung, und zwar im Unterschied zu den Votivbildern ohne erläuternden Text. Die Krankheits- und Heilungsgeschichte wird kurz und realistisch gleichsam in einem bildlichen Konzentrat erzählt: aus Wachs ein Kind, eine Brust, ein Herz, eine Lunge, zwei Augen, eine Zunge, eine Hand, ein Fuß. Narrative Frömmigkeit in optischer Kurzform!

An Wallfahrtsorten finden sich häufig aus rotem Wachs gegossene Kröten, sogenannte „Gebär-Kröten",

oder aus Gold- oder Silberblech gestanzte wie auch aus rotem Wachs gegossene Fatschenkindl. In der Geschichte der Menschheit hat die Kröte eine erstaunlich lange Deutungsgeschichte, die weit in die römische und griechische Antike zurückreicht. Der griechische Philosoph Platon (427–347 v. Chr.) sah den Uterus der Frau als ein nach Befruchtung gieriges Tier an. In mittelalterlichen Mirakelbüchern des süddeutschen Raumes wurde dieses Tier für eine Kröte, eine Gebärkröte, gehalten.

Erwähnt sei, daß im inneren, romanischen Portal des Freisinger Doms (rechts unter der eingemeißelten und beschrifteten Figur der Kaiserin Beatrix) eine Kröte angebracht ist – zum Dank, daß sie dem Kaiser Friedrich I. Barbarossa (1132–1190) nach langer Kinderlosigkeit endlich 1164 einen Sohn gebar. Aus rotem Wachs gegossene wie aus Metall gefertigte Fatschenkindl sind vielfach Zeichen der Bitte aus der Zeit, da eine Frau noch „in der Hoffnung" (auf eine gute und gesunde Geburt) war oder auch als Zeichen des Dankes für eine glückliche Geburt. (Vgl. dazu Hedi Heres, Brauchtum im Lebenslauf: Es ist was unterwegs. In: Charivari 20 (1994) Nr. 3, Seite 14–20). Ein Spruch aus Südtirol, der nachempfinden läßt, wie man früher über Kindersegen und Kinderreichtum gedacht hat, H. Heres, (a. a. O):

*„Das erste Kind bringt die Gesundheit,
das zweite die Schönheit,
das dritte den Frieden,
das vierte das Glück,
und jedes weitere einen Fürsprecher
für die Eltern im Himmel."*

Bisweilen finden sich – verkleinert und aus Silber geschlagen – ganze menschliche Figuren, unter denen sich sogar ein Soldat mit aufgepflanzter Hellebarde oder mit Gewehr entdecken läßt – eine Dankesgabe für gesunde Heimkehr aus einem Krieg.

Wertvolle und unersetzliche Kommentare zu den Votivgaben eines Wallfahrtsortes sind die sogenannten *Mirakelbücher* (z. B. in Niederscheyern bei Pfaffenhofen an der Ilm, in Inchenhofen, Grafrath, im Kloster Andechs oder in Altötting), in denen die „Verlöbnisse", ihre Anlässe und ihre Geber oft in köstlicher Formulierung eingetragen sind. Medizin- und frömmigkeitsgeschichtlich vermitteln diese Mirakelbücher und Votivgaben einen einzigartigen Einblick in jene Krankheiten, gegen die frühere Medizin machtlos war. Es wird dabei von vergeblichen Bemühungen der Dorfbader und Wundärzte berichtet, auch von kühnen, operativen Eingriffen, die ergebnislos verlaufen sind.

Votivgaben sind Weichen, daß Christen das Danken für unerwartete Gotteshilfe in aussichtslosen Krankheiten und hoffnungslosen Fällen nicht vergessen haben. Sie wollen ohne Worte eine Ermutigung sein, auch in gegenwärtigen und zukünftigen Nöten auf Gottes Hilfe und Gnade zu vertrauen.

LITERATUR: *A. Amereller, Votiv-Bilder. Volkskunst als Dokument menschlicher Hilfsbedürftigkeit. München 1965; R. Andree, Votive und Weihgaben des katholischen Volkes in Süddeutschland. Braunschweig 1904; Ch. Angeletti, Geformtes Wachs. München 1980; R. und K. Beitl, Wörterbuch der deutschen Volkskunde. Stuttgart 1974; H. Hipp, Votivgaben. Heilung durch den Glauben. Pfaffenhofen 1984; H. Karlinger, Deutsche Volkskunst. Bayern. München 1925; R. Kriss, Die Volkskunde der altbayerischen Gnadenstätten. 3 Bde. München–Pasing 1953/55; L. Kriss-Rettenbeck, Das Votivbild. München 1961; L. Kriss-Rettenbeck, Ex Voto. Zeichen, Bilder und Abbilder im christlichen Votivbrauchtum. Zürich–Freiburg i. Br. 1972; J. Roh, Ich hab wunderbare Hilf erlangt. München 1957; G. Schreiber, Wallfahrt und Volkstum in Geschichte und Leben. Düsseldorf 1938; G. Schreiber, Deutsche Mirakelbücher. Zur Quellenkunde und Sinngebung. Düsseldorf 1938; W. Theopold, Votivmalerei und Medizin. München 1978.*

W

Wallfahrt

Wallfahrer sind im Laufe der Menschheitsgeschichte unterschiedlich bewertet worden. Auch in vorchristlicher Zeit und bei den großen Weltreligionen – Buddhismus, Hinduismus, Judentum, Islam – hat es Wallfahrten gegeben, etwa in der griechischen Antike nach Delphi oder zu den verstreuten Heiligtümern des Asklepios, des Gottes der Heilkunst. Es gab Zeiten, in denen Wallfahrtskirchen in Vergessenheit gerieten, dem Verfall und der Plünderung ausgesetzt waren.

Europa war seit Beginn der Christianisierung durchzogen von einem dichten Netz wichtiger und viel begangener Wallfahrtsstraßen, auf denen vom Osten zum Westen und vom Norden zum Süden die Christen nach Rom zu den Gräbern der Apostel Petrus und Paulus, oder nach Palästina zu den Stätten des Lebens und Sterbens Jesu oder an den äußersten Westzipfel Europas (Finis terrae) nach Santiago de Compostela zum Grab des Apostels Jakobus des Älteren (kirchlicher Festtag 25. Juli) pilgerten. Auch durch die Gebete dieser in früheren Zeiten nie endenden Pilgerzüge ist Europa christliches Abendland geworden.

Wallfahrten sind nicht unter „Tourismus" einzuordnen. Sie sind etwas ganz anderes als Reisen und Führungen zu historisch und kunstgeschichtlich interessanten Stätten, die „man gesehen haben muß"! Sie sind auch mehr als landschaftlich einzigartige Aussichtspunkte. In Wallfahrtsstätten hat Gott selbst seine Zeichen gesetzt. Sie können nicht von Menschen „gemacht" und organisiert werden. Wallfahrtsstätten sind jene „Einschlagstätten" der Gnade Gottes, an denen handgreiflich Wunder und Wunderbares sich ereignet hat und immer noch ereignet. Sie sind Schwellen- und Begegnungsstätten von Gott und Mensch, deren Erstereignis von Gott gesetzt wurde. An ihnen hat das Ewige das Zeitliche, das Unsichtbare, das Sichtbare berührt und jenes Staunen und jene Dankbarkeit der Menschen ausgelöst, die sichtbar geworden ist in Kirchen und Kapellen, die über der Spur Gottes sich wölben. Wallfahrtsstätten sind Kontaktpunkte in der sichtbaren Schöpfung, die Gott selbst markiert hat.

In Wallfahrten erschließt und verwirklicht sich ein Wesenszug des Menschen, der Wanderer in dieser Welt und der auf seiner irdischen Pilgerschaft betend und bittend Ausschau hält nach helfenden, tröstenden Mächten. Die Lebensgeschichte jedes Menschen, auch des menschgewordenen Gottessohnes, ist die Geschichte eines Weges. Kirchengeschichte ist Geschichte eines Weges. Wahrheitsfindung ist Geschichte eines Weges, einer Suchbewegung. Sinn des Lebens wollen erwandert sein, um über die letzten Zielfragen ein „Be-Wanderter" zu sein.

Gott ist in der Geschichte und durch seine Geschichtlichkeit ein dynamischer Gott. Gott selbst zieht gleichsam das Pilgergewand an, um Menschen zu suchen, um für Menschen offen zu sein als Gott „der Güte und der Menschenfreundlichkeit" (Tit 3,4). Die Geschichte des alttestamentlichen Gottesvolkes ist Wanderungsgeschichte, die immer wieder erneuert wird in der verpflichtenden Paschawallfahrt der erwachsenen Israeliten nach Jerusalem. Auch der zwölfjährige Jesus hat sich in diese israelitische Wanderung und Wallfahrtsgeschichte eingereiht (Lk 2,41–53).

Der Einzelchrist wie das ganze Volk Gottes ist auf Wanderung, auf der Pilgerschaft, die mit Weggefährten am besten gelingt:

„Wir sind nur Gast auf Erden
und wandern ohne Ruh
mit mancherlei Beschwerden
der ewigen Heimat zu."
Georg Thurmair

Wallfahrtsorte sind in der Geographie der Heilsgeschichte Schnittpunkte, in denen sich die Wege Gottes mit den Wegen der Menschen, die Wege der Gnade und die Wege des Glaubens treffen. Das pilgernde Volk Gottes will an Wallfahrtsorten gewiß rückblickend die Entstehungs- und Gnadengeschichte erfahren. Es ist aber gleichzeitig von der nicht erlahmenden Hoffnung erfüllt (speráre contra spem), in eigenen Nöten ebenfalls erhört zu werden und Gnade zu erfahren.

Wallfahrten lösen den Einzelchristen aus seiner Einsamkeit und Gottesfinsternis. Sie lassen ihn Gemeinschaft und Glauben erleben und werden so für ihn Tröstung und Stärkung seiner christlichen Existenz. Selbst wenn Pilger in ihren Sorgen und Nöten nicht erhört werden, gehen sie vielfach mit einem inneren Licht der Gnade und der Gottesfreundschaft in die Dunkelheit ihres Lebens, in die Unheilbarkeit ihrer Krankheit zurück.

Bildstöcke – Marterl

An Pilger- und Wallfahrtswegen, aber auch weit verstreut in der freien Landschaft, finden sich oft Bildstöcke und sogenannte Marterl. Der Name „Marterl" könnte einerseits erinnern, daß ein Mensch an dieser Stelle Schlimmes und Lebensgefährliches wie eine Marter erlebt hat, die ihm eine schwere Schädigung seiner Gesundheit, vielleicht sogar den plötzlichen Tod beschert hat. Andererseits könnte auch das Stichwort „Martyrium" in der Bedeutung „Zeugnis" im Wort Marterl verborgen sein.

Bereits Papst Leo III. (795–816), der Kaiser Karl den Großen am Weihnachtsfest des Jahres 800 krönte, empfahl 797 die Errichtung von Steinkreuzen, Bildsäulen und Sühnesteinen. Schon im 13. Jahrhundert sind Bildsäulen bekannt, die im süddeutschen Raum „Marterl" genannt wurden. Sie sind aus den Gedenken an die „Letzten Dinge" entstanden und in Verbindung damit zu deuten. Sie sind also nicht Dankzeichen für eine Heilung oder Rettung. Sie sind Erinnerungszeichen an das fremde und eigene Sterben.

Der Glaube nicht weniger Christen, vor allem im Spätmittelalter, war von einer tiefen Beklommenheit bedrängt, die auch in Martin Luthers Frage aufscheint: „Wie kriege ich einen gnädigen Gott?" (WA 37, 661, 23–26) Immer wieder beteten sie: Vor einem jähen, unvorhergesehenen und unversehens (d. h. ohne die Versehung mit den Sterbesakramenten) Tod, bewahre uns der Herr! Ein Hauptanliegen christlichen Betens war damals für viele Christen das Gebet um eine gute Sterbestunde. Bildstöcke und Marterl – auch „Flurdenkmäler" genannt – in der Landschaft wollen Aufforderung zum Gebet für den an dieser Stelle plötzlich und ohne Sterbesakramente Verstorbenen und gleichzeitig auch Aufforderung zum Gebet für eine gute Sterbestunde sein.

„Betracht den Tod, o Wandersmann,
Wie ungefehr er kommen kann
Und was sich hier begeben."

Der deutsche Priester-Schriftsteller Heinrich Hansjakob (1837–1916) bemerkte einmal: „Es gibt nichts Sinnigeres an Landstraßen und Wegen als einen richtigen Wegweiser oder ein Bildstöcklein. Der erstere zeigt die Richtung in der Zeit, und das letztere mahnt an den Weg in die Ewigkeit." Von Karl Stieler stammt die Marterl-Inschrift:

„Der Weg zur Ewigkeit
Ist gar nicht sehr weit,
Um neun Uhr bin ich fort,
Um elf Uhr war ich dort."

Bildstöcke und Materl versehen mit Heiligenbildern oder -statuen erschließen die unverwechselbare

Frömmigkeit einer Gegend, eines Stammes und Volkes. In ihnen begegnet der Fremde jenen Heiligen, die hier ganz besonders verehrt werden. Bildstöcke und Marterl sind Wegweiser in Tiefen der Volksseele, in die Leiderfahrungen früherer Generationen und deren ungebrochenes Gottvertrauen. Sie sind Glaubensbekenntnisse, vor denen man in Ehrfurcht stehen sollte. Wer sie schändet oder sich an ihnen vergreift, verletzt jene besonders, die sie aufgerichtet haben; er mißachtet jene tiefsten Schwingen und Bekenntnisse des Glaubens, die für eine gute Zukunft nötiger denn je sind.

„Ein Marterl steht am Waldpfad,
verwittert und vermoost.
Das Bild, die Schrift am Blechschild
zerfraß schon längst der Rost.

Was hier gescheh'n vor Zeiten,
kein Mensch hat Kunde mehr;
im Volk geht nun die Märe
von einer Bluttat schwer.

Die alten Föhren raunen,
was sie dereinst gesehen.
Der Wanderer hemmt die Schritte
und lauscht dem leisen Weh'n.

Und vor dem größten Grabmal
fließt tiefer kein Gebet,
als vor dem morschen Marterl,
das weltentlegen steht."

J. Breibeck

LITERATUR: *Wallfahrt kennt keine Grenzen (Ausstellungskatalog: Bayerisches Nationalmuseum, München). München –Zürich 1984; I. Baumer, Wallfahrt als Handlungsspiel. Bern–Frankfurt a. M. 1977; R. Bergmann, Die Pilgerfahrt zum himmlischen Jerusalem. Wiesbaden 1983; B. Hubensteiner, Vom Geist der barocken Kultur und Frömmigkeit im alten Bayern. München 1967; J. A. Jungmann, Zum Wort „Marterle". In: Volkskundliches aus Österreich und Südtirol. Festschrift für H. Wepfner. Wien 1947, 107 ff.; E. Käsemann, Das wandernde Volk Gottes. Göttingen 1961^4; G. Lanczkowski, Die heilige Reise. Auf den Wegen von Göttern und Menschen. Freiburg–Basel–Wien 1982; H. Roth, Marterlsprüch. München 1984; R. H. Schmeissner, Steinkreuzforschung (Oberpfälzer Flurdenkmäler Nr. 4). Regensburg 1986; L. Schmidt, Volksglaube und Volksbrauch. Berlin 1966; L. Schmugge, Pilgerfahrt macht frei. In: Römische Quartalschrift für christliche Altertumskunde und Kirchengeschichte. 74 (1979) 16–31; H. Schnetzer, Vom Steinkreuz zum Marterl. In: Bayerische Hefte für Volkskunde 1 (1914) 26–38, 124–138); J. Staber, Volksfrömmigkeit und Wallfahrtswesen des Spätmittelalters im Bistum Freising, München 1955.*

Weihnachten

Neben dem Wort „Christfest" hat sich nach 1150 der Ausdruck „Weihnacht" oder „Weihnachten" aus dem Mittelhochdeutschen „ze den wihen nahten" (= zu den geweihten Nächten) gebildet. „wihenaht – wihennahten". Der älteste Beleg dieses Wortes ist bei Spervogel (um 1170) nachweisbar:

*„er ist gewaltic unde starc,
der ze wihen naht geboren wart."*

Das althochdeutsche Wort „wih" bedeutet „heilig, geweiht", so daß die wörtliche Übersetzung von „Weihnacht" heißt „Heilige Nacht". Mit Recht wird daher der Vorabend vor dem Fest der Geburt Jesu Heiliger Abend genannt.

Die Bedeutung des Weihnachtsfestes hat bereits die Mainzer Synode (848) dadurch hervorgehoben, daß die Dauer der Weihnachtsfeier auf vier Tage festgelegt wurde. Unter Kaiser Karl dem Großen, dessen Reichsverständnis und Reichsverantwortung sich in seiner großen Sorge für Liturgie und Frömmigkeit äußerte, wurde dem Monat Dezember (= der zehnte Monat im Kalender der Römer) die altdeutsche Bezeichnung „Heilmond", Christmonat gegeben. Das Christfest wurde begangen als Lichtfest: „Er (Jesus) ist das wahre Licht, das jeden Menschen erleuchtet" (Joh 1,9). Die Zurückdrängung und Abwehr des Dunklen und Dämonischen durch Christus ist noch lebendig in den Perchtenbräuchen im Salzburger Land. Die Hauptfigur ist die „Domina Perchta", eine Lastergestalt, die Fallstricke auswirft um Menschen zu fangen.

Der dämonische Spuk hat in der Geburtsnacht Jesu nur bis Mitternacht Zeit für seine Umtriebe und Belästigungen. Gerade in den letzten Stunden vor dem anbrechenden Christfest versucht der Widersacher Gottes seine ganze Wut auszuspielen und die Menschen in Schrecken zu versetzen, indem der Teufel nicht selten – nach uralter Überlieferung – in Gestalt eines Wolfes auftritt um Mensch und Vieh zu schädigen. Im Mittelhochdeutschen wird der Dezember wiederholt „Wolfsmonat" bezeichnet. Vielleicht hat auch ein Jesus-Wort bei Christen diesen germanischen Gedanken aufgreifen lassen: „Ich sende euch wie Lämmer unter die Wölfe" (Mt 10,16). Auch Perchten tragen Wolfs- und Hirschmasken. Bereits Aurelius Augustinus hat vor dem dramatischen Ringen zwischen den unheiligen Mächten und der durch die Geburt Jesu geweihten, Heiligen Nacht gesprochen: „Heute, wo al-

In der **Marienverehrung** *hat sich die Zukunftsverheißung Marias erfüllt: „Von nun an preisen mich selig alle Geschlechter."*

In vielen Wallfahrtskirchen findet man **Votivkerzen,** *Ausdruck einer tiefen Volksfrömmigkeit.*

Mit **Wachsvotivgaben** *zeigen Christen, daß sie das Danken für unerwartete Gotteshilfe nicht vergessen haben.*

les jubelt, bebt allein der Teufel und alles Teuflische mit ihm" (zitiert aus P. Cassel, Weihnachten, Ursprünge, Bräuche und Aberglauben (Nachdruck der Ausgabe von 1862, Wiesbaden o. J., 276).
Die „schiachen" Perchten mit Tiermasken erinnern an Teufelsgestalten. Sie treten in der sogenannten „Zwölftenzeit" (Rauh-Nächten) auf – der Zeitspanne zwischen dem 25. Dezember und dem 6. Januar. Es ist die Zeit der „Wilden Jagd" der Unerlösten, der Hexen und Dämonen, die gegen die Geburt Jesu und die Anbetung des geborenen Messias durch die Menschen anzukämpfen versuchen.
Mit Lärm, Peitschenknallen und Böllerkrachen glaubte man, den Teufel und seinen Anhang aus der Welt vertreiben zu können. Der uralte Volksbrauch des Weihnachtsschießens im Berchtesgadener Land unmittelbar vor der mitternächtlichen Christmette – erstmals urkundlich 1666 bezeugt – will weniger als Ankündigung der Geburt des Erlösers, sondern als Vertreibung des Bösen durch die Geburt Jesu verstanden werden.
Inmitten einer Welt der Dunkelheit und des Bösen ist Weihnacht als „Heilige Nacht" ein Kontrastfest des Lichtes, der Erlösung, des Friedens, der Zukunftshoffnung: „O du fröhliche, o du selige, gnadenbringende Weihnachtszeit."

Das genaue Tagesdatum der Geburt Jesu ist unbekannt (Lk 2,1–7). Warum wurde das Geburtsfest auf ein ganz bestimmtes liturgisches Datum, auf den 25. Dezember, fixiert? Gute Gründe sprechen dafür, daß die Christen den römischen Reichsfeiertag „Natalis Solis Invicti" (Geburt des unbesiegten Gottes = des römischen Kaisers) verdrängen und überdecken wollten. Seit Kaiser Aurelian (270–275) war Geburtstag des Kaisers offizieller Reichsfeiertag am 25. Dezember. Die erste Nennung des 25. Dezembers als Weihnachtsfesttag, als Geburtsfest Jesu Christi, ist bereits im Jahr 354 nachweisbar. Neun Monate vorher wurde daher der 25. März als Tag der Empfängnis Jesu (Mariä Verkündigung: Lk 1,26–38) in den liturgischen Kalender des Kirchenjahres eingefügt. Es mag mehr als interessant sein, daß bis weit hinein in das Mittelalter der 25. März zunächst als Tag der Weltschöpfung, später als Tag der Erschaffung Adams verstanden wurde.

Daß gerade das Fest der Geburt Jesu in Epochen der politischen oder ideologischen Irrungen und Wirrungen wie auch in Zeiten religiöser Gleichgültigkeit und des weltanschaulichen Orientierungsschungels bald als „Germanenweihnacht", bald als Fest des „Väterchens Frost"

In den Häusern und Wohnungen unserer Vorfahren gab es einen selbstverständlichen, familiären Mittelpunkt: den **Herrgottswinkel** *im Eß- oder Wohnzimmer* oder als „Fest des gabenspendenden Weihnachtsmannes" umfunktioniert wird, erfahren wir immer wieder in neuen Variationen. Der Schriftsteller Hermann Hesse (1877–1962) hat sich seine Enttäuschung über das Weihnachtsfest mit den Worten von der Seele geschrieben: „Weihnachten ist zu einem Giftmagazin aller bürgerlichen Sentimentalitäten und Verlogenheiten geworden. Anlaß wilder Orgien für Industrie und Handel, großer Glanzartikel für Warenhäuser... tausend Dinge, die mir alle bitter verhaßt sind und die mir alle viel gleichgültiger und lächerlicher vorkämen, wenn sie nicht den Namen des Heilands und die Erinnerungen unserer zartesten Jahre so furchtbar mißbrauchten."

Sind wir unfähig geworden, Weihnachten zu feiern, weil es uns zu gut geht? Noch lassen sich viele Menschen, die sich nicht mehr zu den Kirchenchristen rechnen, bei der Lesung der „Heiligen Nacht" des bayerischen Heimatdichters Ludwig Thoma (1867–1921) vom Zauber des Berichteten und gewiß auch von unzerstörbaren Weihnachtserinnerungen ihrer Kindheit und Jugend berühren. Bleibt aber nach den Weihnachtstagen der Alltagstrott unverändert gleich – als hätte es Weihnachten nicht gegeben? Ohne eine einfühlsame Theologie, vor allem ohne eine das Gemüt erfassende Frömmigkeit einer neuen Herbergsuche (Lk 2,7; Joh 1,11) ist Weihnachten nicht zu retten. Weihnachten ist *mehr* als ein teures Fest der obligaten Geschenke mit freien Arbeitstagen. Weihnachten ist – heute und sicherlich auch noch mehr in Zukunft – Termin der eigenen Standortbestimmung, der geistig-geistlichen Orientierung und Sinngebung, wenn wirklich wahr ist, was wir singen: „Christ, der Retter ist da!"

LITERATUR: *Der große Duden. Herkunftswörterbuch.* Mannheim 1963; D.-R. Moser, *Bräuche und Feste im christlichen Jahreslauf. Brauchformen der Gegenwart in kulturgeschichtlichen Zusammenhängen.* Graz–Wien–Köln 1993; M. Rumpf, *Perchten.* Würzburg 1991; A. Tille, *Die Geschichte der deutschen Weihnacht.* Leipzig 1893.

Weihrauch

In vielen Weltreligionen hat der Gebrauch des Weihrauchs eine vielschichtige, in erster Linie eine liturgisch-verehrende, aber auch eine frömmigkeitsfördernde und glaubenstherapeutische Bedeutung. Wer denkt nicht an Räucherstäbchen, die in fernöstlichen Religionen verwendet werden!

Seit Jahrtausenden kommt die weltweit beste Qualität des Weihrauchs aus dem Sultanat Oman. Die Wüsten und Berge der omanischen Südprovinz Dhofar sind die einzige arabische Region, die im Monsungürtel liegt und daher ideales Anbau- und Reifegebiet der etwa 350 000 bis 400 000 Boswellia-Sacra-Bäume ist, aus denen Weihrauch gewonnen wird. Bereits in der Antike war Weihrauch eine Kostbarkeit, die für Duftstoffe (Parfüm), Kosmetika und auch für religiöse Riten verwendet wurde. Heilkräfte für alle Krankheiten wurden dem Weihrauch auch zugeschrieben.

Der römische Kaiser Nero (37–68) ließ bei der Beerdigung seiner Gattin Poppäa eine Jahresproduktion Weihrauch verbrennen. Heute wird Weihrauch in wachsendem Maß für industrielle Zwecke verwendet. Der Wert eine Jahresernte wird auf 30 Millionen Rial (= 115 Millionen DM) geschätzt. Omanische Wirtschaftsexperten haben bereits heute die Weihrauchproduktion und den Weihrauchexport in ihre nüchternen Zukunftprognosen einbezogen. Weihrauch, dessen Gewinnung seit vielen Generationen in den Händen der Beduinen der Bait Kathir und der Al-Mahra-Stämme liegt, ist wichtigster Wirtschaftsfaktor bei den Planungen für die „Nach-Öl-Ära".

Die Körner des Weihrauchs sind gewonnen aus Baumharz, das aus dem Lebenssaft des Baumes strömt und zu einem kleinen Korn gerinnt und erstarrt. Das Weihrauchkorn ist kostbares, sich verströmendes, sich verblutendes Leben des Baumes. In der alten Medizin reinigten und heilten ätherische Harze und Öle den menschlichen Körper. Das Einatmen von Weihrauchduft hat, wie die moderne Aromatherapie bestätigt, eine erhebende, erwärmende und besänftigende Wirkung auf Geist und Gemüt. Daher empfehlen Heilpraktiker das Einatmen von Weihrauchduft bei Bewußtseinsstörungen und Reizbarkeit. In fernöstlichen Religionen werden Weihrauchstäbchen verwendet zur drogenähnlichen Einstimmung, zur sogenannten Bewußtseinserweiterung, zur Förderung meditativer Prozesse, um sich den göttlichen Einwirkungen mit begieriger Offenheit auszusetzen und um schließlich zur Einheit mit Gott (unio mystica) zu verschmelzen.

Auch das alttestamentliche Volk Israel kannte das Räucheropfer im Tempel beim Morgen- und Abendgebet (Ex 30,7; Lev 16,12–13). Im Aufsteigen des Weihrauchs erblickte man nicht nur ein reinigendes Element. Gerade im Aufsteigen des Weihrauchs vom menschlich-irdischen Unten zum göttlich-jenseitigen Oben erahnte man eine Symbolik des Gebetes, des Bittens und Denkens, der Lobpreisung Gottes durch den Menschen (Ps 141,2). Im Alten Testament wurde der duftende Rauch auch als Zeichen der Verhüllung verstanden, sowohl der Bundeslade als

Weihrauch

Ort der göttlichen Offenbarung und Gegenwart wie auch als Zeichen der verhüllenden Demut des Hohenpriesters, wenn er in das Allerheiligste eintrat (vgl. Ex 26,31–37; 37,25–29; 1 Kön 8,6–9).

Die Verwendung des Weihrauchs in der römisch-lateinischen wie vor allem in der orthodoxen Liturgie ist Zeichen der Anbetung Gottes (Beweihräucherung des Altares, der konsekrierten Hostie in der Monstranz, des Lektionars), der Verehrung der Heiligen (Beweihräucherung von Reliquien und Bildern von Heiligen). Auch dem Christen, geheiligt und geweiht durch Wort und Sakrament Gottes, wird etwa beim festlichen Hochamt die Ehrung mit Weihrauch zuteil. Selbst den Toten wird noch bei der Aussegnung die letzte Ehrung durch Weihwasser und Weihrauch erwiesen.

Sein tiefstes Geheimnis entfaltet und entläßt das Weihrauchkorn, wenn es ins Feuer oder auf die Kohleglut im Weihrauchfaß gelegt wird. Indem es verbrennt und gleichsam symbolisch stirbt, verströmt es seinen inneren Reichtum, seine konzentrierte Lebenskraft zur Anbetung Gottes, zur Verehrung der Heiligen wie sicherlich auch zur festlichen Freude der Menschen und ihres feierlichen Gebets.

Der neutestamentliche Bericht über die Weisen aus dem Morgenland nennt auch das Geschenk des „Weihrauchs" (Mt 2,11), das als Zeichen der Anbetung gedeutet werden kann (ohne daß den Weisen eine theologische Sonderoffenbarung zuteil geworden ist). Dieses Stichwort „Weihrauch" hat die Weihe des Weihrauchs am Dreikönigsfest ansetzen lassen, die nach dem Benediktionale 1978, 48 mit folgendem Segensgebet vollzogen wird:

„Lasset uns beten.
Herr, unser Gott, segne diesen Weihrauch, den wir im Gedenken der Weisen aus dem Morgenland entzünden werden. Mache ihn zum Zeichen deines Segens, wenn er unsere Häuser durchdringt, und mache unsere Wohnungen zu einem Ort der Brüderlichkeit und des Friedens.
Darum bitten wir durch Christus, unsern Herrn. Amen."

In der Markusliturgie wird zum liturgischen Weihrauchopfer gebetet: „Weihrauch wird deinem Namen dargebracht; möge er auf unsere Bitten aus den armen Händen von uns Sündern auf deinen himmlischen Altar zum lieblichen Duft aufgenommen werden... Nimm diesen Weihrauch auf... und sende uns herab die Gnade deines Heiligen Geistes." Ein Gebet der Jakobusliturgie bekennt: „Nimm aus der Hand von uns Sündern dieses Rauchwerk zum lieblichen Wohlgeruch und zur Nachlassung unserer Sünden und der Sünde deines ganzen Volkes." Seine letzte und tiefste Dimension empfängt der Weihrauch in den kühnen Gebeten der syrischen Liturgie: „Du, Christus, bist selbst der wahre Weihrauch... Lob sei dir, Sohn des Höchsten, der du mit deinem Leib für uns auf das Kreuz gestiegen bist, so daß dein Tod süßer Geruch und Weihrauch wurde, der unsere Verfehlungen tilgt... Du, Herr, wurdest selbst Weihrauch der Versöhnung und vergebendes Opfer für uns."

In früheren Jahrhunderten waren Weihrauchgefäße oft kunstvoll als kleine Kirchen oder Kapellen geschmiedet. Sie sollten „ein Stück Himmel" mit dem Duft der Anbetung Gottes vergegenwärtigen.

Bei der Haus- oder Wohnungsweihe am Dreikönigsfest sollte – wenn immer möglich – neben Weihwasser auch der Weihrauch verwendet werden. Die Hausweihe sollte anregender Impuls für jeden Christen sein, ein durch Wort und Sakrament Christi geweihter Tempel des Heiligen Geistes zu sein, um mit Christus glaubwürdiger Zeuge zu sein, wie es der Apostel Paulus unermüdlich verkündet: „Dank sei Gott, der uns stets im Siegeszug Christi mitführt und durch uns den Duft der Erkenntnis Christi an allen Orten verbreitet. Denn wir sind Christi Wohlgeruch für Gott unter denen, die gerettet werden, wie unter denen, die verlorengehen. Den einen sind wir Todesgeruch, der Tod bringt; den anderen Lebensduft, der Leben verheißt" (2 Kor 2,14–16).

LITERATUR: *D. Martinetz/K. Lohs/J. Janzen, Weihrauch und Myrrhe. Kulturgeschichte – Wirtschaft – Bedeutung. Berlin 1989; M. Pfeifer, Der Weihrauch. Liturgiegeschichtliche und pastoral-liturgische Aspekte eines kultischen Symbols. Würzburg 1994; M. Ruß, Der Duft des Weihrauchs. Ein vergessenes Zeichen. In: Bibel und Kirche 90 (1995) 20–25; R. R. Tisserand, Aroma-Therapie. Heilung durch Duftstoffe. Freiburg 1985²; W. Zwickel, Räucherkult und Räuchergeräte. Exegetische und archäologische Studien zum Räucheropfer im Alten Testament. Göttingen–Freiburg 1990.*

Weihwasserbehälter

Das am Dreikönigsfest, vor allem das in der Osternacht geweihte Wasser (Weihwasser) wird von den Gläubigen in ihre Häuser und Wohnungen mitgenommen und dort in oft kunstvoll gestalteten, meist aus Porzellan gefertigten Weihwassergefäßen aufbewahrt. Meist in der Nähe der Haus- oder Zimmertür ist der sogenannte „Weihwasserkessel" angebracht.

Schon am Morgen wird mit Weihwasser das Kreuzzeichen auf Stirn, Mund und Brust gemacht – um sich den ganzen Tag unter den besonderen Schutz Gottes zu stellen. Das Nehmen des Weihwassers wird sinnvoll auch mit der Erinnerung an den Empfang der Taufe verbunden. Der schöne alte Brauch, daß Eltern ihren Kindern vor dem Schulweg, vor einer Reise oder gefährlichen Bergtour, vor allem am Abend vor dem Zubettgehen mit Weihwasser das Kreuzzeichen auf die Stirn, Mund und Brust geben, ist immer noch lebendig. Vor dem Gang zur kirchlichen Trauung, bleibt es eine lebenslange Erinnerung, wenn die Brauteltern dem jungen Brautpaar mit dem Weihwasserkreuz ihre Gebetsverbundenheit zeigen und Gottes Segen wünschen. Auch in der Nähe der Kircheneingänge sind Weihwasserbecken (aus Metall oder Stein) angebracht, so daß die Gläubigen beim Betreten des Gotteshauses das Weihwasser nehmen können, um sich als Getaufte unter den Segen Gottes für die Eucharistiefeier, für den Rosenkranz, für den Kreuzweg oder für eine sakramentale Andacht zu stellen.

An den Gräbern der Verstorbenen sind Weihwasserbehälter angebracht, um durch die mit Gebet verbundene Besprengung des Grabes mit Weihwasser sie der besonderen Liebe und Barmherzigkeit Gottes zu empfehlen. Wer wird einst an unserem Grab uns die Gnade des Weihwassers schenken? Von der Wiege bis zur Bahre ist das Nehmen oder Empfangen des Weihwassers Zeichen der Tröstung, weil andere mit uns beten und weil vor allem Gottes gute Hände uns geleiten.

In manchen Zimmern des Franziskushauses in Altötting findet sich folgende Aufmunterung:

An Weichbrunn nimm!

Mei Muatta hat zu mir oft g'sagt,
Daß d' fei Weichbrunn nimmst,
zu jeder Zeit, wannst außi gehst
und aa wannst wieder kimmst.

Und seitdem hängt an meiner Tür
a Weichbrunn-Krüagerl dro.
I ehr den Brauch, er ist so schee,
i hab's als Kind scho do.

Wettersegen

Der Wettersegen wird in der Zeit zwischen dem Fest des Evangelisten Markus (25. April) und dem Fest Kreuzerhöhung (14. September), und zwar an Stelle des Schlußsegens der sonntäglichen Eucharistiefeier erteilt. Sinn und Bedeutung sind vielen Christen nur mit Mühe einsichtig zu machen. Bisweilen wird auf eine recht unchristliche Vorstellung verwiesen, die Naturkräfte personalisiere und an den blitzschleudernden Zeus oder an Poseidon erinnere, der mit seinem Dreizack die Meeresfluten aufwühle! Manchen mag aus der griechischen Geisterwelt die von Euripides (470–407 v. Chr.) verfaßte Tragödie „Iphigenie in Aulis" in Erinnerung kommen, in der Iphigenie freiwillig das Opfer auf dem Altar in Aulis auf sich nimmt, um günstigen Wind für die Ausfahrt der griechischen Flotte von den Göttern zu erbitten und Staat und Landsleute zu retten:

„Nun liegt das ganze aufgebotne Heer,
Weil ihm die Winde widerstreben, müßig
In Aulis Engen...
Den Götterspruch, daß, wenn die Winde
Sich drehn und Trojas Türme fallen sollen,
Auf Artemis' Altar, der Schützerin
von Aulis, meine Iphigenia, mein Kind,
Als Opfer bluten müsse"
(Übersetzung von Friedrich Schiller).

Bittgebete und Wettersegen werden im christlichen Glauben kritisch geprüft, indem hingewiesen wird auf die Unveränderlichkeit Gottes und der Naturgesetze, wenn „Wunder" unter den Zeichen des Kreuzpartikels erbeten werden. Gegenüber einer aufkommenden, modernen Esoterik und Gnosis, die Meditation und Spiritualität um so höher werten, je mehr sie vom Materiell-Sichtbaren abgehoben und distanziert sind, ist eine mutige Theologie und Frömmigkeit der Sichtbarkeit, eine Ehrfurcht vor der Schöpfung anzumahnen, die sich unter der eschatologischen Verheißung des „neuen Himmels und der neuen Erde" (Jes 65,17; Offb 21.1) stellt. Den Wettersegen verstehen, heißt zutiefst glauben, daß in der Allwissenheit und Vor-Sehung Gottes die Bitten integriert sind. Gottes Pläne werden nicht durch Bittgebete der Menschen immer wieder verändert, korrigiert oder aufgehoben. Der in der gleichen Notsituation betende Mensch wie der in der gleichen Notsituation nicht betende Mensch stehen im göttlichen Schöpfungs- und Erlösungsplan, so daß gerade daraus die Aufforderung Jesu als sinnvoll und folgenschwer sich erweist: „Wer betet, der empfängt" (Mt 7,8).

In diesem biblischen und theologischen Kontext ist der Wettersegen zu sehen, zu erteilen und zu empfangen, wozu sich im nachkonziliaren Benediktionale (1981, Nr. 8, Seite 60) folgendes Gebet findet:

„Lasset uns beten.
Allmächtiger Gott, Schöpfer der Welt und Herr des Lebens. Alles steht in deiner Macht. Du bist unser Vater und weißt, was wir zum Leben brauchen. Gib den Früchten der Erde Wachstum und Gedeihen. Beschütze unsere Felder, unsere Gärten und Pflanzen, unsere Wälder und Weinberge vor Unwetter, Hagelschlag und Verwüstungen, vor verderblichem Regen und schädlicher Dürre. Segne das Werk unserer Hände und unseres Geistes, unsere Arbeit auf Feld und

Flur, in Familie und Beruf. Wir vertrauen auf deine Hilfe. Sei uns nahe und steh uns bei.
Darum bitten wir durch Christus, unsern Herrn."

Von Gott Segen erflehen hat zur Voraussetzung wie zur Konsequenz, in treuhänderischer Sensibilität und Verantwortung mit der Welt, mit ihren Wachstumsmöglichkeiten und unterirdischen Ressourcen umzugehen. Es gibt eine Schöpfungstreue Gottes, die größer und wirksamer ist als alle Untaten und Verbrechen, die Menschen an der Schöpfung sich leisten. Es ist vermessen, um den Segen Gottes zu beten und gleichzeitig die Welt zu zerstören. Der Wettersegen steht im großen Konzept einer kosmischen Liturgie, die in dieser Zeit anklingt und kein Ende in der Ewigkeit haben wird. Es wird einen letzten Sonnenaufgang der Weltgeschichte geben. Dieser letzte und jüngste Tag kennt keinen Abend, weil er Ewigkeit wird.